国家出版基金项目
NATIONAL PUBLICATION FOUNDATION

中国教育思想文库

檀传宝 / 著

德育美学观

教育科学出版社
·北京·

自　序

《德育美学观》是我的博士论文，也是我迄今为止的学术生涯中较为自得的作品之一。我很高兴在完成些许修订后它能够再次与读者见面。

某种意义上，《德育美学观》是一部十分“幸运”的著作。1996 年我博士研究生毕业，年底博士论文《德育美学观探讨》即以《德育美学观》之名在山西教育出版社得以精装出版，不久就获得了国家图书奖提名奖。十年后，《德育美学观》以“增订版”方式移师教育科学出版社再版（2006），次年即入选国家新闻出版总署“三个一百”原创出版工程（2007）。此外，以本书为理论基础的国家社会科学基金“十五”规划（教育学科）国家重点课题“欣赏型德育模式的建构研究”也获得了广泛好评和共鸣。

《德育美学观》的上述“幸运”，与其所探索的内容恰与中国乃至全世界当代教育的现代性病症（如功利化、工具化等教育的异化）及其应对的时代课题脉动一致，有着密切的关联。随着中国全面小康社会的建成、真善美等高级需要成为越来越多人的优势需要，我们可以肯定的是：人们对于现代教育的诸多异化将更加难以容忍，对于高品质教育的渴望也必将成为最普遍的现实。故德育美学观所阐释的教育美好，也必将会为越来越多的教育人所理解、向往、追随。

博士研究生毕业后我回到母校北京师范大学从事了两年博士后研究（研究报告《信仰教育与道德教育》由教育科学出版社于 1999 年出版），出站后留校任教。在高校从教的日子，最初至少有五年左右的时间，“德育美学观”都是我给研究生以及全国各地骨干教师、校长进修班上课时必讲且广受欢迎的题目。后来因为不断有新的研究兴趣涌现，同时也因为自己未能免俗——生怕大家说某人终生只有一个像样的研究，所以讲题就换成了其他许许多多的题目，内容涉及信仰教育与道德教育、德育概念分析与德育实效提高、教师伦理专题、公民教育、教师德育专业化、劳动教育等。但是最近几年我又重新给研究生，尤其是博士研究生们，恢复有关“德育美学观”的讲座。究其原因，是因为我已慢慢明白：德育美学观是我的个人研究，也是教育学共同体必须直面的时代课题；德育美学观既是德育审美化改造的专门研究，更是教育学与美学深层交叉、教育实践活动审美标准建立等理论与实践求索的方法论探寻。

换言之，我提出了“德育美学观”，但“德育美学观”被提出之日起就已经不再属于我个人。“德育美学观”已经成为一个研究领域，开启了一项教育事业。无论是理论探索还是实践改造，德育乃至全部教育的审美化探索显然都需要更多的同道。因此，我更由衷地希望，广大读者不仅喜欢本书，更愿意成为在《德育美学观》所开启的教育事业上一起打拼的同志。

2020 年 1 月 29 日，于京师园三乐居

原　　序

鲁　洁

呈现在读者面前的这本书是作者在其博士论文基础上再加工而形成的一部学术著作。硕、博连读，北京、南京，5年来作者自守清贫、心无旁骛，这部著作实在是他与许多学术险阻与生活困窘顽强斗争的心血结晶。作为他的导师，我曾有幸成为本书的第一读者。现在，我非常高兴地向关心德育理论建设的人士和德育实际工作者推荐本书。

本书的特点有三。

第一，本书的内容是厚重的。200多年前康德曾将人类的道德与头顶上的星空相比较。我想，这一比较的深意有二：一是道德生活的复杂有如无垠的夜空；二是道德生活的瑰丽胜过灿烂的星群。面对复杂而瑰丽的道德生活和道德教育，本书的许多论述都是有一定的深度的。与一般教育学和美学的交叉研究不同的是，本书一开始就确立了“深层交叉、灵魂借鉴”的目标。这不仅使作者在理论的厚重上有所收获，而且对教育学类似的交叉研究都有一定的启发性。

第二，本书具有形式上的美感。作者在形式上至少有两个显而易见的长处：一是逻辑性。本书循着“实践—理论—实践”及“陶冶论”—“技艺论”—“超越论”等大小逻辑线索严格演绎，论述条理明晰，有节奏感和层次感。二是文学性。由于本书原系博士论文，作者因此遵循了学位论文必须遵循的写作规范。但作者在探讨德育过程中美的存在的同时，也注意了论述形式本身的立美创造。本书语言上的文学色彩既避免了纯学术语言的枯燥，同时也为论述增添了弦外之音、象外之趣，利于表达某些不可言传的感受与思考。

第三，本书有实践性特征。作者在读研究生之前曾在中学工作过 8 年之久，由于这一经历，本书的许多论述实际上已不再是纯粹学理的研讨，而每每是有感而发、切身体会。此外，由于上述背景，在写作本书时作者即是直面真实、广阔的中国德育实际的。作者对于现实道德生活、道德教育不尽如人意处心急如焚，同时又对道德人生和道德教育的理想境界无限神往。通读本书，读者可以体会到作者作为一个教育理论工作者的责任感和使命感。

当然，作为一个青年学者的专著，本书难免有一些不足的地方。书中一些论述稍嫌抽象，从德育理论到实际操作的具体转换也有待于进一步的研究，等等。好在作者博士研究生毕业后现又开始了其博士后研究生涯，以作者对于教育理论研究的执着、热情、不达目的绝不罢休的韧劲，我相信并期待他会取得更大的成绩。

目　录

第一章　德育[①]美学观：对功利主义德育观的超越

德育理论和实践中的一系列问题表现为一种“症候群”，其核心是功利主义德育观。对功利主义的超越，即对德育观的主观主义、相对主义的超越，是德育理论借助美学进行交叉研究的重要目标。在美育范围内研究育德功能有领域的限制，而目前的“教育美学”或“德育美学”方面的研究又具有明显的工艺学色彩。这样的美学借鉴未完成对功利主义德育观超越的任务，相反却走向了另外一种功利主义——把美仅仅视为提高效率的简单工具。德育学、教育学的美学借鉴应实现对这种皮相化借鉴的扬弃，走向美学精神的教育学吸收。

第一节　功利主义：中国德育的症候群之一

一、功利主义症候群概念的由来

“症候群”（Syndrome）是马斯洛（A. H. Maslow）依据其整体动力学的观点借用过来的一个医学术语。“它被用来指一种多种症状的复合体，这些症状通常是同时发生，因此被予以统一的命名。”（马斯洛，1987a）[367]“它是明显不同的各种特征（行为、思想、行动的冲动、感觉等）的有结构、有组织的复合体；但一旦仔细、有效地研究这些特征，便会发现它们具有

① 本书中“德育”概念主要指学校道德教育。

共同的一致性，这种一致可被分别称为相类似的动力意义、表现、‘风味’、功能或目的。”（马斯洛，1987a）368 马斯洛用“症候群”表示的是一组人格特质，而本书则用以表示一种源于相同德育观的诸德育病症的综合。

应当明确指出的是，中国德育理论和实践两个方面，在拨乱反正之后近 20 年中都已取得了丰硕的成果。笔者无意否定这一方面的事实，笔者只是认为，问题有另外的一面，比如德育实效低下、德育理论和实践的从属性特征、德育研究的唯科学主义取向等。这一系列症候，具有相同的根源(动力)、功能和表现，其内核即功利主义[①] 德育观。因此，中国德育的诸多病状可以概括为“功利主义德育症候群”。

二、功利主义德育症候群

“症候群”概念本身即意味着一系列德育理论与实践的症候。这些症候的背后都有一个功利主义的相同根源。这些症候主要有以下表现。

（一）功利主义德育功能观

自古而今，中国一直是一个社会本位的国家。然而古人在道德教育上的某些观念反倒比现代人先进。例如古人讲大学之道，在于格物致知诚意正心修身齐家治国平天下。“修身”有“齐家治国平天下”的功能，但以“格物致知诚意正心”的修养功夫为前提。换言之，如向德育系统内求，德育自有其精神本性和内在的独立的功能特征。而这一点正是现代中国德育恰予忽视的东西。在“文化大革命”等特殊历史时期，教育、德育几乎单一地被界定为体现统治阶级意志的政治工具。后来国家工作重点转移至经济建设，于是有了德育的经济功能的论证；社会上出现了文化问题、生态危机，希望德育去救火，于是又有了德育文化功能的研究、德育生态功能的研究；等等。教育功能的研究由一元而多元，这本是时代及德育观的进

① 这里的“功利主义”是一种方便表达，实为急功近利的“实利主义”，与伦理学上的功利主义有联系，却不是同一概念。——作者注

步，也反映了德育理论发展的自我积累的过程；同时事物特征的显现有其特殊的进程和条件，当政治、经济或文化、生态等社会问题凸显时，人们自然地思考到了德育与这些问题解决之间的关系，这是自然和必然的。然而，这种教育实践的运行模式以及这种外在功能观显然也有忽视德育本性、急功近利的一面。把德育视为万能的救世工具似乎提高了德育的地位，但这种外在万能因而虚妄的功能观必然导致人们对德育的过高期望及随之而来的对德育现实功效过低的疑虑和对德育功能的消极评价，德育可以一下子从王子被贬低为庶民。而这正是特定历史时期中国德育的现实遭遇。

（二）功利主义德育课程观

德育功利主义功能观的实质之一是将德育仅仅视为社会实体的工具，因此，社会发展了、多元化了，功能研究也就发展和多元了。而功能的实现要求德育的内容体系随之变迁。1976 年以来的近 20 年中[①]，中国德育课程的变迁或“改革”的频率最高，这是一个不争的事实。以中学“思想政治课”教材为例，大的变迁就有三次。[②]（1)1976 年以后恢复“辩证唯物主义常识”和“政治经济学常识”等，取代“文化大革命”时的教材；(2) 1985 年起，京、津、沪、吉、黔、粤六个省市和北京师范大学（与人民教育出版社合作）编写了七套教材，先实验然后全国铺开设置了“青少年修养”“法律常识”“经济常识”“政治常识”等，取代了原来的“辩证唯物主义常识”和“政治经济学常识”等课程；(3) 1989 年秋，实验了五年的多套政治教材又被统而为一，做了较大的调整后，名称亦统一为“中学思想政治课教材”。与此相联系的是《中学德育大纲》的一再修订和“重新颁布”。除了这几次大的“改革”之外，小的“修订”和“调整”的次数远大于三次。频繁的变动使中学政治课的可信度急剧降低，即使是内含于其中

---

① 本书最初成稿于 1996 年，故云“1976 年以来的近 20 年中”。

② 北京师范大学张志建先生在其《中学思想政治课教学论》（北京师范大学出版社，1993，第 78—83 页）中曾统计过北京市中学政治课设置的变动情况，1949—1990 年间，变动次数总计 32 次，其中 1976 年以来大小变动共 10 次。

的基本人伦概念也遭到了一些中学生的本能拒斥，出现了德育的“逆反心理”或“心理感应抗拒”等问题。与此相对，由于改革开放的深入，从国门之外涌进了形形色色的价值体系，道德学习个体，甚至相当一部分德育工作者都走向了道德个人主义和相对主义的价值选择。一些格调低下、刺激物欲的社会风气又给学校德育带来了低俗化的隐性课程。对于低俗文化的挑战，现存的德育体系显得相当被动。德育课程应和其他学校教育课程一样依据时代、社会的变迁和需要做相应调整本是无可厚非的，但是如此频繁地修改德育大纲、教材等，又的确在事实上否定了德育课程独立和稳定的必要。德育内容一无定性，于是道德相对主义紧随“文化大革命”时期的绝对主义而生。虽然社会发展是教育问题产生的最根本原因，但一部分青少年成为“迷惘的一代”也是这一道德教育的自然结果。

（三）功利主义德育过程观

道德相对主义和绝对主义的变迁并未影响中国德育体系和实践的“正常进行”（意即这部“机器”还没有停下来），这就意味着任一德育内容都可以由同一机器（学校德育）强制灌输给年青一代。因此，不顾品德内化规律，否定道德学习主体性，用规范宣讲取代心性修养的纯外铄过程遂成为中国一些学校德育现实的主流特征。

功利主义德育过程观既把学生作为物（产品）去对待，也把教师作为物（工具）来对待，整个德育过程与其说是教师在“外铄”学生，倒不如说是社会在外铄德育。因此，教师无生气、学生无生气、教法无生气是许多学校德育实际的明显特征。对道德需要和道德情感体验的轻视，造成了德育的目标和要求同学生品德心理实际的严重背离，重说教、重外铄成为常见的现象。而德育研究中企求寻找一劳永逸的“规律”，德育实施中的形式主义，外表花哨却不着边际的一些社会实践活动等则是这一德育过程观的另外一些方面的表现。

（四）工具主义的德育研究

这首先指德育研究个性缺损特征，同时也指德育研究的“方法中心”倾向、急功近利倾向等。

方法中心研究范式在这里含有“唯科学主义”的意味。马斯洛指出：“方法中心就是认为科学的本质在于它的仪器、技术、程序、设备以及方法，而并非它的疑难、问题和功能或者目的。”（马斯洛，1987a）[14]“持方法中心论的科学家往往不由自主地使自己的问题适合于自己的技术而不是相反。”（马斯洛，1987a）[16]“方法中心论的另一个强烈倾向是将科学分成等级。……在这个等级中，物理学被认为比生物更‘科学’，生物学又比心理学更‘科学’，心理学则又比社会学更‘科学’，只有依据技术的完美、成功和精确度，才能设想这样一个等级。”（马斯洛，1987a）[17]德育研究领域的一个时尚是所谓“德育量化”“品德量化”方面的研究。在德育、品德等核心概念的本质研究并未取得实质性和确定性的进展的前提下，目前的德育量化研究只能展示数学方法应用的可能性（甚至可能性也难以展示，因为许多量化研究令人啼笑皆非的结果，反倒使人怀疑“完美”的方法本身）。在实践方面，笔者曾经执教过的一所中学在进行所谓“品德量化”的“改革”过程中，有这样一个例子：政教处主任看见某班教室前撒了一地饭粒，动员学生们说：“谁去扫掉地上的饭粒，学期末就给谁的品德分加1分！”众同学相视而笑，竟无人应诺。我们无法想象这样的“德育量化”的实验最危险的结局会是什么！

除了“方法中心”或唯科学主义之外，德育研究中亦有另外一些急功近利（视科研为谋利的工具）的表现。例如在“德育美学”研究中，更长远的历史不去追溯，单从1979年至1996年17年中发表的论文、论著数以百、十计，但相当多的论文仍然只是举例证明了“美”对“德”的陶冶作用，而对具体的陶冶机制和精神趣味的追求缺乏深入探究。除了科研本身可能自有的惰性外，发文章、“造成果”的急功近利态度是这一现象的内在原因之一。还有许多实验研究尚属起始阶段，就已有一系列的成果问世，而一些教育行政部门也忙于“推广”。须知，道德世界是康德称谓的可以与“头顶上的星空”相媲美的复杂天地，道德教育的实验与研究永远难以一蹴而就。急功近利的德育研究影响了德育理论工作者的形象，是形成所谓理论与实践相脱离的重要根源之一。

（五）功利主义德育目的观

功利主义的德育目的观是主张依据社会本位去塑造“社会需要”的人。或者，即使注意到道德学习个体的主体性，也只是较多地强调理性、公正等道德品质的形成，而忽视了道德教育的“关怀”目的等。

美国心理学家吉利根（C. Gilligan）指出，人类社会一直存在着两种不同取向的伦理道德观，一个是公正取向的道德观，一个是关怀取向的道德观。(转引自李伯黍，1992）[150-160] 前者强调人都应依据原则、规则、权利、义务生活；后者强调每个人都应得到关心、照顾，至少不使每个人受到伤害。前者以讲究道德的客观性、逻辑性、理性为特征；后者常常被视为更多地凭借个人的直觉、情感等，具有较多的主观色彩和非理性特征。这一有价值的“理论假说”(吉利根语)，具有世界和时代意义。因为不仅在西方，而且在中国，唯理智型、唯行为型的德育同为教育的症结。中国德育在教会学生“关怀”别人同时接受“关怀”方面所做的工作远逊于道德内容的逻辑推理。

此外，“关怀”目的还有一层含义是“终极关怀”。在某种意义上说，中国德育的功利性特征使德育本性严重丧失，使德育本应具有的超越性功能发挥反倒成为一种受人怀疑因而急需强调的理想。(鲁洁，1994a；鲁洁，1996；刘尧，1994；檀传宝，1995a）考虑到时代给全世界尤其是剧烈的社会变迁给中国人带来的巨大的精神饥渴，“终极关怀”目的的缺损这一事实不能不说是一个令人忧虑的现实。就道德教育的实质来说，是要塑造一个健全的道德人格，并给类及个体带来和谐和幸福。但和谐和幸福绝不等同于当前功利和物欲的满足。“道德是超越功利的，我们不把为求得报偿的行为称为道德行为，原因就在这里；道德是超越现实的，它是人类理想世界的表达；道德是发自个人的良心，是自觉自愿的，正如马克思所指出的：'道德的基础是人类精神的自律。'"（杜时忠，1994）因此，德育目的观上的精神内涵的缺损乃是德育最深层的危机。

对比一下以上所列的五点德育症候和哲学上的"实用主义"可以发现，两者有一点明显的区别，那就是詹姆斯（W. James）、杜威（J. Dewey）的"实用主义"带有浓厚的个人本位色彩，所谓"有用"更多是对个体而言；而中国德育现实中的功利主义症候群却突出表现为社会本位特征，即德育的优劣较多以对社会是否"有用"为准的。然而笔者认为，这一区别尚不足以使两者失去本质的联系，因为在主观主义、相对主义、功利主义和工具主义等倾向上两者有着惊人的相似性。中国的德育目的、功能、课程、过程、研究等，似乎是由社会实体依据自身需要"决定"的，道德教育的内容是什么，德育应发挥什么样的功能，往往缺乏一种认识上的相对稳定性。这既表现了德育观念上的唯意志论，也表现出了无一定数的道德文化的相对主义，而病症的根源乃在于把德育甚至教育视为社会控制的工具。依据社会学的观点，利用教育进行社会控制，在不同文化中都有不同程度的存在，但教育、德育如仅仅被视为社会控制的简单工具，则教育、德育就会背离教育、德育的最终目的。所以，我们反对功利主义德育观，并非反对德育本身应有的功利性，更不是对德育现状的全盘否定，而是反对对功利性的极端强调。

三、功利主义德育观的危机

功利主义德育观的唯意志论、相对主义等特征实质上已经导致了道德教育上的危机。

（一）危机之一：德育信度的丧失

这里"信度"有别于测量理论上的"信度"（表示测量工具的可靠性），而是指德育的威信或可信赖性。德育信度丧失的实际内容是：相当一部分学生，甚至教师不再相信教科书上的道德原理是真理。

较高信度的存在须有许多前提，前提之一是德育内容或基本道德准则的连续性和相对稳定性。中国古代社会以儒家伦理为核心的道德文化曾经具有这种连续性和稳定性。这种道德文化鼓吹“天不变，道亦不变”，天道、伦常被认为是永恒的一体的东西。2000 余年的封建社会中，中国人的基本伦常保持了一贯性，人们像信教一样从事道德准则的教和学，以至于形成了“道德杀人”的极端。中国封建社会的超稳定性及文化惰性都与这种道德及德育的连续性、稳定性相联系。从一定意义上讲，面对时代变迁和科技进步时，如果能恰当利用传统儒家伦理中的合理内核，反倒可以成就道德文化特有的精神气质，既为经济起飞提供保证，也为救治西方式的社会精神危机提供引人注目的方剂。而我们一段时间曾经过于匆忙地否定了自己的道德文化传统，又曾经简单地拒斥了西方文化中的合理的道德营养。在中国德育现实中人们看到的是太多的应时、应景、应制的成分。起初为适应政治需要，后来为了适应经济发展、商品社会和市场经济，德育研究和实践穷于适应，德育内容变动频繁。而由于这是一种缺乏超越精神成分的简单的消极的适应，尽管德育“变革”不断，却始终被人批评为“保守”“不能适应新形势的需要”。正当人们集中了许多精力，去研究、实施“变革”与“适应”的时候，危机已经发生。那就是富于求真热情的道德学习主体对道德内容的可靠性进而对道德概念本身发生了疑问。道德相对主义的结果必然是道德虚无主义的产生。道德学习主体不仅指学生，而且指教师，指社会。人们一方面批评学校德育的低效，另一方面又对学校德育所教授的内容产生怀疑。这种批评和怀疑的直接结果是对学校德育权威性的否定。由于学校德育专门传授社会道德文化，这一否定的后果不仅在今天，而且在今后相当长的时间内将日益凸显出来。

作为一种反弹，德育理论界兴起了传统德育资源的采掘热，这不能不说是一种进步。时代呼唤由整理传统德育文化而来的是一种精神吸氧活动，要求呼吸传统的灵气，追求其精神境界。

（二）危机之二：德育效度的缺损

效度（效度在这里是效果或有效程度的别称，不是心理测量术语）缺损直接源于信度的丧失。频繁的“变革”既然使一些教师对道德内容的稳定性失去了信心，就难以使教师保持一个有信念、具有一贯性的人格形象；“变革”既然已使一些学生产生了道德相对主义和虚无主义的倾向，再向学生传授任一道德文化都难以获得其应有的心理接受准备状态。德育教师的双重人格，学生道德品质的滑坡，其根源之一与其说是效度问题，还不如说是信度问题。“功利主义—相对主义—虚无主义—道德滑坡”是一条顺理成章的逻辑线索。

道德教育的效度改善有赖于学生道德信念的建立，而信念的建立单靠理性的说教或简单的行为训练均已在全球范围内被证明是难以奏效的。道德信念是一个统合知情意各项心理品质的结晶体，其中内核的成分不是认知而是情感。道德不仅是一种规则，而且是一种“关心”，是一种人性的觉醒，所以不仅情感，而且直觉、顿悟等非理性能力的培养都是德育过程的应有之义。所以古人讲究的修身功夫不仅是“格物致知”，而且有“诚意正心”。功利主义德育观既然把学校德育当作工具，教师、学生均是“外铄”的工具和对象，那么中国德育现实缺损最为严重的是“情感”“直觉”等内省的精神成分，缺乏马利坦（J. Maritain）等人倡导的“人的觉醒”。这种内省精神的缺损使学生难以体味到主体的道德精神需求及道德情绪体验，精神需求和情感体验的缺乏导致精神动力系统的沉睡。这就构成了中国道德教育实效较低的又一关键原因。

（三）危机之三：德育地位的下降

德育信度、效度的丧失实际上意味着功能或价值的丧失。主流德育观的功利主义倾向又恰好是只重功效不及其余的，所以学校德育地位的下降已成为无数专家指出的事实。

人们可以看到这样一些现象：各级行政部门一份份加强学校德育的文

件不断，但这些文件对教育系统内德育实效的实际干预力度尚不理想。一些领导部门实抓经济、虚抓教育的功利主义倾向又构成了对学校德育的负面社会影响。在学校德育系统之内，确有一批德育工作者在践行使命，但真正在直接和间接的德育活动中倾注热情的人数则显得远远不够。升学教育范式使智育成为硬任务，德育成为软指标，也是功利主义的一大表现。社会对学校德育地位的认可程度，更为普遍的现象也是消极的。东北师范大学王逢贤教授在一次演讲中曾有一句形象的概括："现在人们用钱去买智育、买体育、买美育，唯独不去买德育。智育好吃，体育好吃，美育好吃，唯独德育无味。"

人们已经意识到道德滑坡和精神危机的危险性，但对学校德育地位下降和与之相应的德育实效降低，及社会上明显存在的一些道德沦丧的真正扼制，有待于全社会德育观的实质上的转换。什么时候功利主义德育观被超越，什么时候人们真正体会了道德教育的本性和精神特质，什么时候才可能实现道德教育的真正振兴。

第二节　功利主义德育观美学超越的历程（1979—1994）

一、线索与背景

功利主义德育观的功利主义、工具主义核心，实质上是一种内在的精神缺损；无趣味、无境界是这种急功近利德育观的显著的和核心的特征。然而教育尤其是德育是一刻也不能没有精神追求的。对德育功利主义倾向的抵制已成为改革开放以来德育基本理论研究的主旋律。

对功利主义德育观的超越有两条线索。一条线索是德育理论本身在其体系内部的积极探索。这表现为德育功能观上关于德育的发展价值、个体享用性功能的研究；德育本质观上对德育超越本性的肯定（鲁洁，1994b）；

德育目标观中对道德情感、直觉培养的论证；德育实施观中对德育实体建设的强调以及品德心理结构和德育主体性方面的研究，等等。另一条线索是德育理论借“他山之石”方面的努力。如德育社会学、德育文化学、品德心理学等对学校道德教育的独立性、精神文化特质、心理发生机制的研究等。其中一个十分重要的方面就是对功利主义德育观的美学超越。具有非功利性和精神超越本性的审美活动对功利主义德育观及其实践的超越是最具针对性因而也是最富有成效和前景的。这里对改革开放15年来德育理论界对功利主义德育观美学超越的历程作一个述评，以探讨未来这一超越更为实质的方向。

应予说明的是，功利主义德育观所暴露出来的精神缺损是有其时代背景的。我们正处在一个社会转型时期，从一定意义上讲，我们这个时代本身就或多或少地带有某些功利的、缺乏精神内涵的特征；从全息论的观点看，德育的功利主义只不过是整个时代巨系统的功利主义世界观的折射。反言之，美学对功利主义德育观的超越也是时代对精神缺损症候群的一种全面反弹的产物。德育美学观的产生经历了这样一个变动的时代背景。（1）20世纪70年代末80年代初，从“文化大革命”中苏醒的中国社会，一下子恢复了对物质和精神匮乏的知觉，产生了发展生产力和建设精神文明的渴望。精神文明建设反映了国人一种恢复过来的原来的、自然的、简单的精神饥渴（我称之为精神饥渴Ⅰ）。“美学热”及教育界的“美育热”即为这一“精神饥渴Ⅰ”的产物。在这一时期的美育研究的大量文献中，对美育之育德功能的研究占有重要地位。（2）20世纪80年代中期以来，一方面国家物力发展迅速，另外一方面随着商品经济、市场经济的发展，物欲膨胀导致了社会精神的丧失，当许多人惊呼“穷得只有钞票”时，一种对物化世界的否定、对功利和铜臭进行批判的社会精神需求日益凸显，是所谓“精神饥渴Ⅱ”。“精神饥渴Ⅱ”在政治上的反应是反对“资产阶级精神污染”等，在教育学界，除了对美育育德功能的进一步探讨之外，还产生了“教育美学”“教学美学”“教师美学”等方面的研究，其中涵盖了一定的对于德育的美学研究（人们没有提出“德育美学”这一概念，但根据逻辑，这一概念已呼之欲出，故可以称在“教育美学”内的德育研究为“德育美学”阶段)。(3) 比“精神饥渴Ⅱ”产生时期稍晚和重叠的是世纪病的滋生。这种对人生意义的现代究诘、对精神自由的渴望，既是打开国门后“引进”的精神危机，也是中国社会现代化进程自生的精神需要，只不过这一精神危机、需求恰与早些时候发生在西方社会的全球性精神危机和需求相一致。带全球普遍性的这种社会精神需求可称之为“精神饥渴Ⅲ”。“精神饥渴Ⅲ”提醒人们，人类是一刻也不能失去“终极关怀”的，教育不能没有精神，德育不能失去意趣，美学能给予德育的最根本的东西不是器具、皮相，而是精神内涵。因此，美学对功利主义德育观的超越的根本方向应是建立一种新的德育观——德育美学观。

从以上背景分析中不难看出，与时代的三类精神饥渴相应，对功利主义德育观的美学超越实质上经历了三个界线不很明显的阶段或水平：美育的育德功能研究、德育美学研究和德育美学观研究。这一时期德育研究的三个阶段的起始时间不同，但三个阶段存在着重叠关系，如美育的育德功能研究起始于 20 世纪 70 年代末，但一直延续、深入至今，德育美学观亦然。目前这一方面研究的三级水平同在（尽管三级水平发生时间并不相同)，如图 1 所示。

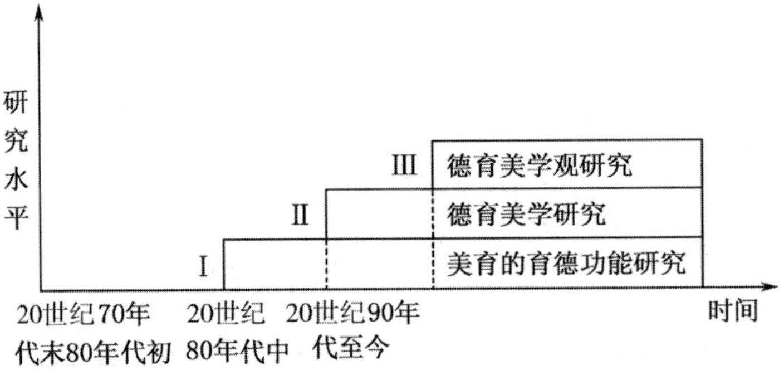

图 1　功利主义德育美学观超越研究

以下根据有关资料具体探讨这一理论研究的轨迹。

二、陶冶论：美育之育德功能研究述评

据笔者统计，从 1979 年第 2 期起，到 1994 年第 12 期，中央教育科学研究所主办的《教育研究》共发行了 179 期，发表了有关美育及教育美学方面的论文共 55 篇，其中有关美育的有 38 篇，约占 70%。其他期刊如中国人民大学的《复印报刊资料·教育学》的情况大体相仿。

最早的一篇发表在《教育研究》上的美育论文是丁家桐的《谈美育》(1981 年第 8 期)，研读这篇文章可以明显地感受到时代的脉搏。文章开头写道："美，这个一度被人歪曲、被人淡忘的观念，在一九八一年的春天，重新进入了中小学的课堂，闯进了数以万计的天真烂漫的儿童、少年的心扉。在向'四化'进军的征途中，中央九个单位提出在全国人民特别是青少年中，开展'五讲''四美'活动，作为建设社会主义精神文明的一个实际步骤。……在中小学教育工作实践中提出了一个对人们也许是似曾相识的课题：中小学美育的问题。"美育，这个在中国有着悠久传统，在近现代曾被推崇为可以"代宗教"（蔡元培语）的课程在第一浪精神文明建设的政府行为中被重新赋予了存在的合法性。这是一种令人心酸的历史的简单回归（倒退之后的)。接下去，丁家桐的文章的第一个标题为"谈美何须色变"。文章历数了"文化大革命"对美及美的精神的禁锢、摧残，对"剥削阶级才讲美""美育问题，不过是从封、资、修的教育思想里拾来的破烂"等观点进行了批驳，代表了中国人民对美的需要被长期压抑之后开始恢复对于美的最简朴的向往，亦即反映了以"精神饥渴 I"为特征的时代要求。

丁文在介绍美育的功能、任务、实施途径过程中认为，"美育对于德育的作用是很直接的"，"我们的德育不能依靠压服，不能依靠说教，不能依靠大呼隆地喊口号。我们主张从提高认识入手来提高学生的思想品质。我们强调帮助学生在建立高尚道德情操的过程中，形成道德情感所具有的重要性和决定性。在德育实施的过程中，我们应当充分看到美的典型和美的境界的陶冶作用和它的诱导力量"。从丁文开始的对道德情感的强调，对陶冶作用的研究，以及对以压服、说教为代表的道德专制主义的批判，在

当时已是一种对德育观念上社会功利主义的精神超越。由于在美育之内研究其育德功能，对这一功能特点的描述，使用“陶冶”概念的频率又较高，故将这一方面的研究称为“陶冶论”研究范式。

“陶冶论”范式即美育范围内对美的育德功能的研究，从20世纪80年代初至今，已经取得了丰硕的研究成果。这主要表现在三个方面。

第一，对美育育德特点的研究。（1）潜移默化特点的研究。蒋孔阳（1984）认为：“审美教育是培养人品的一个重要方面。它在人们的爱好和娱乐中，在处世接物中，在艺术欣赏中，不知不觉地潜移默化，把人们塑造成具有不同人品的人。”（2）以情动人特点的研究。“审美教育的以情动人，是以审美情感启动人们的心灵，净化、塑造人们的日常生活情感……，把它变成渗透着理性的情感，高尚的情操。”（杨恩寰，1987）[128]（3）形象生动特点的研究。“美育信息传递的立体通道，保证着人生价值信息以形象、感情和说理兼并的方式顺利传递，可使之产生传统思想教育单通道传导后的信息所不具有的感染力和影响力。”（赵伶俐，1991）[103]。

第二，对美育之育德功能心理机制的研究。最早在《教育研究》上发表审美心理方面论文的滕守尧（1983）研究了构成审美心理能力的知觉、想象、情感和理解，提醒“贪吃的孩子们”，“须知美学上所说的‘美’，并不是生物性的欲望所追求的东西。尽管各派哲学家都对它下过不同的定义，但一般说来，它总是指某种浸透着人类崇高的精神境界的形式”。该文虽无专门育德功能的研究，但其对审美情感和审美直觉的研究等已经具备了较浓的人生和道德教育的意味。赵洪恩（1993）则在《试论美育的心理机制》中专门研讨了“以美储善”的可能性：“美育之所以具有‘以美储善’的功能，是因为情感活动在审美结构与伦理结构之间作为一种信息通道把二者联系了起来”。审美教育使审美情感成为一种行为动力。只有在这种动力的推动下，“道德认识、道德理想、道德信念才能向道德行为转化”。其他研究者如杨恩寰（1987）在其《审美教育学》中专门讨论了审美心理结构与伦理心理结构作为人类心理两个子结构的不同和沟通，对审美教育中的道德教育和道德教育的审美化的心理基础作了探讨。赵伶俐的《人生价值的弘扬——当代美育新论》一书亦在研究美育心理过程的感情性与自由性、通感性和直觉性、目的性和诱导性等特点的基础上对美育所具有的德育价值作了心理学探讨。

第三，对美育之人格精神塑造意义的论述。这一点，可能是“陶冶论”范式的核心。研究者们大多一致关注和肯定了从席勒、马克思到王国维、蔡元培等先贤对于美育塑造全面人格作用的论述。李田（1994）认为：“美学文化的育人活动的最高本质乃是对人自身文明素质的理想性的美学文化设计与塑造，使其成为人类最高文明的拥有者和发展者。它以人的个性的全面发展为目的，以解放被束缚的人性并走向自由为核心……，是一种既独特又神圣的理想性的做人教育。”赵伶俐（1991）[3]认为：“美育的基础目标是培养人的审美价值观和审美能力，但其实质和最高目标与精神教育的实质和目标仍是完全一致的：促成受教育者积极人生价值观的建立。”“使美育在精神教育中充分发挥其功能和作用，无疑有利于传统思想教育的改进，进而使整个精神教育的困难局面得到根本改善。”由于这里的精神教育指的是“除了体格教育、智识教育以外，对人的思想道德、情感意志、言行风貌等施加特定影响的教育”（赵伶俐，1991）[1]，其美育的精神教育价值显然已涵盖了一定的道德教育价值。美育以人格、精神为准的，是美育的本质所在，因而也是美育功能发挥的方向。这就意味着美育育德功能既是“附带”的又是“内在”的，专门分析时似乎是附带的功能，但从美育现实和本质上看又构成其灵魂，成为美育的核心组成部分之一。

“陶冶论”范式在美育框架内对美之育德功能的研究具有原初研究和附属研究的特点。说其具有原初研究的特点，既是说时间上其发端最早，更是说内容上它所具有全面而又素朴的特点。由前面的分析不难看出，美育对德育作用的特点、心理机制及美育的精神内涵的研究，已经对美育之育德工具意义和精神价值均作了丰富的说明。尤其是在精神价值方面美育所倡导的精神自由、独立性、对当前功利的超越等，无论对最早德育观上的政治功利主义，还是对后来的商品经济和市场经济的道德教育的“简单适应论”和道德相对主义，都是一种现实的否定。它构成了后来“德育美学观”实现对“德育美学”研究范式进行否定之否定、实现回归的逻辑与历史辩证过程的起点。但是，在美育研究的任务体系中，对德育“陶冶”的研究只是其目的项之一。除了“储善”性研究外，“启真”性即美育的育智作用的研究等也是同样的丰富。美育有其对德智体诸育的“催化剂”（丁家桐，1981）作用或“摆渡作用”，更有其自身特殊和直接的任务——审美、立美能力的培养等。育德与育智、育体功能一样，在美育体系之中是隐性和潜在的。因此，美育范围内的美之育德功能研究不能不具有非专门、不直接或附属研究的特征。通过美育研究，人们已产生了许多问题。例如：美育理论一致认为美育的“美”远不止于艺术，美育是一个有关美的“多元综合教育整体”，那么除了像艺术和生活中一些显性审美内容可资利用之外，教育现象本身也应具有隐性甚至显性审美因子；教育内容也是美的果实的一部分，理所当然地应当具有与审美主体心理结构的“同构性”而成为审美对象；同理，教育过程、教育形式也应当成为创造美和欣赏美的当然领域……

因此，美育范围之内育德功能的附属研究特征，已决定了它已难以解释其自身发展所派生的问题与领域。如何发掘包括德育在内的整个教育的审美因子，实现教育的美化与解放，于是演绎成了一个顺理成章的专门领域——“教育美学”。

三、技艺论：“德育美学”研究范式述评

到目前为止，“德育美学”的概念并未提出，或未引起人们的关注。但是，20 世纪 80 年代中期以来既已产生了众多的“教育美学”“教学美学”“教师美学”等概念及有关著述，而且在“教育美学”“教学美学”“教师美学”框架之内确有丰富的关于德育的美学探讨，笔者当然地认为，从逻辑上讲有一个在“教育美学”研究范围内的“德育美学”研究范式。与美育范围内对美之育德功能的研究相较，这一领域的著述相对少一些［1979—1994 年《教育研究》所发表的“教育美学”方面的论文只有 17

篇，只占有关美育及教育美学论文总数（55 篇）的 31%]，但同时这一领域关于美之育德功能的探讨从性质上讲已更加专门化，从角度上讲已具有较多的美学学科借鉴的特征。

“德育美学”范式的研究主要涉及了以下几个方面的内容。

1. 对教育美之“创造性”特征的强调

《教育研究》上刊出的第一篇关于教育美学的论文是柯伦（C. E. Curran）的《教学的美学》(周南照，1985)。该文认为：“达到了某些要求的创造性工作便是艺术。”“教育工作者在探索教学方法改革时，假如把自己的探讨深入到创造性上去，那他们的探索就很快变为对艺术的研究。”“教师通过观察艺术家、艺术品和艺术鉴赏家，并根据这观察进而设计课堂教学的方法，就能够使自己的工作更富创造性。”阎增武（1987）认为：“与学生相比，教师劳动的创造性特点更为显著……。这种创造性劳动同样是教师审美感的源泉。”钟以俊（1990）亦将“坚持教和学的创造性”作为“创造教学美的一些基本途径”中的第一条。对教育和教学美中“创造性”成分的强调虽然尚未具体到德育领域，但是其中已经隐含了作为教育教学具体的德育课程的教育教学也必须具有“创造性”的命题。只有具有创造性，德育过程才具备了审美化的条件。

2. 对人格美的育德作用的论述

对人格美的教育作用首先聚焦于教师的人格作用上。杨斌（1987）认为：“教师要充分考虑到自身人格对学生的影响，并作为教育和熏陶学生的一种手段。”“教师的美的人格就是要具有高尚的师德。它具体体现在对知识、对事业、对日常生活的态度上。对知识要有严谨的学风，一丝不苟的态度；对事业要有执着追求、顽强进取的精神；日常生活中的一言一行都要注意对学生的影响。教师的人格也体现在对教学内容的道德评价上，对真、善、美的由衷景仰，对假、丑、恶的愤怒鞭笞，都可折射出人格美的光辉，给学生以强烈的感染。”兰国强（1989）则指出，除了师德之外，教学中教师热爱职业和学生的道德情感，师生关系中的教师爱的科学性也具有审美价值。师生双方对对方的人格美都会做出良性反应。一些著述亦对教学内容中一些伟大人格的审美育德功能作了肯定，认为“对贯彻以美扬善的原则来说，社会学科将成为最有价值的引导因素”（钟以俊，焦凤君，1991）[122]。

3. 对教学艺术及其功能的研究

“教学艺术”和“教学美学”本是不同的概念。教学艺术侧重说明教学活动的技巧性和创造性，而教学美学着力揭示教学活动的美感特性。“教学艺术”远在“教学美学”概念提出之前就已被人们认可，也许是因为人们曾经认为“艺术”没有“美”这个概念有过的（“文化大革命”时期）“危险”性吧。最早收入中国人民大学的《复印报刊资料·教育学》的探讨教学艺术的文章为1979年第3期《昆明师院学报（哲学社会科学版）》所载的《课堂艺术浅谈》(作者彭允中)。以后有关教学艺术的研究和教学美学的研究有合流成为后者的趋势。同时，教学美学范围内对教学的讨论也的确同教学艺术研究难以区别，例如钟以俊在《教育研究》1990年第12期上发表的《对现代教学艺术的一些思考》同其与焦凤君合著的《教学美学导论》第一章的大半内容是基本同一的。教学过程中教师、教材、教学过程、教学环境等方面的审美因素的研究、发掘，不仅对于德育而且对于全部教育都具有诱人的工具价值，所以这一时期教学美学的研究主流即是教学艺术的研究（甚至，一开始人们对教学美学和教学艺术两个概念未作区分，比如柯伦的《教学的美学》实际内容都是论述教学艺术的)。关于教学艺术的功能，钟以俊(1990)认为主要表现在“促进社会的协调发展，保证人类文明的提高，实现教学与人类文化的相互交流中的巨大作用”及“实现愉快的教学，建立欢乐的学校”“促进学校美育”上；尹宗利（1987）则具体揭示了教学艺术的“高效果功能”“高激励功能”和“育美功能”。

对20世纪80年代中期以来的教育美学及其框架之内的“德育美学”研究应有一个合理的估价。这一时期研究的优势在于扬弃了只在美育范围内研究审美育德功能的狭隘性，认识到了教育教学（尤其是德育）中非科学、非理性的层面的存在，认识到了情感作用，认识到了“彩色信息”的教育效果的增值性。这是对当时和目前仍然存在的教育活动情感缺损、硬性灌输、效率低下的超越探索的一大方面。同时由于美学体系的全面移植，包含德育的“教育美学”“教学美学”“教师美学”等研究臻成体系，出现了一批专著与论文。这本身亦是教育理论繁荣和进步的一个重要方面。

然而“教育美学”及其逻辑框架内的“德育美学”研究亦有明显的缺陷，这具体表现为两个方面。第一，具有明显的工具论和唯智论倾向。工具论倾向指把美仅仅视为一种改进教育教学（德育）的工具。如叶学良（1989）[47]认为教育美学是“运用美学的一般原理、原则来分析说明教学过程中的诸种美学现象……，探索教育审美活动发生、发展及其运动变化规律”的“技术性学科”。钟以俊的《对现代教学艺术的一些思考》在《教学美学导论》中径直成为“走向审美的现代教学”（第一章）的一部分，也说明“教学美”在其理论体系中的确也属于一种“技艺”性质的东西。之所以将这一范型之内的“德育美学”研究称为“技艺论”研究，主要原因就是这一研究的工具论特性。唯智论倾向主要是指教育美学的研究较为集中在教育美对智力开发的功能而相对忽视了教育教学活动中美的精神作用性质；同时唯智论倾向还指这些研究热衷于发掘“物理美”“数学美”等“科学美”的因素，而对教学内容中的“人格美”的研究相对薄弱。整个 20 世纪 80 年代的中国，社会追求富强、发达，教育追求“智能开发”始成风尚，所以教育美学研究为取得足够的合法性，也染有一些唯智特性，这既属追逐时尚，但又属一个明显的缺陷。因为教育美学本是想对唯智型教育有所超越的。第二，“德育美学”的潜在特征。如前所述，这一时期并无专门的“德育美学”研究存在，但“教育美学”中对教育环境、教育内容、教育对象、教育过程等方面的美学研究自然涉及了德育环境、德育内容、德育对象、德育过程等。“教师美学”中也自然包括了具有德育意义的师德或人格美的作用，及作为教师群体中的一个特殊具体的德育教师的美学问题研究。但是德育者并非仅仅具有一般教师的特征，同理，德育活动也并非教育活动的一般属性所能予以全部说明的领域，因此从“教育美学”“教学美学”“教师美学”中分化出“德育美学”，不应只是一种逻辑推演的结果，而应成为一种教育理论研究的现实运动。

四、超越论："德育美学观"的萌动

"陶冶论—技艺论—超越论"的过程在笔者看来有如一个"黑格尔的圆圈运动"。这一圆圈运动的主旋律是教育理论界对现实德育过程的功利主义症候群的超越。"陶冶论"力图在美育范围内为德育僵化特征的改造及超然精神的获得提供一个原初但全面的思考（正题），但其研究领域的疆界限制了其活动重心不可能放在教育活动的其他领域，同时，美的工具作用亦不能局限在美育活动之中。于是有了"反题"——"技艺论"研究。"技艺论"研究把德育活动作为教育活动的具体作了当然和一般研究，同时将美的研究铺陈到教育活动的全部领域，对"陶冶论"研究进行了扬弃。但是，"技艺论"把"教育美""教学美""教师美"仅仅作为一种具有"摆渡作用"的工具的倾向又使自己走向了"超越"旋律的反面：唯方法论、功利主义等。这一研究的缺陷在于捡了芝麻而丢了西瓜，即抓住了美的工具作用而放弃了美的精神价值。因此教育美学、德育美学的研究应该来一个方向性的转换，重新回到对功利主义德育观的超越路线上来，实现对功利主义教育观、德育观的真正超越（合题）。这一方向的研究因其具有真正超越的性质，所以尽管尚在萌动之中，笔者仍称之为一种新的范式，即"超越论"范式。

"超越论"范式的德育美学研究重在精神而不局限于技艺，重在深层而不在外表，它对德育理论的要求是一种与功利主义相对的全新的德育观。因此，这一范式的研究，不应称为"德育美学"（它易使人联想起"技术性学科"），而应称为"德育美学观"。

"德育美学观"萌动了吗？

这是一个难以回答的问题。如果作肯定回答，那么主要应归因于逻辑的必然——因为"教育美学观"在萌动。陈建翔（1994）认为："只有从根本上把学习过程变成审美过程，而不仅仅是改变学习过程的某些要素，才能解决学习外在于人、成为日益沉重的负担的问题，使学习变成对人的生命的根本肯定，带有愉快而高效的统一性质，促进人的全面发展。"如果教育美给人的首先不是教学效率的提高，而是“对人的生命的根本肯定”，那么这一美的功能的释放才是最大和最根本的，这样的教育美的探索才可称为“教育美学观”！笔者曾对“教育美学观”做过专门论述，也属教育美学观的萌动之列。（檀传宝，1995b）至于具体的“德育美学观”，由于专门的“德育美学”尚未出现，德育美学观的“萌动”的“萌芽性”就更甚于“教育美学观”了。由于这一点，德育美学观的构建必须同时作两个层次的努力：（1）建立“德育美学”，作德育美的工艺学研究；（2）建立“德育美学观”，统领前述工艺学研究，给德育精神的变革提供一个思考的新方向或者新视角。

第三节　德育美学观的理论构建

一、德育美学观概念的逻辑说明

“德育美学观”作为一种德育观从属于一定的教育观。从“美育的育德功能”“德育美学”到“德育美学观”的进展只交代了“德育美学观”发生的线索之一。要完全理解“德育美学观”的由来尚需首先从理论上厘清其外围，即从“美育观”“教育美学”和“教育美学观”三个概念的分析做起。

（一）美育观（第一参与）

美育观最终固然要以促进智能、提升道德水平等为其研究之任务结构的组成部分，但美育观不同于教育美学和教育美学观的追求的首要一点就在于作为其研究对象的美育的中介和目标。美育的中介环节是纯粹的立美、审美活动等，而其首要和直接的目标不是促智、育德，而是通过审美、创美的历程去提高教育对象的审美、立美的趣味、理想和能力等。美育观以上述中介和目标的实现为研究对象，这就显著不同于作为应用美学的教育美学。后者固然要求教育活动的立美、审美，但教育美并非纯粹的审美、立美及其活动，而只是要求教育活动的美化取向，其终极目标也不在于美，而在于具体教育成果的达成。教育美学，从这个意义上讲认定美不是目标而只是工具。

美育及美育观是美学在教育领域的第一参与，这表现在时间上就是人们注意教育美远远迟于美育的自觉。这一点可以在教育史上找到有力的佐证。美育及美育观在中国可远溯至孔夫子，在西方可上溯至古希腊；而对教育美的自觉，尤其是独立的研究，显然只能发生于教育学和美学尤其是美学的近现代形态出现之后。相对成熟的美学才具有应用于教育领域的可能性。从空间上讲，美育观也是美学在教育领域的最显层和独立形态的参与。很早人们就将美育作为教育的重要组成部分之一加以研究和提倡，但对教育活动本身的美的追求现在无论是在理论上还是在实践上都还仅仅是开始。换言之，美育及其研究已获公认，发展成熟，地位稳固，而教育美学及其理论虽然更显美对教育的渗透性，人们也难以否定其存在和意义，但就目前的教育实践和理论状况而言，其存在还是相当孱弱的。

（二）教育美学（应用美学/技术性学科）

现在已出版了许多关于“教育美学”的书，如《教育美学》《教学美学导论》《教师美学》等。但其主要立足点在于美学的教育应用，即希望通过研究教师的师表之美，活动之美，教育过程、环境、对象之美等怡悦教学双方，从美学的角度改善教育的效果，亦即前述的以美为工具、以教育效果为目标的特征。但是仅限于此的教育美学的存在意义将大打折扣，因为这样的教育美学只是一种工具理论或教育技术学的新增内容。而在教育美学之前把教育作为一种具审美特征的艺术活动去研究的已不乏其人，如夸美纽斯（J. A. Comenius）在《大教学论》中就宣称教学是“把一切事物教给一切人的艺术”。

教育美学作为美学应用要比美育晚，但如果说美育及其理论是美在教育领域里的独立存在，那么教育美及教育美学则开始成为教育与“美”、教育和美学的交叉渗透的领域。这是一种较为间接的参与和渗透。改革开放以来，我国教育理论界起初借“美学热”强调“美育”，20 世纪 80 年代中期开始静下来研究教育美，这本身也是一个进步，是教育理论历史、逻辑上的由表及里的表现。

（三）教育美学观（理想 / 精神）

笔者以为理论教育学最重要的不是阐释教育现象与方法，而在于给予教育及教育学以新的理想。或者表述为：教育理论和实践要求教育基本理论的，首先是一种教育精神。从历史上看，大的教育思想家，如柏拉图（Plato）、夸美纽斯、卢梭（J. -J. Rousseau）、赫尔巴特（J. F. Herbart）、杜威等，无不是在某一方面指明了教育的方向和理想的。因此，真正的高水平的教育美学，作为教育深层理论探讨，笔者认为首先应当告诉教育界一种美的信念和理想。这就是笔者以为的真正的教育美学。为与一般作为技术性学科的教育美学相区别，笔者将它命名为“教育美学观”，这不仅可以避免太多的“学”字，而且可以把教育美学的研究提升一步。

教育美学观不同于作为应用美学的教育美学的地方在于其不是仅仅以教育的审美特征去求得教育效果的改善，而在于它试图以教育美的建立去提升教育及其对象的精神境界，使教育活动本身成为一种人生境界的达成过程，使教育活动的主体和对象都在人生上实现超越。所谓“春服既成。冠者五六人，童子六七人，浴乎沂，风乎舞雩，咏而归”（《论语・先进》）是也。

教育美学观的建立，有着比教育美学更高级更深入的要求，是一种美学、教育学之间的内核的精神渗透。也正因为如此，它的存在还只是处在萌动期。但即便是芽，也是由美育观（正）而教育美学（反）扬弃而来的合题。

二、德育美学观构建前提的说明

“美育观—教育美学—教育美学观”的历程，涵括了“美育的育德功能研究（陶冶论）—德育美学（技艺论）—德育美学观（超越论）”的历程。因此，德育美学观首先必须成为教育美学观的组成部分，德育美学观的本质特性理应实现对其正题、反题的扬弃，以弘扬一种德育精神、德育理想或德育之魂为己任，亦即真正的“超越论”应是对“陶冶论”的素朴和“技艺论”的功利的超越而获得精神上的涅槃。

但只要历史是现实的运动、逻辑是辩证的演绎，那么另一个必然的前提就是：超越和扬弃是对正题、反题内含合理性的充分保留。正因为如此，要构建真正科学的德育美学观，就必须认真审视和吸收有关美育之育德功能研究和德育美学研究的已有成果，保留美育的育德功能及工具意义上的德育美学的合理因素，使之成为德育美学观大厦的内在组成部分。只不过，这种保留不等于“照搬”。王国维先生论词时说：“词以境界为最上，有境界则自成高格，自有名句。”（《人间词话》）同理，德育的美学借鉴应以德育精神的重塑为最高境界，有了新的德育精神的统领，则不仅美育中的德育，而且全部教育活动的德育影响都将不再孤立、隔绝，德育美的存在将不再皮相化、工具化，必然由物而活、由死而生。

总之，从美育之育德功能研究到德育美学工艺学研究再到德育美学精神的追求，是一个历史、逻辑上的由表及里、由浅而深的过程。本书在本论（第四章“德育美的本质及其存在”）之后顺序安排第五章“美育的育德功能——审美育德论”、第六章“作为德育手段的美——立美德育论”和第七章“作为德育目标的美——至境德育论”，即反映了这样一个逻辑和历史的统一。

德育美学观的构建还有其他一些哲学、心理学、伦理学、美学等学科的前提尚待研究。择其大要，笔者认为教育、德育之所以需要从美学那里实现精神吸氧，最主要的有宏观、微观两方面的理由。宏观上文化哲学和文化史已经告诉我们真、善、美文化的至境和内涵上的统一。真、善、美的统一和分离经历了不同的历史形态，但是文化史表明：真正的真和善（或“至真”“至善”的境界）总是有着美的天然的渗透的。因此，人类文化从物俗化的现实走向文明的最高境界即是走向以美为体、为用的真善美融合统一的“美真善文化”。教育哲学不同于文化哲学，它不是从教育系统的外部而是从系统内部审视教育发展的历史逻辑和内在需求。教育美学观、德育美学观从教育哲学的角度来看，乃是教育、德育主体性弘扬的必由之路。这是因为主体性的弘扬需以精神的自由和人格的完整为前提，而最具这一前提条件的是教育观念的美学变革。由外而内，本书拟安排两节组成第二章“德育美学观的哲学观察”，即是这一思路的体现。

至于微观上的观照，笔者认为主要应是心理学探讨。现代心理学的发展已经揭示包括审美需要在内的各种需要的不可或缺性和人的真正类本质特征；审美心理学亦揭示了审美、创美的许多具体机制，有待于对德育美的工艺学发掘和观念上的分析提炼。德育美学观的科学基础不仅在于哲学而且在于心理学，所以本书在第二章“德育美学观的哲学观察”之后安排了第三章“德育美学观的心理学讨论”。

三、德育美学观的特征

德育美学观是针对功利主义德育观而产生的德育学和美学交叉努力的最本质的理论结果。它以实现德育观的超越为最高追求，以德育活动精神自由及其塑造、反对道德相对主义为本质内涵。德育美学观应该具有的内容与特征主要有如下几方面。

（1）道德教育的功能不仅是文化守成，而且是道德文化的建设和创造。道德教育理应追求道德人生最高境界的达成，理应以实现德育的个体享用性功能为己任，且这种享用不是表层的快乐情绪的获得，而是深层的精神愉悦的享受。

（2）在道德教育的内容方面，德育美学观要求不仅注意理性的道德知识体系及道德规则的说明，而且应把关怀的道德尤其是道德伦理方面的终极关怀列入（统领一切）课程的核心。道德教育要克服对现实的消极适应，关注人类和永恒的价值体系。道德教育要把对现实的超越性质作为自己的本性。

（3）让德育活动演变成为教学双方作为人类个体对于美在伦理道德上的深厚积淀产生惊叹、钦佩和愉悦的审美过程。应该强调道德信念在道德教育过程中的决定作用，强调道德情感、直觉等对于信念形成的动力和强化功能，强调德育活动中审美、立美特征对道德情感、道德信念的巨大促进。这是德育美学观关于德育过程的主要见解。

（4）道德教育的目标不是道德概念的记诵，而是人类伦理精神生活的和谐、超脱，由此而达成类及个体生活和谐和幸福。人类的道德追求不仅应重“公平”而且应重“关怀”，培养道德情感、道德直觉，培养关怀人的心理和能力应同培养其他道德品质结合起来，并成为培养目标的核心。如果说功利主义德育造就的是一种实用人格，那么德育美学观则倡言一种新的人格理想——审美人格的实现！

（5）德育研究的首要目标不应是寻找工具而应是寻找灵魂。德育理论应有其特有的研究个性，特定的领域、对象和追求。理论联系实际不应简化为理论作现实发展的随从。一句话，德育理论研究应追求独立而崇高的学术品位。

四、德育美学观的展望

德育美学观是适应中国社会的三层精神饥渴而产生的。当前，我国正处在一个世纪之交的历史抉择时期，建立社会主义市场经济体制是一场深刻的历史变革，它开拓了生产力发展的广阔领域，给经济发展和社会进步创造了新的条件、增添了新的活力。但是，市场经济形成时期对于社会的负面影响也是显而易见的，道德建设的现状确有其不尽如人意和令人忧虑之处，突出的问题是一些人的是非善恶的评价标准出现混乱，道德失范、物欲膨胀的现象存在也毋庸讳言。因此，经济体制的转轨对意识形态的各个领域及人们的道德观念、精神追求、生活方式产生了深刻的影响，它既对计划经济体制下的道德观念产生巨大的冲击，又催化着新的道德观念的形成。同时，物欲膨胀、道德滑坡的征兆及世界范围内的精神危机与精神需求也要求学校德育把伦理精神的追求作为德育的根本。德育美学观所倡导的内容正是找回时代所急需的道德信念和精神。因此，从时代的角度看，德育美学观因其深层的时代根由而必有成长和应用的广阔前景。

中国相当多的学校德育实践尚在以功利主义、相对主义、外在灌输为特征的症候群中踯躅难进。德育现实不仅呼唤德育理论提供新式武器，而且呼唤德育理论提供精神营养。德育美学观作为一种对于功利主义德育观超越的理论，作为一种倡导以美为体亦为用的理论，恰能满足德育实践这一紧迫需要。因此，德育美学观有着十分明显的现实性与实践性。第八章“有关德育美学观的两点补遗”实质上是对这一现实性与实践性的再强调，也可视为对于德育美学观理论建构和走向实践的郑重呼吁。

笔者已欣喜地看到，中国的新兴发达地区（如苏南地区等）已经开始出现了对美育及教育美发掘的技艺范式的克服，开始了对美在德育及全部教育中的精神价值的探讨。这可视为中国未来教育发展的必然走向的曙光。德育美学观既属于现实，更属于未来！

最后，笔者想引用 20 世纪 80 年代广为传诵的两行诗句结束第一章，既表达自己写作时的心情，又表达对同道的由衷吁请——

“黑夜给了我黑色的眼睛

我却用它寻找光明”（顾城，1985）[65]

第二章　德育美学观的哲学观察

从教育体系的外部实施对于德育美学观的文化哲学观照，不难看出以美为体为用、真善美融通的文化趋势是德育美学观得以建立的必然前提；而从体系内进行有关教育主体性的哲学思辨，则审美范式是实现教育及德育主体性的必由之路。本章的主旨即从以上两个方面进行德育美学观哲学基础的讨论。

第一节　文化、教育的三种境界与德育美学观的构建

从美学和美学史的角度看，真善美的统一是不同时期的美学家们已经充分论证过的一个主题，人类艺术史上也不乏体现真善美完美统一的艺术杰作。或者说，从美学范畴看，真善美的统一已在不同时期得到了不同水平的证明，只是统一的基础因时而异。例如，文艺复兴前后，就是统一于天国还是统一于人间的问题。然而真善美是人类文化的果实，也是文化进步的尺度。如果我们把视角调整到文化史及文化哲学的角度，把真善美作为文化因子去研究，我们就可能发现：这种统一在文化整体及发展的宏观上的另外一些特征，由此特征而决定的不同统一或不同境界，以及由文化境界衍生出的教育、德育的不同境界。本节试图从这一视角来讨论文化、教育、道德教育发展的三种境界。

一、古代社会，东方文化与善美境界

这里的古代社会涵括原始社会、奴隶社会及封建社会三形态。所谓善美境界，则指由于物质生产、科技文明的不发达而出现的美为善所统摄的文明状态。以中国古代儒学为核心的东方文化，是这一文明状态的典型形式。

原始文化中，由粗糙、不规则的石器到光滑、匀称、略讲造型的石器，由用动物的皮毛来装饰自己到植物装饰品的产生，都体现了原始人类真、善、美完整朴素的统一及进化。但总的说来，在这种朴素的统一之上，人类文明的原初目的是族类的生存。只是“当狩猎的胜利品开始以它的样子引起愉快的感觉，而与有意识地想到它所装饰的那个猎人的力量或灵巧完全无关的时候，它就成为审美快感的对象，于是它的颜色和形式也就具有巨大和独立的意义”（普列汉诺夫语）（上海社会科学院哲学研究所美学研究室，1984）[216]。所以原始人类虽以原真为基础求得原美，但这时的美却是以善为最高目标，而美和真均服务于人类的原始生存。及至奴隶社会、封建社会，这种以善统美的情形就逐步演化为一个更加明显的特征。

亚里士多德（Aristotle）认为：美是一种善。其所以引起快感，正因为它善。他是这样论述悲剧创作的：“第一，不应写好人由顺境转入逆境，因为这只能使人厌恶，不能唤起畏惧与悲悯之情；第二，不应写坏人由逆境转入顺境，因为这最违背悲剧的精神——不合悲剧的需要，不近人情，也不能唤起悲悯与畏惧之情；第三，不应写极恶的人由顺境转入逆境，因为这种布局虽然近乎人情，但不能唤起悲悯与畏惧之情……”（亚理斯多德，1958）罗马时期的普洛丁（Plotinus）认为“善在美后面，是美的本原”（北京大学哲学系美学教研室，1980）[58]，“神才是美的来源，凡是和美同类的事物也都是从神那里来的”（北京大学哲学系美学教研室，1980）[57]。从此，美为一种十分明确的最高的善所统摄，进而沦为其奴婢，这就是漫长的中世纪。与欧洲文明不同，在中国古代，政治伦理文化始终是文化的主流，所以善美关系表现为文道关系，且以“文以载道”为主导性结论。《论语·八佾》中载："·'子谓《韶》，尽美矣，又尽善也。'谓《武》，'尽美矣，未尽善也。'"孔子对韶乐的推崇，源于其有高于武乐的"尽善"的特征。《礼记·乐记》更说："故乐行而伦清，耳目聪明，血气和平，移风易俗，天下皆宁。故曰：乐者乐也，君子乐得其道，小人乐得其欲。""德者，性之端也，乐者，德之华也。金石丝竹，乐之器也。诗言其志也，歌咏其声也，舞动其容也。三者本于心，然后乐气从之。"这一特色贯穿于以后中国文化的发展，其中不乏走火入魔走入极端的例子，如宋人小说等。鲁迅（1956）[331]分析宋人小说时就曾这样批评道："宋时理学盛行一时，因此，把小说也多理想化了，以为小说非含有教训便不足道。但文化之所以为文艺，并不在教训，若把小说变成修身教科书，还谈什么文艺学。"

善美阶段的存在，是与文化发展的其他特点相联系的，首先与生产力、科技的不发达或发展缓慢相联系。由于物质文化的不发达，人类在古代社会中就无法在求真方面得到丰富的发展。故虽然存在真善美原初的统一，但却以善对美的统摄和善美的结合最为突出。最初由于生产、科技的不发达，使人类的族类生存成为决定性因素；后来由于生产力水平有了一定程度的提高，又决定了只有极少数人游离出来成为社会的主宰，并成为精神文化的独占者，所以美以宗教或政治、伦理为核心就不难理解了。

善美是一种文化的境界。这一境界的特点可以归纳为两点，一是真善美的原始统一，二是美以善为准绳。前者为背景，后者为主题。之所以说真善美是原始的统一，一方面是因为许多思想家从一定意义上论述了三者的统一；另一方面是由于科学、伦理学、美学研究均处于前科学阶段，美的理论和实践未达到一定的自觉，故论证又是未分化和不充分的。古代社会的文艺家们在实践上也印证了这种真善美的朴素统一。之所以说"美以善为准绳"是主题，这是因为与真美关系相比较，善美关系在论述上最为突出、充分，在艺术或美的实践上也表现得最为明显。西方的音乐、绘画艺术成为教堂艺术、宫廷艺术，同宋人小说成为纯粹的喻世之言显然不是历史的巧合。善美文化的上述特征，使文化的古代阶段之神学理念、政治伦理因得到美的自觉支持而盛极一时，也由于美的神助，神学理念和政治伦理在相当多的古代人物身上展现了化境的魅力。如《论语·先进》载：(曾点)“曰：‘莫春者，春服既成。冠者五六人，童子六七人，浴乎沂，风乎舞雩，咏而归。’夫子喟然叹曰：‘吾与点也。’”朱熹《四书章句集注》对孔子与（同意，赞许）点的原因解释为：“曾点之学，盖有以见夫人欲尽处，天理流行，随处充满，无少欠阙。故动静之际，从容如此。而言其志，则又不过即其所居之位，乐其日用之常，初无舍己为人之意。而其胸次悠然，直与天地万物上下同流，各得其所之妙，隐然自见于言外。”

然而善美的境界只是人类文化的起点境界，因此，此一文化境界的缺陷也是十分明显的。这表现为失真而善、美俱失，即是说由于没有发达的科学基础，没有伦理学、美学的科学形态作根基，真善美的统一只是朴素的，因而盲目性大。故古代文艺虽不乏光芒四射之精品，但也有不少因为失真而作道德上的矫揉的例子。加上统治者由于其历史地位之特殊性，美沦为善的奴仆，实指沦为统治者神权、政权的奴仆。正因为如此，文化上的文字狱现象古今中外多有出现。善挟美，类似于古代政治上的“挟天子以令诸侯”，古代文化的任何一块领地莫不为之所染。经济领域内劳动者所受的神赐天理保护的剥夺与其所具的不觉醒的奴仆心态，政治领域中统治者的温厚仁爱之外表与凶残冷酷的本质的奇特统一，宗教裁判所对科学家和科学、非宗教文化的摧残，社会生活中对人性和人类生活的贬低，以至东方中国以“三寸金莲”为美的病态美感，等等，不一而足。

古代教育，最初与生活、劳动同一。原始部落对其成员最严厉的惩罚是将罪人赶出人群，故原始人的原始共产主义道德就成为维护人类生存的根基之一。原始教育也须服从人类生存之大善。首先，教育的大义是部落人际关系的维护，教育内容上表现为部落训诫、禁忌、风俗、习尚之类道德内容的传授。其次才是个体生存技能及对美趣之无自觉的追求与习得，表现为生活、劳动技能的教育，简单的符号、原始艺术的学习，等等。在以后的奴隶制、封建制两个社会形态中，善美境界在教育领域中表现为以下两点。第一，对学生人格的较全面的塑造，例如课程上德、智、体、美育课程的全面开设。在中国这可上溯至春秋战国时的“六艺”，在欧洲可追溯到古希腊罗马修辞学校中修辞、辩证法、法律、数学、天文、几何、伦理和音乐等课程的开设。第二，对艺术课程的道德要求。古代中国学生读《诗》是为了学会“言志”，是为了达到观、兴、群、怨的道德目的；作文是为了载道；习乐是为了调理心性。所有艺术的学习、美的追求都围绕“内圣外王”的总目标。直到近代，还有人夸张地认为：“欲新一国之民，不可不先新一国之小说。故欲新道德，必新小说；欲新宗教，必新小说；欲新政治，必新小说；欲新风俗，必新小说；欲新学艺，必新小说；乃至欲新人心欲新人格，必新小说。”（梁启超，1989）[6] 从古代教育制度上讲，无论官学、私学，无论东方、西方，学校中政治伦理素养或神学精神的培养均是教育的出发点和归宿。因为这时期学校主要为朝廷、官僚、僧侣或其他统治阶级所掌握，其教育目的主要是培养官僚、僧侣、绅士、信徒。故美的教育实际上只是使统治者多些统治的雅致，使信徒的信仰更加坚定而已。这种教育固然生产了许多进入道德伦理化境的理想人物，如古代中国的许多清官，西方的许多绅士，以及走向反叛的古代革命者、科学家等，但这种教育的严重缺陷在于它对“真”的贬低和对“美”的阉割，以致培养了一代又一代“四体不勤，五谷不分”的废物。它扼杀实用性，以致产生了近代学制变迁中文科学校与实科学校的对峙和对后者的压制。对善的过分夸张的要求不约而同地在东西方培养出了一代又一代道德伪善者，正是这些文明人，一再扼杀着不合乎善的真和美的每一株幼芽。也正因为如此，古代教育及古代文化也就具备了走向另一教育和文化境界的历史必然性。

二、近现代社会，西方文明，真美境界及其危机

近现代社会是以生产力和科学技术的突飞猛进为其突出特征的，物质文化的成就带来了精神文明的全面而丰富的收获。这一时代的成就和缺陷，都可归因于科学文明尤其是自然科学的进展。自然科学这一文化因子的巨量增长，固然增进了人类物质与精神文明，但相似于古代社会之“善”的

膨胀，自然科学或“真”的自然科学模式，在近现代的巨大发展也达到了君临一切的地步。哲学上一切命题被诉诸理性，分析思维、知性思维几乎占领了思维的全部领地和科学的一切领域，包括人文科学都以自然科学标准为进步学科的最高范式，进而现代化的含义被许多人理解为高科技……，因此这一时期“善美”的决定地位很自然地为“真美”关系所取代。这时，真善美的统一是以突出真的绝对权威地位为特色的，尽管这一“真”往往只是自然科学式的。所谓“真美”境界的含义大抵如此。欧洲人有求真的传统，科学及其相伴而来的近现代文明首先在西方萌发和成熟，所以在这个意义上也可以说真美境界即西方文明。

真美阶段的特色，是真、善、美关系的分化倾向和美统一于真。所谓分化倾向，一是指伴随着学科分化和创建，真善美成为各自独立的研究领域，即哲学和科学、伦理学、美学的研究对象，各自构建了自己的学科体系；二是进而有不少人在理论上否认了真善美沟通的可能性。例如，康德认为，美是不涉及欲念和利害计较的引人愉快的纯形式（纯粹美），人对美的判断不能获得知识（达到真），也不能实现实用目的（达到善），只能通过对纯形式的观照获得一种心理上的愉悦感情。（王世德，1986）[30]如果真善美能够说是统一的话，那仅是因为自然必然（真）和精神的绝对自由（善）的和谐是美的，故只有在主观精神领域内才能实现。所谓“美统一于真”，指的是在真美关系中，美对真屈从式的追随。这一点似乎主要是欧洲文明的传统。亚里士多德说：“一个美的事物……，不但它的各部分应有一定安排，而且它的体积也应有一定的大小。”（北京大学哲学系美学教研室，1980）[39]毕达哥拉斯学派从数学原则出发，在五角形中发现了黄金分割的数理关系，并以此来解释建筑、雕塑的形式美，开创了以真求美、以真为美的理论先河。古代与近代不同的只是，这种真美关系从历史事实的总体上看并未凌驾于善对美的统摄之上而已。沿着这条传统的道路前进，加上有关真的自然、社会科学的空前发展，欧洲人终于把“真”看作美的源泉和准则了。18 世纪英国著名画家荷加兹（W. Hogarth）在《美的分析》一书中提出了蛇形线是最美的线条等观点，进而提出美的六条原则，认为适宜、变化、一致、单纯、错杂和量恰当地混合起来就能产生美。(上海社会科学院哲学研究所美学研究室，1984) [156] 这种“和谐即美”的结论与黄金分割率发现者的探究完全是一个思路：求真。沿着这条思路思索的艺术，就表现为绘画艺术上对形体结构的精细研究和描摹，表现为文学作品创作中对形象日积月累的观察、描写和作品对生活的“再现”说，等等。由于其真，近现代艺术有了古代艺术家望尘莫及的新成就，但又由于其对真的偏执，真与美的关系也常常不是相成而是相反的。古希腊画家宙克什斯（Zeuxis）画的葡萄竟引来了活的鸽子啄食，德国昆虫学家毕特涅（Büttner）的猴子竟把洛色尔的《昆虫乐趣》一书中画的甲壳虫咬成了碎片（黑格尔，1979）[53]，“真”可谓达于极致。但黑格尔却说：“艺术总不能和自然竞争，它和自然竞争，就像一只小虫爬着去追大象”（黑格尔，1979）[54]，“艺术的使命在于用感性的艺术形象的形式去显现真实”（黑格尔，1979）[68]，“纯然外在的客观性不能揭示内容的完满的实体性，艺术家就不应致力于此”（黑格尔，1979）[366]，所以“这种连鸽子、猴子也欺骗到的作品不值得赞赏”（黑格尔，1979）[54]。

真美阶段由于对真的追求，从而克服了善美阶段因失真而善美俱失的弊端，有了很多超越前一阶段的优势。如美的实现领域、手段方面的拓展，科学成为艺术的工具和审美对象（科学美），随着伦理学、美学的建立及其学科形态的日渐形成，带来的是对于真善美及其统一的精细理解等。但是，由于过分强调真的权威，科学主义盛行的真美联合体又产生了不容忽视的文化缺陷：(1) 真对美的践踏代替了善对美的奸杀，导致美的失落；(2) 以真统美导致人生绝境的形成。

真对美的践踏导致以真为美的病态。无论东西方，都出现了现实主义走向极端的例子。在中国，最明显的病态是宋明理学对宋明小说的消极作用。高尔基说过，对生活进行“观察、比较、研究，借助于它们，我们的‘生活印象’和‘体验’才被哲学加工并形成思想，被科学形成为假说和理论，被文学形成为形象”（高尔基，1978）[316]。应该说，把文学对生活的反映类比于哲学、科学之于研究对象是不恰当的。与走极真的道路相反，一些理论家、艺术家走了相反论证之路，那就是形形色色的现代艺术。现代艺术以摆脱真实、理性，摆脱道德理念为时尚，或者宣称“为艺术而艺术”，其结果也是另一种美的失落。德国文化哲学家斯宾格勒（O. Spengler）认为，发展到文明末期，一切艺术早已化为全无意义的点缀物，它的内在灵魂也久已丧失了。故在今日堕落的西方，不仅早期的各种艺术久已死亡，即使后期艺术，如伦勃朗的丰美表现，也已堕为今日毕加索式的纯智的结构，音乐也由贝多芬的全盛期蜕变为今日印象派等颓废平凡的音乐。这说明文化的金矿早已为我们的前辈挖掘殆尽，今日已不再是一个拿画笔、搞音符就可以创造灵魂作品的时代。(刘述先，1988)[46] 斯宾格勒表达了同许多西方思想家一致的对于西方文化的绝望之情，虽然消极，但这种对极真文明之绝境的洞见却是相当精致入微的。

文明及艺术真美境界的绝境，实质上是哲学的危机。美的失落源于人生绝境的形成。在哲学上，与自然科学发展相适应，近代哲学的滥觞以理性的复苏为最大特色。从英国经验主义哲学到大陆理性主义的形成，从法国机械论、无神论思想到德国古典哲学，以及使马克思唯物主义庸俗化、机械化、逻辑化的倾向，自然科学的知性思维模式最终使人类陷入了机械、物质、实验证明的海洋。文化主体被漠视，从而产生了人类历史上从未有过的文化主体的“异乡感”，一种对于世纪的恐慌很快代替了往常基于理性的自信。于是人类不约而同地走向了理性的反面。唯意志主义、生命哲学、现象学、存在主义、人格主义、新托马斯主义、弗洛伊德理论、法兰克福学派、哲学人类学等应运而生，成为与实证主义、马赫主义、实用主义、逻辑实证学派等科学主义思潮相对垒的时尚。这种哲学的反叛、精神文化的反叛，恰好证明了超负荷、片面发展的物质文化对于人的压迫，知性思维、逻辑、理性等没有解决人类问题的全部和实质。工业、科学的发达带给人的是思想的物化、制度的物化、主体性的否定、精神家园的失落。人文主义也促使马克思主义思潮把研究聚焦于人的主体方面，如意志、欲望、生命冲动、直觉、情绪、爱欲等，西方马克思主义实现了人本化、主体化，他们都以对主体的关怀从反面证实了文化主体的被冷落。物质生产的现代化没有克服反而加剧了这一倾向，因此，这一阶段的危机的克服绝不能沿现存发展轨迹去寻求。

社会宏观文化既然是极真君临一切，教育作为文化的一分子当然难以免俗。近现代教育史的最大进步就在于摆脱了宗教及君权的阴影，引入科学也进入科学，反过来对科学与文明整体的全面、迅速的发展做出了贡献。单从美育角度看，工厂式的学校，批量生产式的班级授课制，加上先进的仪器设备，可使成千上万的学生在极短的时间内学到古人费时长久方可偶得的艺术技巧。科学手段也使各门艺术的精品走到每个愿意欣赏它的学生的面前……，这些都是过去无法想象的。但是，唯科学主义的泛滥同样也使近现代教育面临着同人类文化整体相同的危机。其突出表现是：(1) 智育课程尤其自然科学方面的课程，实际上被奉为至高无上的主导课程，而道德教育、美育、体育等课程萎缩。这在一些发展中国家、不发达国家中尤为显著。片面课程的直接后果是片面人格的生成。(2) 道德教育、美育、人文科学等课程，因在各科学家那里就只有一个自然科学的标准范式，所以即便在学校开设以上课程，也只等于开辟了自然科学方法论的另外一些应用领域。唯科学主义世界观处处受强化，教育的主体性被忽视，一些无法用自然科学方式去解决的教育问题也被“科学化”了，譬如为许多人奉为时尚的品德及德育的量化模式。(3) 教育科学曾因不合乎自然科学范式而被人宣布过死亡，而后又对它进行了以自然科学范式为标准的改装。这种大成问题的教育理论又倒过来印证、加深了教育实践中唯科学主义的病态。(4) 教育目标、制度、实践上对人的精神世界的漠视，对学生面临的精神饥渴、危机缺乏应有的关怀，造成或加剧了世界范围内青年一代的道德沦丧和精神危机，使教育同整体文化一样走到了非经更高扬弃不能前进的地步。

三、美真善的更高统一与未来文化境界

面对现代社会的危机，在各个不同的思维领域，不同的思想家都做出

了反映。在西方，斯宾格勒认为，我们这个时代精神创造的可能性已经枯竭，唯一真实的是权力政治而非文化的创生。因此他在《西方的没落》一书中下结论说：“我只能希望，新一代的人们能为本书所推动，将自己供奉于技术，以代替抒情诗，海洋以代替画刷，政治以代替知识论。更好的，他们不能做。”（刘述先，1988）[58]这种对当代西方文明的绝望心情可以说是当今世界西方哲学悲观情绪的代表之一。当代西方哲学的主流即是对主体性的强调，对人类文化物质化的抗议和批判正是对走向极端的真美文化的抗议与批判。在东方，由于以儒家伦理为传统的东亚国家的经济成就，不少思想家把救世的思考专注于儒学的复兴。韩国儒教学会副会长赵骏河在谈到孔子有“仁”时指出：未来的21世纪将是物质极大丰富，科技高度发展，人们的生活更加安乐和方便的一个时代，但是把物质作为衡量价值标准的价值观，会给人们带来不幸的结局。……只有持仁为核心的价值观，才能享受丰饶的经济和发达的科技所带来的安乐的生活，建立和平的共生共存的世界。在中国港台地区，新儒学俨然成为一大思想流派，也反映了另一种对文明出口的乐观的探寻。但是，东西方这两种探索方式都是各有局限的。前者是以对真的绝望、否定当前文化的合理性及其继续发展的可能性为特征，后者则流露出了相当成分的复古情绪。借鉴历史、吸收传统的精华固然正确，但是使历史死灰复燃的倾向则是不可取的。文明的出路既不在完全肯定或否定真美文化，也不在于完全肯定或否定善美文明。刘述先（1988）[84]说得好：“我们今日要拯救世界危难的方向大致可以划分为两部分问题，首先我们要求‘文艺复兴’，东西方都要恢复它们一度闪烁过的活泼生命精神，才不至堕为僵死物化，走上它自己文化的灭亡命运。二则我们要求‘东西会合’，东西方须分别发现其内在的症结，吸收其他文化的优点，以修正自己的缺陷与弊端，才得以未来造命，而未来世界也才有希望。”

因此，文化境界的进一步提高，或者说未来文化境界应当建立在已经经历过的两个境界基础之上，成为否定之否定的第三种境界，即“美真善”文化。它既是“文艺复兴”，复兴古代文化以救精神失落；又是“东西会合”，结合东方型善美文化与西方型真美文化的优势并形成互补与超越。这一未来文化的特色可以表述为两个方面（仍从真善美关系方面论述）。一是“真、善、美的横向贯通”，二是以美为体用的真善美统一。所谓“真、善、美的横向贯通”，指三个范畴均处于我中有你、你中有我、融为一体的化境。“有关学者对世界100多种文化观念进行研究后，提出六个通行的准则，即正义、平等、自由、真、善、美，这六个观念是人类文化的最高表现，而所有的文化到了最高境界都是彼此相通的。”（高志其，1994）所谓“以美为体用”的三者统一，是强调真、善通过美实现和表达，同时又以美为最高追求境界。同真善美统一的前两个形态相比较，这一境界是综合和超越历史文化的成就而达到的新高度。追求贯通即对原始真善美统一理想和对真善美统一的近代科学形态认识的继承，它不仅要求剔除古代的盲目，也要求扬弃近现代文化屠宰场式的分析思维范式。贯通是一种基于科学的真善美返璞归真式的统一模式。说美真善文化是一种否定之否定，根据即在此处。“以美为体用”并非只是简单地让“美”取代“真”的地位成为三者统一的最高统摄者，而是因为唯有美是一种全面连接文化主客体的中介，它既能杜绝极善对真、美的奴役，也能防止极真对世界纯客观性的肯定。由于通过立美、审美过程，人类对善与真的传递、接受、达成和创造都将是时风化雨式的，文化的主体性与对象的客体性、人的理性方面和非理性因素等皆可兼顾于一，从而克服宋明理学式的道德文化模式及近现代机械文明模式的积弊而达于较高较美的境界。从人生意义上讲，这一模式的特点和优势，将是对人生尤其是精神家园寻找方面的全面关怀，故它有利于人格发展的全面目标的建构及实现。正如黑格尔（1979）[147]所指出的：“审美带有令人解放的性质。”

文化的美真善境界要求于现实变革的将是对哲学上物质主义世界观、科学崇拜现象的彻底批判；艺术上不再是毫无意义的空虚和人工的宣泄，也不再是对古老艺术的高技术再模仿，是新创造而非新的技巧；制度文化上对金钱政治、权力政治的摒弃；日常生活上对物的膜拜及消费主义批判的真正实现；等等。我们不可能对未来下更精确具体的定义，那只能建构一个乌托邦。但基于现实和历史文明，我们可以展望的是：对美真善境界的真正追求，将成为未来人类物质文化、制度文化和精神文化的最为显著的特征之一。

美真善统一的未来文化成分的教育，也必然因为其文化特征而具有新的特色。现在至少可以展望的应有以下四点。(1) 教育思想上的革命。现代教育事实上已经证实了唯科学主义教育的种种积弊，诸多人文主义教育学说的产生都是对极真文化的否定。对教育主体性、教育中非智力因素、教育的人生意义的关注等，在未来教育文化中将成为最突出的现实。(2) 全面发展的人格将是教育的唯一目标。对德育、智育、体育、美育课程的割裂理解将被扬弃，代之以“四育”的相互贯通、融为一体的综合课程安排，潜课程教学将被视为教育有机体的一个重要方面。(3) 教育对美的关注将不仅在于引起足够重视的艺术教育，而且在于将人生意义建立在美的境界上，科学的学习、体能的培养、道德的完善都将作为进入人生化境的必要条件而存在。(4) 教育方法上的革命。道德教育上说教式的灌输将首先被克服，教育方法不仅是科学化而且是人格化、情感化或境界化的。教育将被视为师生间和谐人际关系及课堂、学校等教育环境的诗意氛围的创造。教育内容的传递或内化效率也将因其审美性而得到空前的提高。

教育观变革即是德育观的变革。我们之所以反对仅仅局限于美育谈美的育德功能，是相信真正的善的教育应为美所全部浸透；我们之所以反对技艺范式的德育美学，是因为我们认为德育从美学那里要去找回道德主体的自由及精神力量。道德教育的美学观只不过是人类全部文化史演进的一个附带的果实——尽管对于德育系统本身，它具有划时代的革命意义。

第二节　主体性形态及其教育实现

一、主体性是人类历史的主旋律

“人是宇宙自身产生的否定因素、能动力量。有了人，宇宙才有了一面反观自照的镜子，才有了真正的客体与主体的对立，才有了自觉推动沉睡的宇宙定向前进的力量。”（萧焜焘，1990）写在《自然哲学》、《精神哲学》前面的确，如果把人类历史比作一部交响乐，那么它的主旋律就应该是主体性。

人类文化史也是主体性的萌芽、发展、实现的历史。当人类始祖开天辟地，用劳动的巨笔划开人与动物及自然的界限时，主体性在主客体最初的分离、对立和统一中就开始了它的萌芽期。但一直到近代，人类历史都主要执着于客体性的追求。人类之所以对客体性的追求开始于其童年，对主体性相对缺乏应有的关怀，完全是因为人在客体面前尚未长大。实践的历史产生了主客体的分离与对立，同时也产生了主体对客体力量暂时而漫长的遵从。近现代生产力、科技的迅速发展使人在客体面前感到了强大又感到了渺小。人开始从自己的丰功伟绩和无依无靠的惊叹中回顾自身，这就产生了近现代哲学上汹涌澎湃的主体性思潮。一时间主体性不仅成为哲学，而且也成为伦理学、心理学、教育学和几乎所有社会科学乃至自然科学追求的时髦用语。但是，主体与客体、主体性与客体性并非两对孤立事物或片段，即使是最最客体性的哲学也是人类主体性的曲折表现。主体性和客体性的存在从来是也必须是互补性的存在。因此，当多尔迈（F. R. Dallmayn）写作他的《主体性的黄昏》（*Twilight of Subjectivity*）的时候，他是较早但绝非唯一的主体性黄昏的预言者。当然，主体性的黄昏并不等于主体性的死寂，而只能预言主体性在向客体性的复归与包容中实现其“涅桀”。因此，主体性在经过辩证综合之后完全有可能走向一个崭新的明天。

教育主体性是人类主体性的一个方面，但教育又是一种人类主体自生产的活动领域。这一特点决定了人类主体性思考对教育具有更为重要也更为实质的意义。道德教育的主体性弘扬是现代德育进程的基石，德育美学观的建立即是德育主体性弘扬的一个乐章。因此，从教育哲学角度考察德育美学观的必然性和必要性，应建立在人类主体性和教育、德育主体性弘扬的必然性、必要性论证的前提之下。

二、主体性潜在形态和对教育主体性的漠视

当混沌初开、人类尚处于原始社会时，由于人刚刚告别自然界，主体与客体的分离是原初的也是模糊的。古希腊神话中大量神人不分、半神半人、神人同格的例子即是明证。此外，人类直觉感性思维的把握方式也常常令初民们主客不分。这一时期教育也处于完全的不自觉状态。禁忌、习俗和生活技能在生产和活动中的传授与其说是教育活动，不如说是一种稍稍高于动物的物种生存和传递的本能。因此，这一时期无论教育者还是受教育者，其主体性的自觉与发挥都是极其有限的。

文明时代的开始即意味着主体性的真正萌芽，也导致了主体性的暂时被埋没。

从古希腊哲学到近代经验论及机械唯物主义哲学，哲学的兴趣主要是关注客体，具“向外驰骛”性。这一特征的主要表现之一是对知性理性和客观知识的偏好。对比一下亚里士多德的《工具论》和培根的《新工具论》，其中的不同似乎只是哲学从强调演绎推理发展到了强调归纳推理而已。哲学史上著名的经验论和唯理论之争旷日持久，虽然许多观点针锋相对，但却有一个人人共知的共性即致力于研究什么样的方式更能使人正确地把握客观世界。

在弗洛伊德的“心理学革命”之前，心理学出现了许多派系。官能心理学认为心理、学习等是人类天性或潜力的产物，一如其他器官的作用，

心智只是大脑的机能。由此导出了古代形形色色的形式训练和训练迁移的必要性。洛克对学习数学的重要性是这样评价的："我并不认为所有的人都应成为高深的数学家，而是要求通过学习数学获得推理的方法，并在一定的时机能迁移到其它的知识学习中去。"（布鲁柏克，1991）[145] 对训练及迁移的迷信带来的是从古希腊罗马一直到 19 世纪末的鞭笞式教育活动的合理性证明。从洛克开始的经验主义心理学导致了与官能训练极其相似的感官训练；联想和统觉理论被人批评为使教育走向呆板，对学生的自由产生威胁；（布鲁柏克，1991）[151] 发生心理学从生物发生学那里找到研究根据，功能主义则把人的心理研究归为条件反射等生理性探讨，观察动物从迷笼中逃脱以探究人的心理活动；而行为主义则被人指责为"肌肉抽搐心理学（muscle- twitch psychology）"（布鲁柏克，1991）[159]。故近代心理学与古代心理学的主要不同在于，过去心理学从属于哲学玄想，而近代心理学则从属于自然科学。但对人类心理学研究的物化倾向都是相同的。

与哲学、心理学相应的是外塑型保守性的传统教育模式。这表现为教育目的上的外在人格的塑造，也表现为教育方法上的强制与专横。由于得到心理学的支持，背诵曾被普遍认为是训练心智的有效手段，而鞭笞直到 19 世纪的美国仍然是普遍的。根据曼（H. Mann）的一项调查，美国一个有 250 名学生的学校，在一周的 5 天中就有 328 人次被鞭打，即平均一天约 66 人次。而"公众赞成这种教法，他们总是斜眼看待那些企图制止这种棍棒纪律的人"（布鲁柏克，1991）[222]。起初为了官能提高，后来为了感官训练，机械重复的教育活动中人类付出的代价是惊人的。在教育内容上，由于苏格拉底"知识即美德"和培根"知识就是力量"等命题的理论证明，起初是知识、智慧，后来是智力、智商同教育活动的本质追求联系起来，形成了唯理唯智型教育范式，在中国这一范式绵延至今。教育的唯一目的就是增进智力，教育的合理内容只能是传授知识。20 世纪 80 年代中国有一个响亮口号"尊重知识，尊重人才"，在当时具有对"文化大革命"时期摧残知识和人才的拨乱反正的积极一面，但对"知识"与"人才"间的上述联系的过度强调又有一定的片面性。在这种外塑型教育中，教师扮演着绝对的权威角色，而学生则完全是被动的受灌输者，是知识的器皿。教师为了维持权威的面孔，必须暂时消融其人性的部分，学生由于其被动地位而觉得索然无味。正如一位不知名的美国校长所批评的那样："坐在一个有节疤和孔的板凳上，没有靠背和歇脚架，一边是火炉，另一边则是凛冽的寒风。他必须坐得笔直，一动不动。思想不能开小差，就这样等着轮到他背诵课文。这样被限制几个钟头，一个可怜的小家伙除了扭动还能干什么呢？"（布鲁柏克，1991）[221]

人格的外在塑造在德育领域表现得更加充分，专制社会的漫长存在把道德教育变成了极权统治的工具。无论是在中世纪的欧洲还是在封建时代的中国，道德教育的一致倾向都指向人性自然的压抑，个性、进取精神、自尊、自信的扼杀和主体精神的摧残。到了文艺复兴、启蒙运动时期，曾一度高扬了道德的主体性。但是资产阶级很快就重新操起了道德教育的旧式武器，只不过道德教育传授的内容改为资产阶级化了的宗教神学体系和"民主"社会的价值体系而已。而且直到20世纪初，这种传授的方式也一直是沿用旧式的强制的灌输模式。由于德育只能在道德形成的外部起作用，而对道德学习主体的心灵世界无所企及，所以其结果是隔靴搔痒。"表面上道德胜利了，实际上人们却自欺欺人给个人欲望穿上了道德的晚礼服，结果是虚伪这种不道德的产生。"（肖雪慧，韩东屏 等，1988）[4] 实际上，近现代资本主义精神堕落的重要原因不仅在于其社会根源，不仅在于其道德内容本身的缺陷，而且可以在其教育的失败中找到有力的根据。道德教育的旧式灌输意味着对受教育者主体的漠视，也意味着教育者本身的主体性被压制；教师同学生一样是被动的、工具性的，同是社会本位的道德传播方式的受害者。缺乏主体性的道德教育必然产生两个方面的恶果：一是道德学习主体在道德及其学习活动中的能动、自主和创造性的丧失；二是因道德个体个性的丧失，社会本位的单向度的类的主体性处于一种残缺因而死寂的境地。因此传统德育范式的缺陷在于在这个最需要唤醒主体自觉的领域里却采取了无视主体性的态度。哲学对主体性的漠视导致了宿命论、决定论、唯理性主义；心理学研究的物质化倾向使心理学一直成为哲学或某门自然科学的未成年的孩童。而教育，尤其是道德教育的外塑型模式导致了反教育的结果，其突出特征为动力机制的缺损。冷冰冰的教育理论导致了残酷而效率低下的教育实践。“自由”“选择”“创造”被“权威”“义务”“服从”所取代，缺乏对主体的终极关怀因而也缺乏对非理性因素的体会和关心；等等。这些旧式教育学特点同哲学、心理学一样，终将以自己的没落导致其对立面的兴起。

三、主体性中介形态及教育主体性的唤醒

传统的哲学、心理学、教育学的共同特点是对主体性的漠视，但这丝毫不意味着这一时期没有主体性的存在和发展。首先，对客体性的追求、探索及其成就本身就是人类主体性的确证。“在很大程度上，西方历史可以看成是一部解放的历史，即人从各种外在的监护或虚构的压抑下逐步解放的历史。”（多尔迈，1992）[12] 古希腊哲学是有个性的哲学家思想的产物；罗马帝国内产生了“救人灵魂”的基督教；宗教改革使个人良心从牧师的控制之下解放出来；文艺复兴将个体理性或“我思主体”从盲目信仰中解放出来；而近代知性理性则使人获得了对自然力的空前胜利……。此外，也有不少证明主体性思考在这一时期丰富存在的直接根据。从古希腊哲学家普罗泰戈拉的“人是万物的尺度”的命题、亚里士多德对实践理性的关心、伊壁鸠鲁学派的享乐主义思想一直到笛卡儿“我思故我在”的命题、卢梭的浪漫主义哲学、康德对主体性的研究等，都表明了哲学研究在主体性方面的存在。心理学也不乏对兴趣、感觉、经验等方面的重要发现。至于教育学，从苏格拉底的“助产术”到夸美纽斯的《世界图解》，从卢梭的《爱弥儿》到裴斯泰洛齐（J. H. Pestalozzi）的实物教学法、福禄贝尔（F. W. A. Frobel）的自我活动法，其中包含了丰富的对于教育对象主体性的肯定。夸美纽斯宣扬把一切事物教给一切人们的全部艺术，除去泛智论的缺陷等，显示其对教育者主体性发挥的信心和肯定。因此，传统的哲学、心理学、教育学的主体性漠视只是从历史事实的整体着眼的结论，它从一个侧面证明

了人类主体性的潜在形态或“萌芽”状态。

萌芽即先声。由于这一主体性旋律的本来存在，加上主体能力的巨大增长，在近代，人类改造自然取得了一时间令人振奋的辉煌。但人类增加了对于自然的自信的同时又感受到了绝对从属于自然律的悲哀和恐慌，同时人类增长了的主体感受性也以从未有过的敏锐感到了来自人以外世界(尤其是社会自然)的巨大压迫，主体性终于被历史从沉睡中唤醒。于是思考人的极限和生命意义的尼采哲学带来了哲学上的“哥白尼革命”；生命哲学认为生命冲动才是真正“时间”；现象学致力于“纯粹意识”的直观把握；而存在主义则一反过去的决定论倾向，提出了“存在先于本质”的命题。萨特（J. -P. Sartre）宣称：“如果存在先于本质”，“人将永远也不能用既定的特有的人性去解释人的行动；换言之决定论是不存在的——人是自由的，人就是自由”。(多尔迈，1992）[25] 他还说“除了人的宇宙、人的主体性的宇宙之外，没有别的宇宙存在”(多尔迈，1992）[28]。由此可见，近现代哲学的主体性已由过去的潜在状态一跃而成为一定时期哲学舞台的主角；一时间对决定论的批判，对非理性的尊崇成为潮流，也可归因于此。

与哲学主体性凸显相似的是心理学发展方向上的转变。弗洛伊德以他的精神分析学说揭示了人的本能和潜意识世界；荣格继之提出了集体无意识的理论；格式塔学派强调了一种与条件反射完全不同的顿悟式的学习；以皮亚杰为首的日内瓦学派则研究儿童认知活动，探索智慧的性质、结构和功能以及发展的阶段性、连续性，揭示了学习主体与环境的同化、顺应和平衡发展机制。心理学这种“向内驰骛”式的研究，不仅使心理学摆脱了对人类心理的生物学甚至物理学范式的研究局限，也使人的潜能的更大发挥成为一个令人神往而又并非没有现实性的时代课题。

教育学的真正变革则是从 20 世纪初的杜威开始的。杜威的理论丰富多彩。除去在教育目的、内容等方面的理论贡献之外，他的实际作用最主要在于他的后来屡遭诘难的“儿童中心主义”和“从做中学”的教育思想。以上述思想为特点的进步主义潮流不仅“在美国，而且在十月革命之后的俄国，解放前的中国，欧洲和世界的其他地区产生了巨大的影响。西欧的

‘新教育运动’和美国的进步主义教育运动的指导思想大体上都是儿童中心主义”（崔相录，1989）[17]。此外，在生命哲学影响下产生了“生的教育学”，表达了对生命意义的教育关怀；实在论者怀特海主张“教育唯有一个教材，那就是生，是所有表现之中的生”，教育必须以生的“跃动”为依据，让学生获得正确的知识，使他们的智慧趋于完善（崔相录，1989）[24-25]；存在主义则将“自我创造”“自我”“自我超越”及绝对的人格自由作为其教育主张的主旋律，波尔诺夫根据存在主义哲学思想，开辟了教育中的非标准、非连续、非理性的领域；教育人类学则要求“从人生本身现象和作用”去理解教育现象，提出了教育人类学的考察方法……。总之，20 世纪以来的教育理论由于哲学、心理学的影响，也由于自身发展的累积，终于走向了传统的反面，那就是对人生及其意义的关心、儿童作为学习主体地位的确立、非理性倾向教育价值的确认以及最近几十年来愈来愈热的对于非智力因素和人类潜能全方位发掘的关心。整个 20 世纪可以讲是一个教育“变革”“实验”的世纪，也是一个教育主体性得到大张旗鼓地鼓吹和实践的世纪。

如果说传统道德教育是以强调社会本位和纪律约束为特色的话，那么 20 世纪道德教育理论则更重个体价值的直观把握。在西方则表现为对传统德育灌输模式的批评和道德相对主义被普遍接受等。（戚万学，1993）杜威反对“把成人的标准、教材和方法强加给只是正在逐渐成长而趋于成熟的儿童”（赵祥麟，王承绪，1981）[346]，主张“以自由活动，反对外部纪律”（赵祥麟，王承绪，1981）[347]。科尔伯格则指出：“灌输既不是一种教授道德的方法，也不是一种道德的教学方法。”（Power，Kohlberg，1987）批判的结果是对道德个体主体在道德上的自主性和能动性的一致认可。“道德教育只有通过给个人作出道德决定的具体经验和实践道德推理技能的机会才能促进人的发展。”（Hall, Davis, 1975）[175] 此外，古代道德教育长于道德的外部训练，只作道德认知和行为上的强调，于是就有了道德律令的背诵和苦行僧式的规范训练，西方、中国概莫能外。但是从知到行之间尚有很长的一段道路必须走过。也就是说，没有道德情感、意志、信念等中介动力机制起作用，知必为僵死的知，行必为茫然的行。这也是古代德育始终未能解决知行关系的原因之一。现代德育理论是以强调情感、意志等为特色的，因此，它恰恰补充了旧式德育所忽视的动力机制的探究，德育开始的地方不再是学习主体的外部，而是其心灵深处。故与传统的教育模式相比，现代教育主体性的提倡已经导致了这样两个值得肯定的结果。第一，由于学生主体性的确认，他不再是一个单纯接受知识的器皿，而是一个有着各种不同需要的理性非理性统一的学习主体，因此，唯智性教育理应被摒弃，教育再也不仅是单纯的智能训练和知识传递，而是对一个生命个体各个方面的关心，包括潜意识、本能和最高级的精神需要等在内的主体要素都在健全人格塑造的教育视野之中。第二，由于关注了学习主体的情感、意志、需要等非智力因素，尤其是对需要的肯定和关心，为解决传统教育所未能解决的学习主体的发动或动力机制问题提供了正确的选择。这有利于克服旧式德育执着于强制性灌输，无视学习主体的需要，因而在知、情、意、信、行诸环节尤其在道德情感和道德意志方面发生阻隔的积弊。也正因为如此，可以得出这样的结论：中国教育和德育的新生应寄希望于教育主体性的全面唤醒。

20 世纪既是主体性得以弘扬的世纪也是主体性遭到贬斥的世纪。得以弘扬是因为揭示了传统智慧与教育范式未能充分关注的领域；而遭到贬斥则是由于主体性研究的自大和绝对化倾向。这一倾向的结果是哲学上的非理性主义、主观主义和相对主义，心理学上的唯心论、神秘主义，教育学上的反理性和无政府主义。主体性的膨胀无一例外地造就了各学科与之相对立派别的崛起或“复辟”。主体不能离开客体而存在，因此也就没有离开客体性的主体性。正因为如此，与唯意志论、生命哲学、现象学、存在主义等哲学派别相对的有实证主义、马赫主义、逻辑实证主义、批判理性主义等；与精神分析、格式塔学派等心理学流派相对的有行为主义、新行为主义和新新行为主义等；与进步主义、生的教育学、存在主义教育学和教育人类学等教育思潮相对的有永恒主义、要素主义、改造主义、分析教育哲学等。这些学派间此消彼长式的存在本身就是对单纯强调主体性的思潮的一种现实批判。在道德教育领域，功利主义德育观所暴露的道德相对主义具有全球特征。道德相对主义实际上只注意到了主体性的个体和瞬时方面，而忽视了道德主体的类和永恒的内涵。西方世界的精神危机，中国开放后青少年思想道德方面所存在的一些不可忽视的问题，都是由个体主体性的缺乏走向了个体主体绝对化的极端的结果。因此，20 世纪人类关于主体性的思考只能视为人类主体性真正实现的一个中介环节。它的显而易见的缺陷必须在未来得到真正的克服。

四、主体性的现实形态及其教育实现

主体性的现实形态只是主客体的统一和交融前提下的主体性，这首先是由主客体双方特点所决定的。从主体角度来看，无论是作为类主体、历史主体或个体主体，都只能在与客体相对的条件下才能成立。同样，也只有与理性相对立统一的非理性才是真实和值得肯定的，因为理性、非理性同属人类把握世界的方式，只能是互补性的关系。从客体角度看，客观世界既是有序的又是无序的，因而世界既需理性和逻辑的把握，也需非理性和非逻辑的把握。混沌理论揭示了世界存在及其运动是有序无序的统一，也就向我们昭示了人类把握世界只能采取主客体交融、理性非理性相统一的辩证综合方式。

人类迄今已经完成的实践或历史业已证明了这种辩证综合的完全必要性。近现代科技的迅速发展只使人获得了对大自然的短暂的胜利，生态平衡的破坏、核战争的威胁、人口的急剧膨胀等都已证明单纯的知性理性尚不能解决人对自然界的认识、改造和两者共存关系的所有问题。“过去，人类由于无法抗拒的自然力量，曾几次濒临灭绝的威胁。但是人类还是第一次知道，自身的行为或错误将会直接决定未来的命运。”（汤因比，池田大作，1985）[51] 汤因比把这一结局的挽救完全归结于“依正不二”的宗教皈依固然不对，但这位历史学家看出了人类单纯理性的生物利己主义的危险则是与许多有识之士不谋而合的，知性理性带来的“技术异化”已使人在社会中面临着无比的孤独，形成了所谓的“异乡感”。伴随技术进步，当代人类面临着的却是自由的丧失、精神的空虚、人格的分裂、本能的压制等。必须承认，片面和知性的理性与“技术异化”等反人类的现实有一定的联系。同样，片面的对于客体性的追求也必然会导致自然的进一步的报复和人类精神家园的进一步的失落。

马克思曾经指出：“以前的一切唯物主义——包括费尔巴哈的唯物主义——的主要缺点是：对事物、现实、感性，只是从客体的或直观的形式去理解，而不是把它们当作人的感性活动，当作实践去理解，不是从主观方面去理解。所以，结果竟是这样，和唯物主义相反，能动的方面却被唯心主义发展了，但只是抽象地发展了。”（马克思，恩格斯，1960）[3]100多年以前马克思的深刻见解不仅揭示了旧唯物主义的缺陷，而且也对他的不觉悟的后来人作了裁判。在屡遭教训之后，尤其是在今天唯心主义对人的主体性研究不再是“抽象的”而是相当具体和精致的时代，我们再无理由继续无视人的自觉、能动、目的、选择和超越性等，再也没有理由对非理性的把握方式投以鄙夷的拒绝的目光了。正因为这一点，以辩证综合理性为特征的主客体交融的主体性已经开始萌生。这表现为当代西方哲学中结构主义、科学哲学等对主客体、理性非理性统一的探究，更表现为主体性哲学自身及其对立面的相互吸收。同样的变化也发生在心理学、教育学领域。心理学中认知理论尤其是信息加工模式方面的研究正努力揭示主客体间交换、统一的机制。教育学经历过若干次反复之后开始进行辩证综合的研究工作。在中国这表现为一系列关于人的全面发展理论的研究，表现为20世纪80年代关于教师和学生孰为教学主体的热烈讨论等。近年又有一个更令人欣喜的征兆，就是一些青年理论工作者开始对教育主体性的现实形态作直接、具体的探索：庞学光（1992）大胆探究了理性非理性辩证统一的综合理性教育模式，朱小蔓（1993）则揭示了情感教育的现代整合形态及其特征，等等。

可以这样概括主体性存在的三种形态。形态Ⅰ（潜在形态）：主体性具有隐蔽性特征，人类认识具有“向外驰骛”的特点，教育属于外塑范式，“知识”“改造”是它的关键词，其缺点是决定论和唯理性主义。形态Ⅱ（中介形态）：主体性具有凸显性特征，人类认识开始向内直觉，教育也开始“向内驰骛”,“动力”“创造”是它要解决的问题，但它又具有相对论、神秘主义缺陷。形态Ⅲ（现实形态）：主体性经过辩证否定实现了复归，是一种融通了主客体、综合理性非理性、实现了“向外驰骛”和向内观照统一的真实和具体的形态，“精神”“综合”和“艺术”是其追求的境界。主体性的现实的形态当然意味着在教育哲学上实现主客体统一与交融，教育目的真正落实到人的全面和自由发展上，教育内容上显性、隐性课程统一，教育方法上同时注重学生在理性、非理性两方面和谐发展，等等。在道德教育上则意味着在情感、意志、信念等领域实现突破，充分发挥道德学习主体的主动性、能动性，解决在道德领域内的人的终极关怀问题，从而实现道德主体与自然、与社会、与自身的和谐统一。

辩证综合只解决了主体性现实形态的抽象实现，如何使教育主体性现实形态得以具体实现尚是一个有待于进一步探索的问题。一个可能的选择应是审美模式。这是因为主体性现实形态所要求的是主客体统一、理性非理性和谐；而审美活动作为人的本质力量的对象化观照，是从客体的整体观照中体味主体的本质力量的，是典型的符合主客体交融特征的把握世界的方式。已有学者从真善美统一的角度揭示了主体性现实形态实现的审美模式的认识论基础。首先，美与真、善具有相通性。美的事物首先必须是真的和善的，虚假认知不能引起审美感受，能引起主体美感的事物必然内蕴了主体对该事物的一定认识；纯粹对人类有害的事物不可能成为审美对象，“个体对审美感知对象一无所求，而同时又没有什么东西能像它那样触及我个人最隐秘和最亲切的存在”（斯托洛维奇，1984）[234]。美与真、善的相通性实质上是主客体交融状态的审美活动与客体性认知活动和主体性评价活动的相通性，意味着美可以转化为真与善，通过美可以达到真和善。其次，美同真、善又具有互补性。求真的活动追求客观、“无我”，求善的活动注重主体价值需求的满足，即“有我”（当然“有我”之“我”是“大我”而非“小我”）。而审美活动是“有我”与“无我”的统一、主观和客观的交融，因而审美活动具有单纯求真和趋善活动所不具备的优越性，它可以使认知和评价活动免于片面和主观，从局部的真走向整体的真，从眼前、个体的善走向与长远利益、整体利益相统一的真实的善。总之，“人格作为主体的精神方面是知意情的统一体，审美活动作为认知活动和评价活动的统一，能较为集中地体现主体中认知结构、评价结构和审美结构相统一的状况，反映知意情相统一的人格”，“因而审美活动能够从人格高度给予认知活动和评价活动以巨大的作用”。（陈新汉，1993）[131] 审美模式之所以可能成为辩证综合主体性的具体，还由于审美活动本身同时包含了理性和非理性成分。想象、夸张、直觉、灵感等是艺术和审美活动的特点，因此，它有助于最大限度地发挥人类的创造潜能，促进人格的健全发展，使求真和求善的实践与认识达到最高的境界，从而克服主体—客体、理性—非理性之间的长期对峙。

目前，已有不少学者对教育的审美模式作了探索，但目前研究的局限性主要有两个方面：一是着眼点多是从美学武库中寻找新式武器而非构建一种可能导致革命的全新的教育观；二是对道德教育的审美模式具体研究不够，即便有一些零星研究也局限于技艺研究范式，缺乏对美学精神借鉴的应有探讨。因此，笔者坚信现在应是创立德育美学、建设教育美学观和德育美学观的时候了。

第三章　德育美学观的心理学讨论

需要、情感、直觉这三个方面既是道德教育的核心地带，又是美学观所能提供改善作用的最明显的方面。但是仅仅讨论这些，有局限于美学运用的工具意义的一面，所以，本章第四节选择了问题的另外一面，即人格和道德人格的提升及相关问题的分析。

第一节　道德需要、审美需要与德育

一、道德需要、审美需要的性质及其内在联系

（一）对道德需要认识的问题

在中国现行的德育生活中实际上存在以下两种对道德需要认识的问题。

1. 社会道德需要同个人道德需要区分不够

人类作为群体或类有道德需要，唯有这一需要反映了整个类及其结构——社会生存秩序建立的需要。根据社会性遗传理论，这一对秩序的需要和追求积淀在每一个个体身上即可以转化为个体的道德需要，成为一种潜在形态的种系的“良知良能”。需要总是具体体现在每一个人类个体身上，但潜在的道德需要本身只有借助于道德教育与学习才具有现实性，同时由于社会秩序对于个体生存和发展的意义，道德学习也成为人类个体的一种功利性必需。心理学家雷斯特（J. R. Rest）就认为个体的道德根植于社会（群居生活中协调、合作、避免冲突等需要）也根植于其自身的发展，

其中关于个体道德需要的“先天”性之依据有四：一是亲社会行为方面的研究证明“移情”（empathy）能力等早在个体早年即已获得，并成为道德发展的胚芽；二是群体心理学研究表明，个体重视社会组织和机构中的亲情、坦诚等积极的道德关系，具有与人为善的良好倾向；三是人格心理学证明，个体普遍具有使自己成为一名正派公正、有道德的人的愿望；四是人类学研究表明，人类能反思其社会经验，能够为社会生活确定复杂的调节系统，甚至去建构一个理想世界，在这一确定和建构的过程中，个体的道德始终是一个参与因素。（李伯黍，1992）[105] 因此，人类的道德需要实际上可以分为类（社会）的和个体的两大方面，两者既相联系，又有相对区别。对于道德教育而言，个体道德需要的发动和增强具有十分关键的作用。

中国德育较为突出的问题之一即是从社会道德需要到个体道德需要缺乏转换，似乎社会道德规范天然就是个体所需求的。这样实际上形成了重灌输、重外塑及社会本位的功利主义倾向等。

2. 对个体道德需要的性质定位不一

个体道德需要即求善的需要到底属于什么性质？德育现实中一个潜在的结论即是将之放在较低水平的需要之列。例如近年流行的德育量化管理，即学生每有一次合乎规范的德行，即用记分的方法予以记录，然后给予物质或精神上的奖励，并最终以此认定一个学生的操行水平。在这里道德需要同生存需要、安全需要、社交需要、尊重需要等完全混同，似乎只要给予一定的及时的恰当的强化，S–R 理论就可以自动解决从神经末梢冲动直到人类灵魂深处的所有问题。还有一种倾向是将道德及其需要完全视为人类低级需要的扼制工具或对立面。道德教育中的奖惩，多数意味着对合乎道德规范的需要的肯定和对违反这一规范的其他需要的否定，内在的道德需要和外在的道德需要（社会规范）同为“缚虎绳”，与生理需要等成为剑拔弩张的对等力量，而非人类自身性质一个序列上相互和谐的不同方面。联系割断的结果是非此即彼的二歧化。道德教育往往远离一部分人性（人的低级需要）而走向了一个理想境界。于是天上的要求和地上的个体之间的矛盾不可避免，并成为道德教育实效低下的一种重要原因。

心理学上对道德需要的性质认定较为合理的，笔者认为是马斯洛。马斯洛认为真、善、美等永恒、终极的价值是一种存在价值（B 价值），对存在价值的心理需要是不同于一般低级需要、高级需要的超越性需要（meta-needs），但同时这些需要又是与一般需要相融的人性序列的组成部分，同属人的“社会生物”性。因此马斯洛反对行为主义及心理分析学派的一个共同的核心方面，就是这两个心理学派将人性看成了一般的生物性，或把人性看成了病态或物理性质的东西；同时马斯洛又论证了“需要无罪”的命题，认为超越性需要的凸现需以一般需要满足为必要的条件之一，从而克服了道德需要与一般需要完全对立的二歧化，走向了内在和谐的统一。

（二）道德需要和审美需要的互渗

依据马斯洛等人的理论，人的道德需要、审美需要都是人类的“似本能”。作为超越性的需要，两者都是指向存在价值的。所谓存在（缩写为“B”）价值是“那种固有的终极的价值，不能再还原到任何更终极的东西”（马斯洛，1987b）[50-51]。作为最终极的价值，存在价值是相互说明的。“事情看来似乎是这样的：任一内在价值或存在价值都是由大多数或所有其他存在价值所充分规定的。或许它们形成了某种类型的统一，这时每一特定的存在价值从另一角度看问题就是这样的整体。”“真，充分完善地说明，必然是美，善，完满……，有趣味的。”“美，充分加以说明，必然是真，善，完整，生动，简单，等等。似乎所有的存在价值都各有某种统一性，每一单个价值似乎是这个统一整体的一个侧面。”（马斯洛，1987b）[320]这种统一和相互渗透、相互说明在马斯洛具体列举真、善、美三种存在价值时讲得更清楚——

1. 真：诚实；真实；（坦率；单纯；丰富；本质；应该；美；纯；洁净和未掺假的完全）。

2. 善：（正直；合乎需要；应该；公正；仁慈；诚实）；（我们喜爱它，被它吸引，赞成它）。

3. 美：（正直；形态匀称；活泼；单纯；丰富；完整；完善；完全；独一无二；诚实）。（马斯洛，1987b）[136]

既然存在价值是相互说明、“你中有我”的，那么，对于存在价值的人类超越性需要的道德需要和审美需要也就只能是相互说明和相互渗透的。

存在价值似乎是一种外在和客观性存在，所以马斯洛还谈到了另一个概念，即“内在价值”。内在价值实际上是存在价值在个体内部的存在形态。一个人热爱自己的工作，不是因为工作以外的工具价值，而是因为工作本身的乐趣，因为“对于这些人，专业……是终极价值的一种载体，一个工具，或一种化身”（马斯洛，1987b）[303]。道德价值亦是如此，它也可以变成个体内心所乐求的一种终极目标。道德生活和道德教育的个体享用性就是指人在践行道德任务时，“这些任务是受到热爱的（是内投射的），因为它们体现了这些价值。即，最终所爱的是这些价值而不是工作本身”（马斯洛，1987b）[301]。内在价值概念表明，个体对道德生活的追求既属对于永恒的追求，同时这一追求本身又是个体自身的内在规定性的本来方面。因此道德教育如果从道德生活的内在价值入手，对于学习个体来说，天上和人间（道德规范要求和个体需求）之间的矛盾本是不存在的。道德的社会需要和个体需求之间的矛盾也就迎刃而解。内在价值和存在价值是从不同侧面观察的结果，因此，个体对道德及审美之内在价值的需求也必然是相互渗透的。

内在价值对人的推动是所谓超越性动机（meta-motivation），这一动机的实现即内在价值的实现，其典型形态是高峰体验（当然，马斯洛同时认为，存在价值、内在价值的实现不仅存在于高峰体验中），当内在价值或存在价值实现时会出现什么样的情况呢？马斯洛（1987b）[325]认为：“存在价值，作为超越性需要的满足来看，……是我们所知的最高的快乐或幸福。”“在这一水平上不再有快乐和责任之间的矛盾，因为人类最高的责任不外是对真理、正义和美等等的责任，而那也是人类所能体验的最高快乐。而自然，在论述这一水平，自私和不自私之间的相互排斥也消失了。对我们好的对任何别人也是好的，使人满意的也是值得称赞的，我们的嗜好现在是可以信赖的、合理的和明智的，我们享受的是对我们有益的，追求我们自己的（最高的）善也是追求一般的善，等等。”马斯洛的这段论述实际上表明，在道德和审美的愉悦中“我要”和“我必须”或“是”和“应是”的矛盾是走向统一的。人由自我走向了同类的同一，从而扬弃了自私的自我。这样在超越性需要满足所带来的欢乐中，道德教育的社会和个体需要之间的矛盾以及对道德需求性质上的两个错误认定（一是等同，二是对抗于人的低级需要）都可能被超越。

二、审美对道德需要的揭示与增强

包括道德需要、审美需要在内的超越性需要都是人类的“似本能”。“似本能”意味着人的需要具有并不等同于动物与生俱来的本能的强度，它们是柔弱的，易被忽视和伤害的。这是因为沿着种系发展的线索越是高级的需要就越易受忽视和受伤害。超越性需要作为最高级的人类需要更具这种易受忽视和伤害的特征，故剥夺超越性需要的满足会导致“超越性病态”(meta-pathology)。马斯洛强调超越性需要等对人性完整的意义与马克思对人性全面发展的一些论述不谋而合，马克思就曾指出：“富有的人同时就是需要有完整的人的生命表现的人。在这样的人身上，他自己的实现表现为内在的必然性、表现为需要。”（马克思，恩格斯，1979）[129] 但是马斯洛也有论述得不够的一个方面，那就是道德、审美等超越性需要应该如何加以揭示和增强。道德需要作为人体内在的一种人性只是一种道德教育和学习的前提条件，这一需要本身并非完全是与生俱来的“良知良能”，只有在适当的道德文化的熏陶之下，在道德教育的促进下才能不断地在人际互动中为个体所自省，并伴随个体的身心健康发展而不断丰富。反之就走向个体道德需要的萎缩，走向人性的病态。马斯洛提出但未充分说明的一个人类课题是：道德需要等超越性需要，怎样才能得到最有效的揭示和增强？因此，教育的根本目标之一应是揭示并增强人的超越性需要，教育应成为

“内在教育”。而道德教育作为内在教育的具体，则应该揭示和增强个体的道德需要。

如何唤醒和增强个体的道德需要，使道德教育从外在教育变为内在教育？马斯洛（1987b）[180] 认为：“音乐、艺术中的有效教育，舞蹈和韵律中的教育要比通常的‘核心课程’远为接近我这里所谈论的那种内在教育。”因此，审美范式的教育实际上已成为马斯洛所设想的内在教育“核心”（审美教育的内涵并不是艺术教育，虽然他举的例子多是艺术教育）。审美的直接作用在于唤醒和增强个体的审美需要，何以能对道德教育或道德需要的唤醒和增强有促进作用呢？笔者认为可以从以下几个方面予以描述。

（1）由于同为存在价值的美与善的互渗性质，同为超越性需要的审美需要和道德需要之间也是互渗的。这种互渗性决定了说明道德需要须从美的需要的角度出发，那么，要最大限度地揭示个体的善的需求，也必须从个体对美的需求出发（同理对美的需求的揭示也依赖于向善性的充分揭示）。

（2）审美有助于“自我同一性”的发现。海舍尔认为“人的真正的完成依赖于人和超越他的东西的沟通”（马斯洛，1987b）[329]。而墨菲指出“我们基本上和宇宙一致而并不陌生”（马斯洛，1987b）[330]。马斯洛则认为健康的人是在谛听自身内在感受声音方面比别人更清晰的人。因此，要揭示和增强道德需求等存在价值，首先是要使“丰满的人性”得以实现，让人发现自身同宇宙永恒的一体性质。而只有实现这一目标，人的道德需要才是个体内在的和必需的。要使人性修复，使人认识到人性的本来面目，就要实现人的“自我同一”。而要实现这一目标，最好的途径是审美。

（3）审美有助于“再圣化”（resacralize）。再圣化是与去圣化（desacralizing）相对的一个概念。“再圣化的意思是，愿意再从‘永恒的方面’去看一个人，像斯宾诺莎所说的那样，或在中世纪基督教的统一理解中看一个人，那就是说，能看到神圣的、永恒的、象征的意义。”（马斯洛，1987b）[57] 道德上的唯科学主义和物质主义倾向（去圣化）已使人过多地将道德及道德需要功利化，道德或者是社会或者是个人实现其低级欲望的工具，而不被看成人性的美好的一面、神圣的一面。审美则易于使我们“意识保持清新，使我们不断地觉察到生活的美妙无穷”。所以，“从根本上说，最好的教导方法，不论是历史、数学或哲学课，都在于让学生意识到其中的美。我们有必要教我们的孩子领会统一与和谐，领会禅宗的体验，能够同时看到短暂和永恒，能够在同一个对象中看到圣洁和亵渎”（马斯洛，1987b）[192]。从神圣的方面看人会增强其作为类的一员的道德神圣感，即唤醒并增强共同内在的道德需求。这也许是审美在道德教育中存在的根本意义所在。

（4）审美需要对“需要”的净化作用。生活中人们较常意识到的需要往往是基本需要，以至于许多哲学、心理学家和人文科学家都以人的基本需要的满足为描绘人的动力机制的核心。这种判断上的失误，不仅把人类的需要及人格作了过低估计，而且因其对高级需要尤其是超越性需要的忽视，造成了道德生活及社会生活的物俗化或功利主义。审美活动，无论是纯粹的审美活动，或是德育过程本身的美感作用都有一个共同的作用，就是使物欲化趋势中的人意识到作为人类一员的尊严、优越、责任等。同时每一次审美的历程又都是一次超越性需要的满足或提示、证明的历程，它唤醒主体对超越性需要的自知，并体验这一需要满足所带来的至乐境界，从而反过来改造、提升主体需要的结构。审美过程中真善美的需要满足感或自觉往往是共时和互渗的，因此，审美需要满足和自觉历程同时也是一次道德需要满足和觉醒的洗礼式的进程。

从审美需要和道德需要的互渗和互动性质来说明审美需要对个体道德需要的揭示和增强还有一个不言自明的结论，那就是：既然两种需要是互渗互动、彼此相互说明的，那么，谈审美时不谈道德需要或者相反就是错误的。同理，我们说“审美”显然也应包括道德教育活动本身的审美形态，亦即道德教育从其本性来说即应具有审美的属性。

第二节　道德情感、审美情感与德育

一、情感在道德教育中的作用

关于情感在教育尤其在道德教育中的作用，已经得到了各个方面的证明。在现代西方伦理学史上，罗素（B. Russell）、维特根斯坦、石里克（F. A. M. Schlick）、艾耶尔（A. J. Ayer）等伦理学家，就是因为伦理学的“情感”和价值特征而执意将伦理学“逐出”科学的界限之外的。例如，罗素（1982）[123]就指出：“关于‘价值’的问题完全是在知识的范围以外。那就是说，当我们断言这个或那个具有‘价值’的时候，我们是在表达我们自己的感情，而不是在表达一个即使我们个人的感情各不相同但却仍然是可靠的事实。”艾耶尔（1981）[123]也指出：“值得提出的是，伦理的词不仅用作表达情感。这些词也可以用来唤起情感，并由于唤起情感而刺激行动。”“它们纯粹是情感的表达，并且因此就不归入真与假的范畴之下。”因伦理的情感和价值特征而否定其作为科学存在的可能性，暴露了逻辑实证哲学的许多偏颇。但肯定伦理判断和道德活动的情感特征却从伦理学的一个侧面证明了情感对于道德教育的重要意义，所以，美国学者麦克默林就干脆宣布“情感的因素是道德教育和宗教教育的基础”（瞿葆奎，1989a）[297]。这与我国一些教育理论工作者所主张的“用引起情感的方式，将教育期望的社会思想内涵负载在一定的人、事物及其关系上，引起人的特定情感反应，从观察、注意、反应到自己赋予价值，乃至构成一定的价值体系”（朱小蔓，1993）[26]的观点是一致的。

情感和道德情感在道德教育中的具体作用或意义在不同的道德教育与心理学理论中均有不同侧面的揭示。归纳起来，至少可以有以下三个方面。

（一）情感与道德需要

心理学认为情感乃是人类主体对事物能否满足自身物质和精神需要而产生的一种心理体验，因此，情感与需要从最原初的意义上就是联系在一起的。这一点已得到了许多教育学和心理学理论的支持。皮亚杰以研究儿童道德判断而著称，但是，他在描述儿童道德发展每一阶段时都没有忘记与认识特征平行、相伴而生的道德情感特征。对此，李伯黍（1992）[62]先生有一个概括性的表格（表 3–1）反映了这一研究成果。

表 3–1　皮亚杰儿童道德发展阶段

	认识	情感	道德
前运算阶段（2—7 岁）	直观形象思维，无守恒性、不可逆性、自我中心	单方面的尊敬	客观责任，服从的公正
具体运算阶段（7—12 岁）	初步逻辑思维，守恒性、可逆性	多方面的尊敬	主观责任，平等的公正
形式运算阶段（12—14 岁）	抽象逻辑思维，逻辑运算的组合系统	抽象观念的情感	关心、同情，公道的公正

虽然皮亚杰等认知学派学者一般着重强调的是儿童道德发展的认知方面，但是皮亚杰等人显然也注意到了情感发展的同步性及其在道德判断和发展中的重大作用。

道德情感与道德需要的具体联系主要表现在两个方面。第一，道德情感与道德需要同属于人类的“获得性遗传”，对人类个体而言同具“先天”性特征，是人类个体共同具有的一种种族经验和实践积淀而成的潜能，也同样需要后天的揭示与培养。这种原初的同一性质意味着在德育过程中，道德需要和道德情感的揭示或体验应是互渗互动的。第二，道德情感作为道德需要满足与否的内心体验，既提示个体道德需要的存在，又对这一需要的满足与否做出及时的反应，积极的道德情感可以强化某种道德行为以刺激同一性质的道德需要的发展；而消极的情感体验则指向某种道德行为和需要的抑制，同时提示和强化某种方向相反的道德需要。因此，对道德需要的揭示、增强的关键性渠道之一应是道德情感的培养。

（二）情感与道德信念

传统的道德教育的过程理论往往把道德教育过程归纳为知、情、意、行四个环节，但由于对“知”的片面强调，却始终解决不了一个“信”的问题。于是有人提出将“知、情、意、行”四个环节扩充为“知、情、意、信、行”五个环节，意在突出道德信念建立对于道德教育的意义。笔者认为，由于信念是知、情、意统一的一种综合的心理品质，所以问题的关键不在于德育过程中有否“信”的环节（作一个环节看，反而有把信念孤立化的危险），而在于如何将道德信念作为一个道德教育的整体目标贯彻于德育过程的始终。

分解地看道德信念，其基本因素应为道德认识、道德情感和道德意志。但过去在德育理论及实践中，人们一直较多地关注的是道德认知这个方面，在西方现代德育心理学诸流派中影响最大、最有成就的也是从皮亚杰到科尔伯格的认知学派。其他学派如价值澄清理论、价值结构理论等在强调道德认知这一点上可视为认知学派的不同变式。但片面强调认知解释不了这样一类问题：“一个小偷知道偷窃是不对的，但他却仍然行窃。”（李伯黍，1992）[134] 这就涉及了有关德育过程及其心理机制研究至今仍未完全解决的一个老大难问题：如何从道德认知走向道德认知和行动的“知行统一”？亦即如何真正确立从知到行的关键环节——“道德信念”？要让道德学习个体践行某一道德准则，不仅应让其知道准则的必要性，而且必须使之信服，只有信服（即树立信念）才可能最大限度地调动其道德意志制约其行为。

要纠正有关道德信念树立问题上的认知主义偏向，核心问题是道德情感问题。这是因为组成道德信念的三个基本要素之中唯有道德情感具有最强的黏合力。虽然一定的道德认知和道德意志之间也有相互联系和相互促进的一面，但单靠认识的促动，道德意志产生的力度仍显不够。这已为道德教育实践所证明。而有了道德情感的参与，就等于增加了一个新的心理动力和中介环节。有了道德情感的动力性中介，道德认识与道德意志之间的结合才最紧密，道德意志才能变成“自由意志”，道德信念才能真正得以建立。也可以这样说，只有架设了道德情感这座桥梁，道德个体从道德认知到道德意志、道德行动之间的道路才可能畅通起来。这一过程相当于价值澄清理论等学派提及的赋值过程（process of valuing），即当一个人接受某一道德规范时，说明他已赋予它以一定的价值，以致外部的道德规范就成为个体内在的道德价值观念。一个人赋予对象以道德价值，首先必须对它有一定了解。但道德认知只解决了前提条件之一，即对道德观念的明晰的理解或认知上的肯定，而这只属于“价值指征”（value indicator）阶段。只有使价值指征上升到价值观水平，人们才能真正践行这一道德观念，那就必须在“同它的接触中，产生一定的好感，并且能将这种好感化作动机力量”（陈欣银，1987）。因此，连接道德认知和道德意志使之成为一个道德信念的整体，道德情感在整个德育过程中的关键性是不言而喻的。

（三）道德情感的作用机制

论述道德情感与道德需要、道德信念的关系时已接触到这样一个共同的问题，那就是道德情感的具体作用机制是什么？综合已有心理学研究成就，笔者认为主要有两个方面：一是对道德认识、道德信念等的原初动力机制；二是对道德认知和道德信念等的放大增益作用。这两种机制相对应于伦理学家石里克所论及的“动机情感”（motive-feeling）和“现实化情感”（realization-feeling）。

关于道德情感的原初动力机制的证明，最典型的表现是“移情”的先天性存在的证明。有人对出生刚 3—4 小时和两天的婴儿的研究表明，新生儿对于其他婴儿的哭声的反应要比对同音调、同音量的其他声音的反应强得多。（Sagi，Hoffman，1976；Simner，1971）墨菲也发现，远在儿童的道德控制得到牢固地建立之前，就可以观察到移情的发生。（Murphy，1937）科尔伯格等人也证明，在功利主义倾向的同时和稍后，儿童很乐意关心别人、同情别人，做个“好孩子”。（Kohlberg，1958）移情等现象的先天性存在证明了成熟的道德情感产生之前，人类个体载负了一定人类历史的实践积淀物——道德情感的“先天图式”。正是这一情感的先天图式在个体最初和以后的道德活动中与道德需要等因素一起一直作为道德行动的原初动力源，一起组成了道德认知、道德行为和道德成长的内驱力。

有了道德情感、道德需要作为行动的内驱力并不必然导致道德行为，因为内驱力只解决了道德主体单方面的条件问题，道德行动还需要道德情境作为外部诱因起作用。但有时即使同时具有了外诱因和内驱力却也未必导致道德行为，现代品德心理学解释为未达到“动机激活的阈限”。外部的道德情境、道德问题和内部的道德需要等，都只有使道德主体的动机激活到一定的水平才可能发生道德行为，而情绪、情感活动往往在主体内部充当了激活作用的能动力量。特定性质和强度的情绪反应会相应唤醒并放大主体价值结构的不同部分，放大内驱力，使决策者采取道德行动。艾森（A. M. Isen）发现，通过成功的体验而导致愉快感觉的被试（即在知觉－运动试验任务中，主试告诉被试他们完成得“很好”）比具有失败经验的被试（被告知完成得“很糟”）或控制组被试，会向慈善机构捐献更多的钱。(Isen, 1970）斯陶布（E. Staub）也曾收集了一系列研究，其中，儿童在玩滚球游戏成功后向慈善机构捐献得更多；大学生在电话亭发现一角硬币后乐意抄写文件；儿童在回忆愉快经验后更加主动地向慈善机构捐款；等等。(Staub，1978）虽然上述证明涉及的多为情感中较为低级的形式——情绪，但这已足以证明情感的内驱力及对驱力放大作用的存在。完全可以推想，一旦情感的高级形式如理智感、道德感和美感等参与道德规范的赋值过程，可以对道德个体起更大和更长久的激活作用，使之达到激活阈限，从而驱动个体由道德认知走向道德行动。

情感和道德情感对道德需要及信念等的原初动力和放大增益作用的具体说明旨在肯定情感作用的德育价值。但这几乎没有解决什么问题，因为在心理学和教育学领域这一问题的重点已经过渡为如何使人的情感（对德育而言主要是道德情感）潜能得到最大限度地开发、丰富和提升。笔者认为审美、审美情感的情感化育途径是最佳选择之一。

二、审美及审美情感对道德情感的化育作用

审美活动是以情感为核心的。复旦大学邱明正（1993）[310]认为："在由知、意、情系统和各种心理形式系统整合而成的审美心理结构中，情感处于中心的地位。这是审美心理结构同其他非审美心理结构的基本区别之所在。"中国社会科学院的滕守尧（1998）[77]认为，在审美经验三个环节中：初始阶段，情感上的某种期望和审美注意一起构成了审美态度；高潮阶段，审美知觉活动既造成感性上的愉快，同时情感作用又同想象、理解作用一同展开，造成更大的精神愉悦；效果延续阶段，包括了审美判断及由此造成的更高的审美欲望、更高雅的审美趣味、更丰富的情感生活。情感体验在这三个环节中始终是过程的主轴。审美活动及审美情感活动由此观之实际上是二而一的一个统一过程。

但审美活动中的情感活动并非只是审美情感，审美情感也并不直接等同于道德情感。因此，对情感和道德情感的化育作用的说明必须建立在对上述三个情感概念的区别和联系之上。

（一）情感、审美情感和道德情感

情感作为事物能否满足个体需要的一种体验有不同的层次，哲学上有情欲（desire）、情绪（emotion）和情感（feeling）之分；心理学上则有人将其划分为生理层面、心理层面和社会层面的情感；也有人将之划分为机体情感、知觉情感和社会情感。

审美情感与道德情感所不同的是审美情感体现了不同层次的情感的统一。单纯的乐音、和谐的色彩及优美的形式可以唤起人的审美快感（机体情感）；风和日丽、鸟语花香及人们对复杂事物的审美知觉可以使人产生轻松、愉悦的知觉层次的美感；更多的情况是满足人的社会性需要的与理智感、道德感交织在一起的高级审美情感。而道德感如荣誉感、耻辱感、义务责任感等基本上都属于情感的较高层次，是一种社会性的情感。审美情感与道德情感这种既不相等又相重叠的关系说明了审美及审美活动对情感

和道德感的化育可以在两个方面起作用：一是从人格整体发展角度促进道德学习和成长，是所谓“情感教育”模式；二是通过对道德的交叠联系对道德感的产生发生影响。本书着重论述后者。

作为审美情感的高级形式的社会性审美情感，也可称为“狭义的”美感。狭义美感对道德感会起什么样的作用呢？笔者认为主要有三大方面，即重叠、促进和催化。

（二）美感对道德的冶情机制分析

“重叠”意味着美感和道德感的“等值”或直接同一的关系。例如人们欣赏舞台上的英雄人物，既会引起观众对英雄行为的由衷的敬佩（道德感），也会引起人们对英雄形象的一种由衷的喜爱及对艺术形象之美的赞叹（美感）。这里德育学和美学虽可从不同角度将这一过程分别分析为道德学习过程和审美过程，但实际上，这两个过程在现实中又是共存和同一的。由英雄人物唤起的观众的“崇高感”既是一个德育范畴，也是一个审美范畴。这时人类审美情感和道德情感的原初统一的情感心理结构被还原为活生生的现实。正因为如此，许多艺术品欣赏的审美活动或审美情感发生过程本身就是道德感的培养过程，在德育活动中，许多艺术作品之所以能直接进入德育过程，其心理学依据正在于此。

“促进”意味着审美情感可作为道德情感培养的赋值策略（valuing strategy）之一。

审美活动的基本特征之一是其非功利性。如果说审美及其情感有功利性表现，那也只在两个意义上才有：一是审美欲求这种审美功利性的存在（人的审美态度决定人选择不同风格和内容的审美对象）；二是潜在的或者未被明确意识到，或者实现了美的普适化，积淀于潜意识形态之中的客观功利性。但严格意义上说审美过程并不直接带有政治、伦理、经济的功利目的，具有个人主观上的非功利性。同理，审美情感是审美主体对对象实施形式观照的一种精神需要得到满足后的愉悦，不从物质或内容上占有对象，且具有与他人共享的分享性或普适性。由于这种情感的非功利性又常常与道德判断交叠发生，所以非功利性的美感就可能给一定伦理内容以净化、脱俗、附着情感等作用，即赋予其美感价值（通俗地说不仅因其善而且因其“美”而受人喜爱）。而当这一美感赋值作用完成之后，人们认识、理解、践行某一道德观念时会因这一赋值作用伴随着积极的情感支持。道德教育过程中能否正确运用美感的情感赋值功能乃是德育美实现的重要环节。

此外，非功利性的情感体验，还易于促使人从宇宙的最高境界和自身的内在价值（内心呼唤）等角度认识道德内容，走向“人同此心，心同此理”的体验。美感的这一认识促进作用对于一般的道德认识过程既是一种净化又是一种提升，因而还具有道德认知的增益功能。

美感对道德感的“等值”和“赋值”作用都说明了美感与道德感统一的一面。但是，作为不同的情感系列，美感并不总是与道德感相统一的。在审美活动中，一个在审美判断中获得了肯定的形象，在道德判断中可以获得完全相反的结论，这样的例子并不鲜见。出现这样的情况，有可能是由于意志的松弛，道德感、理智感未能充分参与，而审美情感却已凭冲动得出了与伦理准则相矛盾的结论；或者人们在审美中将对象的特定情感加以抽象化、普泛化，忽视了其中的伦理内容，而同抽象化了的情感因素发生共鸣，从而出现审美情感和道德情感的冲突。但审美情感和道德情感发生冲突还有一个重要原因就是审美情感所标示的深层的人类道德判断和自觉意识层面上的道德判断之间的矛盾。这时，道德感可能充当主动力量对美感加以改造，但也可以发生反向运动，即美感成为主动力量与落后的道德情感发生冲突，进而凭借理性分析等主体能动力量共同否定这一道德情感，从而实现个体内部道德情感乃至整个品德心理图式的“革命”。这时审美情感的作用不啻为个体品德水平质变的“催化剂”。如果说道德教育和学习过程中个体有靠自身的道德直觉能力接受道德观念的一面，那么这种美感对于道德感实现“革命”的推动作用，亦可视为道德直觉能力构成的一大重要方面。

第三节　直觉与道德直觉能力的审美培育

一、渐悟、顿悟与直觉

“渐悟”和“顿悟”本是中国佛教史上的一对影响深远的范畴。慧远在《维摩义记》卷一中指出：“菩萨藏中所教亦二。一是渐入，二是顿悟。言渐入者，是人过去曾习大法，中退住小，后还入大。大从小来，谓之为渐。”“言顿悟者，有诸众生，久习大乘，相应善根，今始见佛，即能入大。大不由小，目之谓顿。”“渐入菩萨，藉浅阶远，顿悟菩萨，一越解大。”渐悟、顿悟是两种修习佛性的不同方法，由于对两者强调不一，曾经形成了中国佛教史上两相对峙的南宗和北宗，即“南顿北渐”之谓。

其实，渐悟和顿悟亦可理解为两种不同的认识方法。主张日积月累、由浅而深的常规之道的是渐悟，表现在修身养性方面即是“时时勤拂拭，勿使惹尘埃”的功夫。道德教育过程中，对伦理道德观念及规范日积月累的教与学，多是循渐悟之道而行的，我们平常所论道德认知，多是从渐悟角度展开的。其实道德认知和一般人类认知一样也还有另外一面，即“顿悟”。

顿悟即习佛上的“一刹那间，妄念俱灭，若识自性，一悟即至佛地”（《六祖坛经》），作为一种认知方法，即所谓“一旦豁然贯通”（朱熹）、“发明本心”（陆九渊）或“反求本心”（熊十力）的功夫等。由佛学而渗透开来的顿悟早已成为我国哲学史、文学史及美学史上的重要概念。作为一般认识门径的顿悟既与渐悟有很大的区别，也有互补或统一的一面，无论过分强调渐悟，还是过分强调顿悟都是片面的。以辩证的眼光不难看出，历史上的“南顿北渐”的宗派之争，有其偏颇各执的一面，同时也可看出现实生活中对于遵循分析思维、循规蹈矩的过分强调从而被理性思维缚绑手脚的单纯渐悟的方法论局限性。在中国现行的道德教育中因循理性思维的一般局限，人们多对道德认识“顿悟”的一面视而不见，或者视之为神秘的东西而予以回避，因此，对于道德认识的这一被忽略的侧面予以研讨是当务之急。

顿悟与直觉是相似但并不完全相等的概念。顿悟作为一种认识过程属于直觉的一种，直觉显然还应包括在一种道德情境中凭直感立即做出判断的含义，而顿悟似乎更多地强调直觉之前的沉思默想等知情意的酝酿过程。但是，直觉和顿悟之间相同的一面显然大于这些意义上的细微不同，下面是从直觉与顿悟相通的一面去进行论述的，亦即下述“直觉”作为认识的过程、方法和能力，也可称为顿悟的过程、方法和能力。

二、道德直觉的必要与可能

在道德教育中之所以需要并培养道德直觉，首先是因为在道德学习过程中有运用道德直觉的必要。而这一必要性主要可归结为道德基本概念的意会性质（或自明性）。西方伦理学史上许多人都对这一性质有所揭示，如18 世纪的情感派就曾认为人的道德认识与其说是一种经验推理，不如说是依靠人类所固有的道德感（所谓“第六感官”）而直觉到事物或行为的善恶价值。摩尔（G. E. Moore）则认为伦理学的基本范畴是“善”，而善是自明而不可推导的。“‘善的’是一个单纯的概念，正像‘黄的’是一个单纯的概念一样；也正像决不能向一个事先不知道它的人，阐明什么是黄的一样，你也不能向他阐明什么是善的。”（摩尔，1983）[13] 人们对善的认识因而只能是直观的，而不是描述性的推导，因为善是自明的，无须借助其他事物或性质来证明，更不能从别的东西中推导出善。另一位直觉主义者普里查德（H. A. Prichard）则认为人们做出某种道德行为的义务或应尽性（obligatoriness），是不可推论的。义务或责任的客观性与自明性，如同数学上的 $7 \times 4 = 28$ 一样清晰明了，无须借助于某种认识或推导，而是通过人们的直觉直接把握的，责任是唯一的、客观的、不可推论的，因而是直觉的。（万俊人，1990）[288-315] 我们不能同意善和义务等道德基本范畴是完全自明、拒斥逻辑推导的极端观点，因为这一观点的片面性不仅因为其对立学派的强大存在遭到了实际的揭示，而且这一观点确有走向神秘主义和否认伦理学的科学性的危险。但道德基本概念有可以诉诸逻辑分析的一面，也有只可意会不能言传的直觉性的一面。正因为如此，从情感派、摩尔、普里查德到中国陆王学派及所有非理性主义的伦理学家才能有经久不衰的立论依据。正如英国学者波兰尼所指出的："意会知识比言传知识更基本，我们能够知道的比我们能够说出来的东西多，而不依靠言传的了解，我们就什么也说不出来。"（朱小蔓，1993）[47]

道德概念的意会性的存在，决定了通过直觉方式进行道德认知的必要性。除了道德概念必须通过直觉加以理解之外，道德行为所处的情境的复杂性和紧迫性等也决定了直觉存在的必要性。在一定的道德情境中，道德责任往往是多重复杂同时是相互矛盾的，加上道德情境可能存在的解决问题或履行义务的紧迫性（如救火、救人的情境）根本不容许人去进行复杂的逻辑分析或像功利主义、快乐主义伦理学家所倡导的那样计算结果如何最大限度地满足个人或大多数人的幸福。人唯有通过道德直觉进行当机立断的道德判断和道德行为才能获得问题的解决。这里他以为他的道德观念和直觉地完成的行动仿佛是自明的、当然的、没有疑义的。（龙杰，1991）

道德直觉既具有道德学习上的必要性，也有存在和培育的可能性。这一可能性来自道德学习主体道德智慧的积淀。根据社会遗传理论，每个人都有类的禀赋，千百万年人类的一些社会经验都以心理结构的形式实现了社会性遗传，积淀于每一个体的心里。所以，恻隐之心人皆有之；所以，在来不及做出合乎逻辑的证明之前道德主体就已然有了先在的道德判断和行动。在心理学"直觉"的解释中，荣格所谓"原型"的触动，苛勒所谓"格式塔"的"完形"，实质上都是在一定情境之下，道德个体凭借并调动这些老祖宗的遗产对对象实施迅速观照和会意的结果。除了族类经验，道德学习个体自身的经验也可以以简约、内隐的形式积淀在意识的最深层。就像类的原型和图式起作用时一样，在道德情境刺激之下，人们的这种个体经验积淀也能为人所唤醒，不自觉地做出"非逻辑"（实为"隐逻辑"）

的决断，而无论是类或个体道德经验的心理积淀都已成为心理学所证实的一个客观事实。关键的问题在于如何使每一个个体能够最大限度地享受这些内存的直觉潜能，开发个体的直觉能力。这就不得不把论述的焦点移回到作为人类自身再生产活动的教育过程中来。

三、道德直觉能力的审美培育

关于直觉能力的培育，布鲁纳（J. S. Bruner）曾在《教育过程》第四章“直觉思维和分析思维”中提及六种增进直觉思维的可变因素，即倾向性因素、给某个领域提供各种经验、教学中强调知识的结构、教授启发式程序、鼓励推测、发展自信和勇气。（布鲁纳，1973）[42-45] 庞学光（1994）在《浅论道德直觉及其培养》中则直接提出了培养道德直觉的四种方法：第一，给学生丰富、系统的道德知识；第二，重视学生道德经验的积累；第三，进行多样化的道德思维训练；第四，重视和加强艺术教育。布鲁纳指出，诗人和艺术评论家具有“直觉信心”，“需要在没有特定的和意见一致的标准下，着手选择一个形象或者表述一个评论”。（布鲁纳，1973）[46] 教学过程就是要鼓励这种自信和勇气。庞学光（1994）也认为“对于道德直觉的培养来说，艺术学科具有独特的价值”。他们都对艺术对直觉培养的价值作了不同程度的肯定，视艺术为直觉培养的途径之一。但是道德教育不能仅仅借助外在的艺术过程去培养道德直觉能力，只有使道德教育本身引入审美因素使之成为一种审美范式的德育，才有可能充分发挥审美的直觉培育功能。本书即是将艺术品及道德教育过程本身的审美因素统一起来论述审美对道德直觉能力的培育的。

审美活动何以能够培养直觉和道德直觉能力，这必须从分析直觉的特征和发生机制入手。

（1）关于直觉的瞬时性与情感作用。直觉、道德直觉能在“一刹那间”“豁然贯通”地把握对象。这就是所谓直觉的瞬时性特征。瞬时性特征与直觉的许多特征和心理机制均有联系，但笔者认为其主要的决定因素是主体的情绪、情感因素，即布鲁纳称谓的“倾向性因素”。“这种倾向性因素甚至使人倾向于对某个领域而不对别的领域进行直觉思维”（布鲁纳，1973）[42]，情感作为倾向性因素可使主体对对象做出与主体心理隐性需要和图式相契合的方向性选择，由于情感之中往往有理性的积淀，故有可能直接切入对象的本质（也有可能导致谬误）。情感对于直觉除了这种导向作用之外，还有直觉的发动机制。情感虽然不是认知，但它可以为人的认知内驱力提供能量，从而最大限度地激活主体性的心理活动，从而像高效计算机那样自动将合乎当前问题情境的策略从内存中调出，迅速解决问题。因此，如果说有什么因素能够增进直觉能力，那么首要因素当属情感。审美活动（包括立美活动）被人称为“情感的体操”，是因为无论是创美过程还是审美过程，都是情感的表现和观照过程。审美活动所激起的情感能最大限度地调动人的随意联想、想象和幻想能力，唤醒沉睡的思维网络，在一瞬间把握事物的本质。对道德教育而言，审美情感不仅对道德认知的对象会产生“赋值”作用，使认识主体有一定直觉的倾向性，而且可以通过审美活动中的情感交流训练提高“移情能力”，在接受道德观念、实施道德判断和行动时能迅速“反求本心”，实现“老吾老以及人之老，幼吾幼以及人之幼”的道德“通感”。

（2）关于直觉的非逻辑性与形象思维。布鲁纳指出：“直觉是指没有明显地依靠个人技巧的分析器官而掌握问题或情境的意义、重要性或结构的行为。”（布鲁纳，1973）[41]“没有明显地依靠个人技巧的分析器官”较为准确地揭示了直觉的非逻辑性或非理性特征。“非逻辑性”指主体对直觉对象并未进行自觉的归纳、演绎等理性分析活动。但非逻辑并不是“反逻辑”或“无逻辑”，而是逻辑活动处在内隐的不自觉状态。之所以产生这种逻辑的内隐，是由于直觉活动中人“以形象和概念共同反映事物本质”（冒从虎，冒乃健，1988）[235]。直觉活动之所以优于单纯的“概念”思维，是由于形象和概念相互配合、补充、促进形成的合力。“形象比概念灵活，更能在问题情境不明确的情况下发挥创造性探索作用。它能表示概念、说明概念、扩展概念，并能启发创造出新概念。”（冒从虎，冒乃健，1988）[236]

正是与形象思维相融合，理性思维才显得“盐在水中，有味无痕”。因此，能够将形象思维和理性思维结合起来的活动将有利于直觉能力的培养，而审美活动恰恰是具备这一特征的典型。康德在《判断力批判》中指出，审美判断是单称判断（如“这幅画是美的”），但仍带有普遍性（我觉得美的东西别人也觉得美），这显然不同于一般的单称判断（当我说“这酒对于我是快适的”时，别人的主观感受未必一定与我同一）。这一矛盾的统一在于“想象力和知解力的自由谐和”。审美判断一方面是感性、个别的，另一方面又是主观、普遍的，超越感性又离不开感性，趋向概念又无明确的概念。正是因为审美活动的感性、理性思维的统一，才有利于主体在思维活动中发挥左右脑的共同优势（脑科学告诉我们，人的大脑由左、右脑及脑胼胝体组成，左右脑分别主管逻辑思维和形象思维等，而脑胼胝体则主要通过其联络纤维作用使左右脑相互配合。脑胼胝体约有两亿条神经纤维，每条纤维传递的冲动频率约为 20 赫兹，两半球的总通信量可达 40 亿次 / 秒！这就是形象思维和逻辑思维联合产生巨大的魔力的生理基础），实现概念与形象联合的“非逻辑”性或“超逻辑”性。道德教育的认知模式过分强调分析思维的作用，改造这一范式的出路显然在于实现对道德教育的形象思维嫁接——实践德育的审美模式。

（3）关于直觉的整体性与物我同构。分析思维的特征是主体对对象各细部进行认真观照，由局部而整体，由小到大地认识事物。即“分析思维是以一次前进一步为其特征”（布鲁纳，1973）[39]。也正是因为思维的开端为局部、为分析，所以其认识事物的整体及本质有一个漫长而不保险的程序（不保险在于整体往往不等于局部相加）。而直觉思维则相反，它是“由大而小”直接抓住整体切入对象的本质从而实现“豁然贯通”的。道德直觉也是如此，道德直觉对道德观念及道德情境的把握也是整体性的、未经分析直接从整体入手的。在道德情境复杂和紧迫的情况下，主体正是凭借这种对情境的直接整体性把握才能迅速做出道德判断并诉诸行动的。苛勒在其《人猿的智慧》（1917）中就曾指出，人脑对环境的反应是整体性的，人所认识的对象也是有组织的有机整体，直觉的过程即是主体实现对认识对象的

（格式塔）“完形”的过程。因此，直觉可以理解为物我之间的一种同构现象的突然发生，就如柏格森所言的“所谓直觉就是指那种理智的体验，它使我们置身于对象的内部，以便与对象中那个独一无二、不可言传的东西相契合”（赵修义，戚文藻，邓遇芳，1986）[163]。审美活动是一种典型的整体性的“物我同构”。无论是绘画、音乐或文学作品，局部都是为整体服务的，罗丹斩去巴尔扎克塑像的手（因为观众的注意力过分集中于那只手，而不是整个雕像）的故事就说明了这一点。审美心理的整体性特征也证明，增强道德教育的审美性，不失为一个符合要求的直觉和道德直觉能力的培育方策。

关于直觉的特征、心理机制的研究，以及关于审美活动对直觉的培育，在心理学、哲学及教育理论等领域内还是一个众说纷纭的课题。因此上述三个方面的论述只能是在迷雾中的一点极粗浅的摸索。笔者是本着大师布鲁纳处理直觉思维及其培养的精神和态度进行上述研究的——布鲁纳在其名著《教育过程》的总共六章中用一章的篇幅论述了直觉思维的培养（章题为“直觉思维和分析思维”），足见他对直觉能力及其培养的高度重视。尽管他认为连直觉理解究竟由什么构成还不了然，无论是把特定的解决难题的活动认作直觉的，或确实鉴别直觉能力本身都并不容易，但是他还是坚定地认为，显然，我们不能等到可以给直觉思维下一个纯粹而不含糊的定义，并对出现的直觉有鉴别的精密技术时，才来研究这个题目。（布鲁纳，1973）[38-40] 也许研究直觉及其培养在目前的首选方法亦是直觉方法本身？

第四节　人格理论对德育的几点启示

人格心理学在三个方面有趋于一致的结论，而这一共性带给德育的启示又是明显的。

一、对价值观重要性的强调

除了早期的精神分析学者和极端的行为主义学者外，很多人格心理学家都强调了人格结构中价值观的重要性。这首先表现在对价值观重要性的直接肯定上。社会文化学派的代表阿德勒（A. Adler）将“虚构目的论”作为人格统一的原则，即一个人所做的每一件事都与最终的“虚构目的”有关。阿德勒最初因把人描绘成被自私所推动为“个人优越”而奋斗的个体而受到批评，后来他修正为：人首先是为“社会兴趣”所推动去追求优越的。社会兴趣是全人类和谐生活、相互友好、渴望建立美好明天的天生的需求。“价值感的提高给予人们勇气与乐观，同时使人们在对待人类共同的优点和缺点上，具有一种默契。只要对别人是有用的，只要他在战胜一种共同的，而不是私人的、自卑感的，那这个人就会感到安适，就会感到他的存在是有价值的。不仅道德的本性，而且正确的审美观，以及对美与丑透彻的理解都常常是建立在最真诚的社会情感之上。（赫根汉，1986）[104] 人本主义心理学家马斯洛则对价值观的人格意义作了更多的肯定。除了在需要层级上对价值观重要性有充分的反映之外，在自我实现者的15个特征中，价值观方面的特征几乎占了一半。即“他们表现出对自己、对别人及对整个自然的最大的认可”，“他们表现出自然、朴实和纯真的美德”，“他们常常关注各种社会疑难问题，而不是他们自己”，“他们较易具有一种全人类的同一性”，“他们建立了仅与少数人深厚久远的人际关系”，“他们易于接受民主的价值观”，“他们具有很强的伦理观念”。（赫根汉，1986）[458–462] 在1935年9月4日芝加哥全美心理学年会上，人本主义者罗杰斯（C. R. Rogers）和行为主义者斯金纳（B. F. Skiner）曾经进行过一场引人注目的辩论。当斯金纳大谈使用行为管理（控制）来设计满足人类的各种需要的未来文化时，罗杰斯则反问：谁来控制？谁被控制？实施什么样的控制？要达到什么样的结果和目标，即在追求什么样的价值中实现社会控制？这就再一次揭示了价值观在人格形成和结构中的重要意义。正如荣格（C. G. Jung）所言：“生活的意义并不能被

一个人的商业生活解释得详尽无遗，同样，人类心灵深处的愿望是不能用一张银行支票可以满足的。”（赫根汉，1986）[82]

对价值观的强调还间接地表现在许多心理学家对宗教作用的认同上。荣格认为，人类精神是根植于过去、现在和未来的。当意识和潜意识、理性和非理性、灵与肉等各种倾向和冲动相互协调时，“自我实现”（self-actualization）就得以实现。自我实现不能自动产生，要靠个体不断地追求，而宗教则是实现这一境界的重要工具——因为宗教能够满足人的心灵需要。埃里克森（E. H. Erikson）也认为宗教是许多人真正需要的东西。多少世纪以来，多少人一直运用宗教来解释人生和各种事件，从而减少对人类的威胁。他们认为没有宗教，人生将充满不确定性。奥尔波特（G. W. Allport）则认为：“从心理学上讲，我们应该指出在某种宗教定向和所有其他影响生成程序的高水准构系之间存在着非常相似之处。每个人，无论他是否具有宗教倾向，都有自己最终的假定前提。……因为这些前提对他来说是真实的。这种假定前提，不管是被称为意识形态、人生观、观念，或者仅仅是对生活的一种直觉，都对附属于他们的所有行为产生了创造性的压力。”（赫根汉，1986）[206] 与弗洛伊德等人把宗教需要看作神经病症不同，奥尔波特将特定的宗教定向视作健康人格的不可缺少的组成部分。

应该指出的是，宗教是精神生活方面的一个十分复杂的现象，宗教并不等于道德教育或价值观念。但是，宗教又的确是影响人类世界观、人生观、价值观、道德生活、精神需要等方面的一个重要领域。西方心理学家强调宗教对人格的作用，因此也就蕴含了对价值（包括道德价值观）人格意义的肯定。

二、对道德自由阶段的认可

关于道德发展的无律、他律、自律、自由四个阶段的观点以及关于“自由”的人生境界和人格特征的观点，在许多人格发展理论中都得到了相应的证明。

首先是关于四个阶段划分及道德自由阶段的相应证明。弗洛伊德虽然没有直接列举出从无律到自由的四个阶段（弗氏人格发展阶段为心理性欲的口唇、肛门、男性生殖器崇拜、潜伏、生殖五个阶段），但他认为刚出生的婴儿整个心理结构都是由“本我”组成的，这实质上揭示了道德无律阶段的特征，而“超我”中的“良知”成分是儿童受惩罚而内化了的经验，这表明此时儿童已开始进入他律、自律阶段。而“超我”中的另一成分“自我理想”则是儿童因获得奖赏而获得的某些行为经验，儿童在做出某些行为甚至想要那样做的时候都会感到“成功和自豪”。在“自我理想”中儿童开始体验到了自主道德的乐趣，他律的痕迹减少。这实际上也已证实，即使是儿童，也有其人生追求的道德境界了。与弗氏认为儿童5岁时人格就已基本定型的观点不同，荣格认为人格形成有长期性，许多人格特征要到中年期（40岁以后）才可定型。荣格认为中年期人可能从一个精力充沛、外倾和注重生物功能的人转变为成熟的、文化的、哲理的高尚价值观的拥有者。这一阶段的人以更智慧和更关心人生意义为特征。埃里克森把心理社会发展划分为八个阶段，其第八阶段的基本特征是自我完整和失望之间的矛盾。达到自我完整者有一种人生的圆满感、满足感，能以“对人生本身超然的关心来面对死亡”。这种人生的大智大慧实际上是人的精神自由的获得。与中国圣人孔夫子所言的“不惑”“知天命”“耳顺”“从心所欲，不逾矩”（《论语·为政》）等特征有相通处，因此，埃里克森实际上也证实了道德自由的人生阶段或境界的存在。罗杰斯谈到过的理性与非理性、灵与肉的统一，马斯洛所论的真、善、美等存在价值（内在价值）在人身上的完整统一（自我实现），亦都从不同角度证实了人格及道德发展最高境界——“道德自由”阶段的许多特征及实现的可能性。

其次是关于道德自由阶段具有的审美特征的证明。弗洛伊德所讲的儿童为“自我理想”所指引时感到的“成功和自豪”，荣格所描述的中年以后人的成熟、和谐、智慧等精神特征都已触及人生自由境界的审美特征。而对这一特征揭示最直接、最明显的是罗杰斯与马斯洛。

罗杰斯认为人可以成为一个“完善功能者”。而完善功能者是“一个崭新的个体，他具有高度的意识、自我指导的能力，他也许是一个探究内心世界比探索外层空间更多的探索者，他蔑视尊奉风俗，蔑视权威的教条。他既不相信行为是塑造的，也不相信可以塑造别人的行为。他是一个虔信的人本主义者而不是一个虔信的工艺主义者”（赫根汉，1986）[419]。罗杰斯认为完善功能者就像一个婴儿，按自己的“机体估价过程”而非外在的“价值条件”生活，“忠于自己”的赤子之心构成了完善功能者的重要人格特征。马斯洛则干脆认为自我实现者的存在价值中有美的特征，如剥夺这些特征，就会出现粗俗、痛苦、焦虑、烦躁、枯燥乏味、紧张、疲惫、市侩气、凄凉暗淡等“丑陋”的人格特征。马斯洛认为自我实现者“既是诗人，又是工程师，既是理性的，又是非理性的，既是孩子，又是成人，既是男性的，又是女性的，既处在心理世界中，又处在自然世界中”（马斯洛，1987b）[95]。“自我实现者具有奇妙的反复欣赏的能力，他们带着敬畏、兴奋、好奇、甚至狂喜，精神饱满、天真无邪地体验人生的天伦之乐。……每一次日落都像第一次看到那样美妙，每一朵花都温馨馥郁，令人喜爱不已，甚至在他见过许多花以后也是这样……”（马斯洛，1987a）[190-191]

综合地看，人格理论所揭示的人生最高境界（道德自由）的审美特性有：(1) 完满、圆融感，是某种“赤子之心的复归”；(2) 积极、主动的，具有充分的精神自由；(3) 完满的人格中直接包含审美能力等因素，同时也具有人格美的审美特征。因此道德教育的任务之一理应是让道德学习主体发现道德理想人物的人格美及人生自由境界的魅力，由对道德自由境界的向往开始走向对道德自由人生的追求。

三、道德自由阶段的达成——“自由学习”

道德自由阶段的美感实质是主体的道德自由感，即所谓“从心所欲不逾矩”的境界。而自由的至境显然需要自由地达成。与埃里克森强调儿童自主性、主动性培养相似，奥尔波特强调“自我统一体”和“机能自主”，卡特尔（R. B. Catell）强调“自我情操”，罗杰斯强调“无条件关怀”和

“自由学习”，等等，都是从不同侧面说明了一个道德（或人格）主体自由的主题。

奥尔波特认为人格的不同部分有组织性也有延续性，因而存在着一个人格的组织的功能，即“自我统一体”（统我）。自我统一体从出生到成年有一个逐步生成、实现的过程，同时具有“机能自主”的特征。关于“机能自主”，他举例说：一个大学生开始可能为家庭需要等选修某门课程，但学习过程中可能为课程本身所吸引，从而一辈子迷恋这门学科。在这个例子的最后，原发性动机已丧失殆尽，手段变成了目的。奥尔波特指出机能自主包括个人的兴趣、价值观、目标、态度、情操等，因此，人格的发展及促进人格的发展都应考虑到有利于统我的形成和机能自主功能的发挥。实质上，笔者认为，机能自主是一种人的精神能动性或精神自由的表现，当那个大学生摆脱外在动机以纯粹的学科兴趣去继续以后的学习时，他已不再是为外物而只是为了他自己去学习。同理，道德教育也应让学生体验到道德人生探索和实践本身的兴趣，体会到道德学习的自由，为自己的人生而不是为了学分或别的什么外在因素选择德育课程。道德教育和人格形成之间不是相互类比而是被包含的关系。

罗杰斯是直接提出“自由学习”概念的心理学家。自由学习的逻辑前提是儿童既有自己的“机体估价过程”又有关怀和自尊的需要。但儿童首先希望别人对自己有好感，然后才自己对自己有好感。那些一生中得到关怀的“价值条件”可能被儿童内摄入自己的自我结构，以后他们会认为必须按这些价值条件来行动才能使自己得到关怀并满足自尊的需要。价值条件一旦建立就可能使儿童认为他们做出肯定的估价的唯一形式是按照他们内化的价值观（实际上是别人的价值观）来行动，经验和自我之间的对立会导致失调，产生焦虑或出现更严重的精神病症。故罗杰斯主张给儿童“无条件关怀”（unconditional positive regard）。即儿童无论做什么都得到关怀。“如果个体经验的只是无条件关怀，那么就不会形成价值条件，自尊也将是无条件的，关怀的需要和自尊的需要就不会同机体估价过程相矛盾，因而个体就会不断获得心理上的调节，成为完善功能的人。”（赫根汉，1986）[410-411] 罗杰斯建议以理性民主的方式处理不轨行为，认为应该把这样的意思转达给儿童：我像你一样深深地爱你，但你的所作所为是令人不安的，所以假定你不这样的话，我们双方都会更愉快。儿童永远都应得到爱，尽管他或她有些行为或许不对。为了使儿童成为一个完善功能者，罗杰斯希望看到一个更好的教育制度——让学生“自由学习”的制度。罗杰斯认为，普遍认为学生必须掌握向他们传授的知识，死记硬背的教育只会使学生一直处于被动状态，成为无主见的个体，而未来社会需要的却是“有适应性的、自主的、思维活跃的、自我尊重的个体”。正是后面这种人才能利用他所具有的智慧和对人类价值观的理解去自由地运用科学赋予人类的巨大力量。由于当代伦理观念的多元化存在，人类或个体的道德及价值观的自由自主的选择能力的培养具有重要的时代意义。道德学习个体的独立、自主性来自给予自由条件的学习，而非外在的灌输。道德教育追求的最高境界是“天地之大美”的“道德自由”，而道德自由只能来自自由的学习。我们尽可以不完全同意罗杰斯的“无条件关怀”及“自由学习”等概念和观点的全部含义，但是我们显然也不能否认这一理论给我们带来的重要启示。我愿意引述罗杰斯提请人们注意的以下事实：“人类具有学习的自然倾向。”“学习者全身心卷入其中的自发学习，也就是智力和情感都共同参与的学习是最持久和最深入的学习。”（赫根汉，1986）[429]

四、审美自由与道德自由

人在现实中往往感到不自由，但在创美和审美活动中却可以暂时实现精神上的解放，这乃是美的根本魅力所在。在审美活动中，主体的自由表现为两种情况。一种是冷静和超脱的静观。面对审美对象，主体可以完全摆脱现实的利害计较，以旁观者和局外人的身份，反观人生与世相，获得现实中不可多得的超越自我角度和地位的机会及自由想象的权利，在凝神静思中获得一种“无我”的精神体悟。另一种是动情的和介入的动观。这时，审美主体成为意象世界的积极的参与者和局中人，不是冷静、超脱地旁观人生世相，而是放纵地听任整个身心自由地渗入对象。审美主体可以突破特定的现实角色限制，不受拘束地选择对象，自由地进入各种人物心态去神游，忘情地扮演各种角色，体会各种人物的心绪情感，还可以借假想的角色自由还原自己的情感，从而恢复自我的人性自由和主体意识。（钱谷融，鲁枢元，1987）[330]尽管在现实的审美创美活动中，静观和动观、无我和有我的自由交织在一起，但这两种成分的精神自由在审美活动中的存在对道德教育的精神启迪还是明显的。

首先，在道德教育中，学生面对的现实及道德要求往往有“有我”和“无我”的原则冲突。前者要求按利己的原则行动，后者要求按利他的准则践行。道德教育不能要求每一学生主体都实现对一己之私的当下的现实超脱，却可以通过审美使其进入“忘我”之境，在审美意象中进入其他角色，实现“己所不欲，勿施于人”（《论语·颜渊》）等道德情感的多重角色体验。“无我”之境可以引导主体向往道德的自由抉择，“有我”的体验可以教育主体制约自己的行为，而无论静观还是介入的审美自由均可在道德教育中对学习主体的道德体悟、判断、决策的自主、自由起推动作用。

其次，道德自由本身具有人格美的审美特征。道德教育中常见的策略是向学习主体呈示道德榜样，以期实现榜样学习。但榜样学习如采取纯分析的方式，榜样的人格形象就会由生动走向僵化，榜样学习会成为另外一种形式的“美德袋”德育的翻版。道德教育应该让学生把道德榜样作为人格美来欣赏，体会一个优秀人类个体的人格生动性和完美特征。这时道德榜样同时成为审美观照的典型形象，这就不仅是理智，而是知、情、意各种心理能量的协同发挥，圣贤人格的教育会使道德教育事半功倍。

上述两点，只是从审美的若干角度描述了审美对于道德自由及道德教学自由达成的价值。德育美学观所倡导的“美学精神”的借鉴，首要一点正是对于主体自由精神的追求。但是，审美范式的德育能否达成“道德自由”，能否有助于“自由学习”的实现，不能局限于心理学范围的探究。美何以能促进自由的道德人格的达成，仍将是以下一章乃至以后各章的主题。其中最要害的应是对美及审美之自由本质的探讨，以及由此而形成的对于德育美自由本质的确证。

第四章　德育美的本质及其存在

本章作为“本论”，主要阐述有关德育美的一般性问题：（1）德育美的本质与人的本质不可分离，美是对主体自由的肯定，因而德育美学观要借鉴的美学精神的核心即对于主体自由的追求。（2）德育美既包括教育过程对理想道德人格美的形象呈示，也包括德育过程本身对主体活动自由形式的追求，其目标是促成道德学习主体对道德人生的诗意追求。（3）德育美是现实美和艺术美的统一，失去对美的追求会使德育过程死硬化，而为美而美的“表演化”则违背德育美精神本身。（4）德育美有从外部而内部、从低级到高级的三个层次，对德育美的研究应该拾级而上、顺序展开。

第一节　美的本质及美的精神的德育借鉴

一、美的本质

关于美的本质，柏拉图（1963）[210] 对引用过的一句谚语即“美是难的”作过感叹；而托尔斯泰则说：“‘美是什么’这一问题却至今还完全没有解决……，竟仍然是一个谜。”（托尔斯泰，1958）[13] 直到 20 世纪五六十年代，关于美的本质中国美学界还曾开展过广泛而热烈的争论，至今仍无完全统一的结论。这里试图依据马克思在《1844 年经济学哲学手稿》中提出的美是“人的本质力量对象化”的观点，讨论对于美的本质的理解。

“人的本质力量对象化”至少包含两个方面的内容。首先，关于“人的本质”和“本质力量”。对此，马克思曾有两种不同的界说：“人的本质并不是单个人所固有的抽象物。实际上，它是一切社会关系的总和。”（马克思，恩格斯，1960）[5]“一个种的全部特性、种的类特性就在于生命活动的性质，而人的类特性恰恰就是自由的、自觉的活动。”（马克思，恩格斯，1979）[96]哲学界与美学界对这两个似乎矛盾的结论产生过争论。实际上这两个界说有着明显的维度上的不同。正如马克思所指出的那样，人的本质是社会关系的总和是在其现实性上来说的，也就是说，人的本质及本质力量的实现离不开人的社会性。但本质的实现不等于本质本身，所以，社会性是人的本质实现的现实性而不是人的本质或本质力量本身；而人的本质应该是区别于其他物种的“类特性”，那就只能是“自由的、自觉的活动”。此外，对于“人的本质力量对象化”而言，马克思强调的是本质“力量”而不仅仅是人的“本质”。而“本质力量”也应是人类改造自然和社会的实践活动，即“自由的、自觉的活动”。所以马克思说：“正是在改造对象世界中，人才真正地证明了自己是类存在物。”（马克思，恩格斯，1979）[97]对人而言，实践主体和对象世界的矛盾是一对永恒的范畴。卢梭在《社会契约论》中说的“人生来自由，而处处都在枷锁中”，较为恰当地表达了人的主体自由与其对立面——对象世界的矛盾。一方面由于自然、社会和历史进程及主体自身的诸多限制，人时时处处都在必然性的奴役之中；另一方面不甘寂寞的主体的人又以其突破自身及对立面的束缚从而获得自由为区别于“和它的生命活动是直接同一的”（马克思，恩格斯，1979）[96]为自然律奴役的一般动物的“类特性”。由此观之，人的本质与其说是实践性的“活动”，倒不如说通过“活动”去超越必然，获得自由的追求。其活动是实践的，其内核却是精神的。

其次，关于人的本质的“对象化”。“对象化”类似于黑格尔谈到的人的“复现他自己”。“例如一个小男孩把石头抛在河水里，以惊奇的神色去看水中所现的圆圈，觉得这是一个作品，在这作品中他看出自己活动的结果。”（黑格尔，1979）[39]因此，一个事物具否美的性质，关键在于人能否实现其自身“本质力量的对象化”或实现“自然的人化”。自然的人化包含两个方面，一个是客体自然的人化，一个是主体自然的人化。前者创造了美的存在或审美对象，后者创造了审美和立美主体；前者使主体的自由意志得以对象化实现，后者则不断提升和丰富实践主体的自由精神本身。两个方面的最终动力则是“人类总体的社会历史实践”（李泽厚，1994a）[469]。至于对象化的美的生成过程，蒋孔阳谈到“对象化”或“自然的人化”的几种情况：一是人“通过劳动实践，使自然成为人的‘作品’……，作为审美的对象”；二是“人的劳动并不直接改造自然，但却通过自由的想象和幻想，来自由地支配和安排自然，使自然从自然的规律中解放出来，变成符合人的主观希望的自由形象”；三是有的自然“只是因为其本身特殊的物质结构和自然景观，来抒发人的胸怀和意气，表现人的思想和情感……，也是人的审美对象”（蒋孔阳，1993）[173-174]。蒋先生的论述对“对象化”作了较生动的说明，但有一点必须补充的是“自然的人化”中的“自然”固然首先指自然物，但又不能限于自然物。人的本质力量对象化的“对象”既有自然，也有社会，还有人自身。人对自由的追求不仅是对纯自然律的超越，而且是对社会理性及人生局限的必然性的超越。正是因为这一点，才有了社会美和人格美。也只有这样理解，美的本质才是普适的。

综上所述，美是“人的本质力量对象化”的命题实质上是具有自由精神追求的主体实践力量的对象化。“美离不开人，因而美的本质离不开人的本质。但抽象的本质概念，不能成为美；人的本质转化为具体的生命力量，在‘人化的自然’中实现出来，对象化为自由的形象，这时才美。”（蒋孔阳，1993）[160] 与蒋先生“美是自由的形象”（蒋孔阳，1993）[187] 命题对人的自由本质的强调相一致，中国美学界还有两个著名的命题：一是李泽厚（1994a）[466] 的“美是自由的形式”；二是高尔泰（1986）[38] 的“美是自由的象征”。不管这些命题在“形象”“形式”“象征”等概念上所反映的内涵的不同有多大，但这些美学大家都一致认可了美所蕴含的自由的本质。所以，美是对自由的肯定，美的精神本质上即主体的自由精神！

二、审美的本质

美与审美是两个概念，但美的具体存在往往又是具体的审美对象，因此，当人们问什么是美时，最可靠的方法是与其作哲学玄思，倒不如直接问一问人在审美时到底“审”到了什么。

就像黑格尔所说的那个小孩以惊奇的神色去看自己用石头“创作”出来的水中的圆圈一样，现实中较多的审美，发生在人类对自己因掌握了自然力而在客观对象身上刻上的自由意志的印记的“作品”的观照。这时，合目的性和合规律性的谐和使主体产生一种确证自身自由本质的愉悦，故审美就是对人类自由本质力量的欣赏。除了这种情况之外，还有一种较为曲折的对自由本质力量的观赏，以下试举例说明之。

南朝宋人宗炳信佛老，嗜山水，栖丘饮壑30余年，尝言其画山水：

闲居理气，拂觞鸣琴，披图幽对，坐究四荒。不违天励之藂，独应无人之野。峰岫峣嶷，云林森眇。圣贤暎于绝代，万趣融其神思。余复何为哉？畅神而已。神之所畅，孰有先焉！（《画山水序》）

明人汤显祖，嗜志怪小说，言其感受：

吾尝浮沉八股道中，无一生趣。月之夕，花之晨，衔觞赋诗之余，登山临水之际，稗官野史，时一转玩。诸凡神仙妖怪，国士名姝，风流得意，慷慨情深等语。千转万变，靡不错陈于前，亦足以送居诸而破岑寂……。不佞，懒如嵇，狂如阮，慢如长卿，迂如元稹，一世不可余，余亦不可一世。萧萧此君而外，更无知己。啸咏时每手一编，未尝不临文感慨，不能喻之于人。（《艳异编叙》）

宗炳的“畅神”，汤显祖之“临文感慨，不能喻之于人”的感觉都是一种典型的审美现象。那么宗、汤二人“审”到了什么？

成复旺先生对此有一个绝妙的解释："宗炳拟迹巢、由，放情林壑，试图从处心积虑、纷纷扰扰的世俗生活中超脱出来。当他观山水、画山水的时候，心灵逐渐远离乃至遗忘了纷纷扰扰的现实生活和衣食住行的世俗之事，沉入无思无虑、幽静安闲的自然山水之中；眼前恍然出现了一个恰与他的心灵相契合的世界，使他获得了一种心灵解放一般的快感。""汤显祖是个现实社会的叛逆者。他'一世不可余，余亦不可一世'，唯有那些'风流得意，慷慨情深'，无拘无束，独往独来的神仙妖怪之类，可与他心灵共鸣，结为知己……。只有这时他才仿佛回到了自己的世界得以自由地呼吸。其心灵之激动无以言表。"（成复旺，1992）[16] 宗、汤二人审美对象各异，一嗜山水，一好志怪小说，但是山水、鬼怪都使人"应目会心"，体会了一种相同的东西，那就是（具有审美个性和共性的）人格或心灵自由。作为现实生存的自我意识，人的心灵感受着这个世界的种种制约，渴望着对这个世界的超越，实现主体的自由。人的心灵所渴念的这种自由应是摆脱外在束缚的现实的自由 。但现实的自由却往往苦于人类实践的水平而难以实现，这时，"如果有这样一个时刻，人觉得心灵与外在世界的界限突然消失了，外在世界就是心灵的渴望，心灵的渴望就是外在的世界；世界成为心灵的，心灵成为世界的；或者用中国古人的话说，'即心即物，即物即心'。这时，一切束缚均已杳然无存，心灵会体验到一种何等美妙的畅适啊"！（成复旺，1992）[17]

因此，审美主体从审美对象中观照到的是一种主体的自由、精神和人格的自由。审美就是人格自由的唤醒，人格自由需要心理满足。虽然这种"自由"是心理的而不是现实的，但正是这种虚幻而又真实的自由体验抚慰了主体追求自由而又难以在现实世界中实现的创痛，同时也正是这种超越现实的自由的向往，才使人具有超越现实的理想、动力与自觉的追求。所以，"审美既是人格的象征，也是人格的营养"，"审美产生于人的心灵对于自由的渴望，也激发着人的心灵对自己的渴望；审美体现了人的追求自由的本质，也强化了人的追求自由的本质；它永远站在不自由的现实人生的对立面，呼唤着人们向自由的人生挺进"。（成复旺，1992）[19-20]

由此看来，或者是对自由本质实现的礼赞，或者是对难以实现的自由的向往，审美主体通过审美所满足的是主体对于人格自由的精神需要，主体通过审美观照到的美的本质乃是一种主体的自由。审美对象中如果没有这种自由或没有适当形式表达这种自由，则审美对象就不成为审美对象，也无法成为美之存在的具体的形象。因此，与美的自由本质相联系，审美的本质在于自由的观照和达成。所以，“美的形象，应该都是自由的形象。它除了能够给我们带来愉快感、满足感和和谐感之外，还应当给我们带来自由感。比较起来自由感是审美的最高境界。因此美的形象都应当是自由的形象”。（蒋孔阳，1993）[188]

三、美的精神的德育借鉴

既然美的本质是主体追求自由的本质力量的对象化，审美的本质是对于主体自由的观照，美的精神或美学精神的实质也就只能是主体的自由或超越。德育美学观作为一种对美学精神内核的借鉴和吸收，首先应当是对这种自由与超越精神的借鉴和吸收。但是主体自由精神在审美对象、欣赏及创造中并不是一般和抽象的东西，德育观要借助美的自由与超越精神还须对美及审美“自由”的具体形态作细化的研究，美的精神及其借鉴必须具体才能现实。

首先，美的精神是一种对于自由与超越境界的追求。美之所以美在于其寄托了实践主体的自由，审美之所以愉悦在于人在对象中观照到了自身对于必然或命运的超越。道德教育的美学借鉴首先应是对这种自由境界的追求，具体说就是要将道德教育的最高目标定位于个体道德自由境界的达成。

什么是道德自由的境界？一是合乎历史趋势的道德律的掌握。即孔子所说的“从心所欲，不逾矩”。这也是儒家学说所一再倡导的“中和”之美，是一种典型的合目的性与合规律性的统一形态。二是一种对于人生利害计较的超然否定态度。这是道家的追求。《庄子・秋水》中记载：“惠子相梁，庄子往见之。或谓惠子曰：‘庄子来，欲代子相。’于是惠子恐，搜于国中三日三夜，庄子往见之，曰：‘南方有鸟，其名为鹓鸰，子知之乎？夫鹓鸰发于南海而飞于北海，非梧桐不止，非练实不食，非醴泉不饮。于是鸱得腐鼠，鹓鸰过之，仰而视之，曰：“吓！”今子欲以子之梁国而吓我邪？’”庄子所谓的“非梧桐不止，非练实不食，非醴泉不饮”的鹓鸰精神既与孟子所言的“富贵不能淫，贫贱不能移，威武不能屈”（《孟子·滕文公下》）的“浩然之气”有相似处，同时又因其对一己之私表示出的完全的超脱与独立而具有新的精神内涵。这种人格特征因其对主体自由的肯定一直为中国传统的文士所推崇，成为中国古代传统的道德人格境界的组成部分。这一人格美也是道德教育所应设定的目标之一。儒家的“中和”要求主体在对社会伦理的掌握中获得道德自由，道家的超脱要求主体在对社会理性的批判中获得独立。人们常说儒道互补，也许正是这两种自由境界的互补。只是道家最后主张回归自然，未免过于消极。更为积极的选择应是从否定批判走向新道德的自由，因此，道德自由的第三种形态就是超越外在和现存的道德理性。“一方面，人的自然作为社会中人的一个方面，不能不顾及社会理性，不能不受社会理性的制约，这就是它对社会理性的受动性。另一方面，人的自然作为一种与生俱来的自然力，又不能不在被社会理性制约得无法实现的时候起而超越理性，这就是它对于社会理性的能动性。前者即接受社会理性的积淀，后者即对于传统理性的突破和向启蒙理性的升华。”“前者是以一种淡泊的心境走向和谐的美，后者是以一种浓烈的激情走向冲突的美，即悲剧与崇高。”（成复旺，1992）[166-167，172]如果说儒家提供了一种为社会理性同化的道德人格的“中和”之美，道家追求一种否定社会理性回归自然的道德人格的“恬淡”，那么这第三种道德自由表现的则是一种道德人格创生的“激越”。“拼将十万头颅血，誓把乾坤力挽回！”（秋瑾诗）中外历史上均有为某种道德理想杀身成仁的理想道德人格；也有为冲击一种旧道德，创生一种新道德，孑然傲物，献身理想的叛逆性道德自由人格。这三种道德自由从排列上恰成一种肯定—否定—否定之否定的辩证过程，亦恰与历史发展的辩证法相契合。道德教育要借鉴美的自由精神，就应该以揭示道德自由的魅力、塑造道德自由人格精神为己任。

其次，美的精神表现为一种自由的处世心态。这种心态既表现为审美观照时的那种超越当前功利性的“非功利性”，也表现为立美创造时在对象的形式上所烙上的自由的特征，更表现为一种对美的事物所内含的自由本质的关怀和珍爱。

审美的非功利性实质上是一种审美必需的心理前提。《庄子·人间世》：“仲尼曰：‘若一志，无听之以耳而听之以心；无听之以心而听之以气。听止于耳，心止于符。气也者，虚而待物者也。唯道集虚。虚者，心斋也。’”所谓的“心斋”体道的功夫，实质上就是要“虚而待物”，回归天地之境，摒弃外在功利，从而进入审美无意识。在道德教育中往往堆砌了太多的功利性，如塑造社会所需要的、既定的道德品质的社会功利性；某些道德教育工作者自身急功近利，欲速不达，勉强塑造的教育功利性；等等。如欲道德教育过程同时成为审美、创美的过程，社会、学校、教师、家长、学生都不妨与现存的一些社会功利性、教育功利性和其他许多更外在的物欲功利性保持一定的“距离”，取一种“超然”的态度。让道德教育成为一种“天成”的、涵养的过程，而不是一种外在牵强的“内化”。这就是审美过程给予德育过程的精神启示。

立美创造所表现的形式的自由是美之自由本质达成的根本。德育过程要创造教育艺术，实质上就是要求这种创造的自由，即庄子所谓的“神遇”：“庖丁为文惠君解牛，……文惠君曰：‘嘻！善哉！技盖至此乎！’庖丁释刀对曰：‘臣之所好者，道也，进乎技矣。始臣之解牛之时，所见无非牛者；三年之后，未尝见全牛也。方今之时，臣以神遇而不以目视，官知止而神欲行，依乎天理，批大郤、导大窾，因其固然。”（《庄子·养生主》）德育者要达到“神遇”般的教育创造，也必须“依乎天理”。这“天理”就表现为对德育规律的透彻理解，而“依乎天理”就表现为有若天成的教育技术的熟稔。德育上的“庖丁解牛”境界的达成即是教育技术美的达成。关于“技术美”，李泽厚（1994a）[476]先生予以充分的肯定：“技术美正是美的本质的直接披露。美之所以是自由的形式，不也正在于通过技术来消除目的性与规律性的对峙，以达到从心所欲，恢恢乎游刃有余吗？”李先生所论的“技术美”虽然本意主要在科技工艺，但笔者认为完全可以适用于德育艺术。

立美创造美的作品，审美则对作品进行观照，也可以说立美创造自由的形式，审美则对形式之自由的本质进行体验。立美以创造自由为目标，审美以达成自由为鹄的。无论立美、审美过程，主体都会表现出对自由的关怀、珍视、向往和呵护。道德教育的外塑或灌输范式缺的就是这种对于主体自由的珍视和呵护。在中国，我们稍加观察就可以发现，从子系统和母系统关系看，道德教育的社会约束比任何一个教育领域都要多；在德育系统内部，德育者和德育对象则往往保持一种外在的唱（教）和（学）关系，即便实现了所谓的德育“内化”，由于德育过程中自由精神的缺乏，道德学习个体在心灵深处仍保持对于道德内容（即德育规范等）的“顽强的疏远性”（黑格尔语）。对美学精神的深层借鉴，需要德育工作者首先变德育的灌输式为“园丁式”。所谓园丁式教育，是基于一种设想：儿童就像一粒正在发育的种子或一株幼苗。作为一个机体，其体内早就潜藏着一种独特的发展式样和不同的发展程序和步骤。如果发育的条件适合，它就会像一棵向日葵一样，由一棵幼苗一步步生长出粗大茎干和花盘。（滕守尧，1995）园丁式德育和教育内涵的一个不完善的地方在于，学生的先天图式并不全像向日葵那般自动地生长。潜在道德图式必须在与新的道德情境的不断互动中不断重构才能使学生获得道德成长。道德教育正是要在其重构条件的创造上发挥教育的能动性。教育是一种返身实践活动，它的自由当然也包括人对自身局限性的超越，德育的实质是要帮助学生实现道德上的学习和超越，塑造其美的道德人格。但园丁式教育提法的可取之处又是显然的，它告诉我们的是：德育工作者应该与其说是用宽容倒不如说是以珍视的心情注视德育对象的自由成长，呵护促进这种自由成长，在造成一个又一个道德自由人格的同时也获得德育过程的自由。一句话，自由的创造和欣赏都需要自由的心态，德育工作者和德育对象教与学的自由的倡导就是德育美学观的根本方向。

第二节　德美、育美和德育美

美、审美和德育美学精神借鉴的论述实质上只回答了问题的一个方面，即德育美学观变革的方向和标准。但德育中存在美的因素吗？德育美及其创造的可能性在哪里？尚需从德育系统本身对照美的本质做出论证。

一、德美

德美即道德人格美，这是德育过程的目标和结果。如果没有德美存在的可能性，当然也就没有德育美存在的可能性。德美存在的可能性如果从道德学习个体的道德成长来看，可从两个方面予以论证：一是道德的本质是什么（即一个人怎样才算是道德的）。道德的本质与美的本质有否相同的因素。二是道德行为作为表现本质的东西是否具有美的可能性。

德育心理学和德育社会研究都一致认可，个体掌握道德的过程是从无律到他律、自律和自由的四个阶段。无律阶段个体因为年幼或无知与道德规范没有发生现实的联系，道德对于个体是一个“不知为何物”的东西，这时无论个体客观上合否道德规范，他都不是一个道德主体。如较小的儿童在受本能支配活动时，也可能有一些令人惊异的类似于道德行为的举止，但完全不能说他具有了道德。他律阶段的个体已经由于外在的权威而有意识地遵守道德规则，但是这时，“在他与他所遵守的‘道德’之间，始终有一种可以支配他的中介力量在起作用”（唐凯麟，龙兴海，1993）[113]。道德规则并没有为他所理解，获得心理上的认同，从而具有强烈的外在性或疏远性。在道德律令面前个体是被支配者而不是一个积极、生动的主体。苏霍姆林斯基在《让少年一代健康成长》一书中记载了一个故事：5 个六年级男生本是去帮一个老奶奶浇水，“负责照料”老奶奶的白菜的。但在路上他们遇上了一个他们知道视力不好、靠拐杖探行的老大爷。他们把桶里的水倒在路上，然后躲进灌木丛。当那位老人终于走进水里后，他们哈哈大笑，笑完后，他们又去把桶打满水，给老奶奶浇白菜去了。苏霍姆林斯基（1984）[205]写道："少年们原本是去做好事的，而且似乎也确实做了好事。但是，如果这样的好事不是受高尚的动机所支配，它又有什么价值呢？如果一个人把做好事与读熟功课、完成作业同样对待，如果他在自己的童年和少年期从来没有体会过，什么是凭着良心去做好事，那么他就会成为一个道德观念不健全的人。"这是一个典型的道德实在论的例子。而道德实在论等倾向表明儿童并未真正领会"道德"或"做好事"的内涵，道德对于个体而言是借助载体而发生作用的。而在皮亚杰看来，只有当儿童意识到道德规则的真正意义，并有义务去执行规则时，规则才是真正的行为规则。那就是说，道德的真正发生应到自律阶段去寻找。

"儿童是怎样不断地达到自律的呢？当儿童发现同情和互相尊敬的关系必须要有诚实的时候，我们便看到了自律的最初的征兆。……当心灵认为必须要有不受外部压力左右的观念的时候，道德的自律便出现了。……当相互尊重的情感强到足以使个人从内部感到要像自己希望受到别人对待那样去对待别人时，才出现自律。"（皮亚杰，1984）[233-234]由皮亚杰所揭示的自律的征兆再往前发展便是"义务""良心"的出现。这时道德对于个体而言已不是外在的、客观的，而是其心灵的有机构成了，个体是倾听良心的呼唤，而非屈从外在的压力，他再也不是一个被动、依附、简单服从的消极执行者，而是一个自主自为自我决策和调控的积极主体了。正是因为这一点，自律阶段已使个体走近了道德的本质，"道德的基础是人类精神的自律"（马克思，恩格斯，1956）[15]。但是，道德的"基础"并不等于道德的实质。真正的道德应该内发于完全的价值需要，外化为自然的道德行动，来不得半点勉强和造作。我们仔细体会一下"良心"和"义务"这类词，就不难发觉，在个体受良心或义务感支配（尤其后者）时，有着明显的不得已而为之的情绪，只不过强力并非直接来自外部。但这时道德个体一是受到了压迫的（来自"客体的我"），二是这一压力曲折地通向外部世界。所以，当外在的社会道德规范刚刚"内化"为道德学习主体的精神结构时，道德的学习过程仅仅完成了一小半。只有当个体从“义务感”到“崇高感”、从“良心”到“本心”，即到达道德自由阶段时，真正的道德和真正的道德的人才能产生。这时主体已经认识到了道德与人类的崇高与尊严的必然联系，“他履行社会道德要求不仅是自觉自愿的，而且成为他的心灵的一种内在需要；这种内在的心灵需要已经不是出于某种外在功利的考虑，也不是纯粹自我约束、自我控制的结果，而已经成为了一种行为习惯”（唐凯麟，龙兴海，1993）[119]。“道德本质上是人类完善社会、完善自我的一种价值追求，当这一追求一经在人们的行为习惯中确定起来，巩固下来，他律道德和自律道德便被扬弃了，人的道德主体便得到了升华。”（唐凯麟，龙兴海，1993）[121]因此，道德的本质不是他律也不是自律，而是主体对道德的自由把握。

只有实现了道德主体的自由，主体才能在道德律令和意志自由中找到最佳的结合或平衡，一如人类在征服自然对象时所达到的合目的性和合规律性的统一与和谐。也只有这时，道德学习的个体才能真正认识道德人格的美的内涵，并时时观赏作为客体的“我”的道德自由的人格美。道德自由实际上是人类主体将社会道德或社会理性作为客体予以改造吸收，克服其“顽强的疏远性”达到主体自由的过程。因此，道德自由是主体本质力量自主自由的活动的一个有机的组成部分。由于道德自由是主体自由的一部分，所以，道德的自由本质决定了道德美存在的内容或本质上的可能性。

道德自由的内容总是表现在道德主体的言行上。这时道德主体及旁观者都可能发现：道德主体或者能够如孔子所说的那样“从心所欲，不逾矩”，表现出德行的从容、自如；或者能够如老庄那样树立超然独立、宁静淡泊的人格形象；或者能够做到像普罗米修斯那样用悲壮与崇高的奋斗去冲破旧道德的黑夜，走向新道德的光明。无论是道德的“中和”“恬淡”或“崇高”，自由都会因为其德行活生生地呈献于世，让具备乐感的耳朵来欣赏这道德主体本质力量对象化的天籁之声！因此，达到了道德自由阶段的所有德行都将可能成为审美观照的对象或美的“形式”，这是道德美存在的可能性之二。而根据美是人的本质的力量对象化的理论，当理性的内容和感性的形式都已具备并能实现统一时，美就会被创生。因此，具有道德自由本质并外化为具体德行的每一个道德主体都会成为（道德）人格美的形象具体。

二、育美

对道德的自由把握代表了主体的一种“本质力量”，而德行则可以是一种主体观照的“对象”。但是“本质力量”如何“化”入“对象”之中呢？如果不解决“化”的问题，德美就永远只停留在可能性的水平上。德美的实现（即“化”的实现）显然只能仰仗于作为教育过程具体的德育过程。因此，考虑“德美”不能不考虑“育美”，而且从教育学的观点看，育美似乎更为本质因而更为重要。

要考虑（德）育美及其可能性，就必须考察教育的本质、德育本质、德育中主体的本质力量及其对象化等问题。

首先，教育和德育的本质是什么？教育可以是制度、职业、部门、活动等，维度不同，教育本质内涵不同。这里所谓的教育是指教育活动。关于教育活动的本质至今仍在讨论中，争论的焦点可以归纳为“社会本位”和“个人本位”之争。但“尽管存在不同的价值取向，由于教育本身属于传递文化的活动，‘个人本位’与‘社会本位’之争实际上是传递什么文化和怎样传递文化之争”（陈桂生，1993）[206]。这里拟重点讨论“如何传递文化”的问题。对这个问题做出较好说明的杰出人物之一当属德国文化教育学派的斯普朗格（E. Spranger）。斯普朗格认为，文化与个人的关系是一种“生动的循环”，文化“客观精神”和个人“主观精神”是这一循环的不同侧面或同一过程的两个方面。但是，在教育活动之中更应该强调的是个人的主观因素。这主要有两点原因。第一，客观的文化存在并不是必然地促使个人走向一定文化的，“没有具备经验能力的主体，那么客观精神是死的”，它仅仅是具有“潜在的精神内容”而已。所以与其说是客观文化的化育，倒不如说个人的主观精神在接受文化的化育，个人是文化生命的关键。第二，客观文化的创生、发展也需要与“文化化人”相反的过程，即“人化文化”，只有通过教育而获得创生能力、超越能力的文化个体才能反惠于哺育个体生长的客观文化本身。所以，文化和教育的关键均在于促进个体的成长，实现内外化的统一。（崔录，李玢，1987）[170-175] 斯普朗格正是在这个意义上将教育的本质归结为“以文化传递为媒介的对发展的援助”，更彻底一些，是“对觉醒的援助”。因此，教育中本质的东西不是“制约”而是“解放”，教育过程要考虑的首要问题是解放成长者即学生的内部力量。属于不同学派但在教育本质上趋同的现代教育学家还有许多人，如波尔诺夫（O. Bollnow）。他把教育归结为“心灵解放”，教育本质是自由人与自由人的对峙和“碰撞”。马利坦（J. Maritain）则认为“为了我们所争取的新的文明，更加需要使教育成为人的教育，为自由的教育，为自由社会培养自由人的教育”（华东师范大学教育系，杭州大学教育系，1980）[282-283]。教育的所有功能，都只能通过培养这种自由人的目的去加以实现。“教育的主要目的，在最广泛的意义上就是‘塑造人’，或者更确切地说，帮助儿童成为充分成型和完美无缺的人。其他目的如传递特定文明区域的文化遗产，为参与社会生活和成为优良的公民做好准备，以及履行整个社会的特定职能、完成家庭责任和谋生所需要的精神准备，乃是一些推论，它们是重要的但又属于第二位的目的。”（华东师范大学教育系，杭州大学教育系，1980）[289]

上述教育思想的共同之处在于反映了这样一个教育的本质：教育活动的焦点应在于学生的发展，学生的解放，学生的觉醒。一句话：让不自由的个体能获得自由，教育内容、教育过程、教学方法等都是实现这一自由的条件。教育就是对个体自我发展的能力的解放与促进。德育活动作为教育活动的具体也应是这种解放与促进的具体。与其他教育活动具体不同的是德育涉及的是人的价值选择，因而，具有更高的主观精神色彩，道德自由是道德个体真正确立的关键。因此，如果说一般教育的目标在于创造条件解放个体实现“文化自由”的话，那么德育的本质在于解放并提升个体的道德发展潜能，实现“道德自由”的人格。德育的本质在于向道德学习个体提供道德自由实现的充分条件。

道德教育以自由人格为根本目标，那么剩下的问题就在于，如何达成这种道德的自由？或道德自由人格是如何创造出来的？对这一问题应从“教”和“学”两个方面予以回答。即教师在道德教育中如何实现对德育对象道德自由达成的促进和学生主体如何根据一定的道德理想实现自身的改造，塑造一个自由的客体自我。前者可能表现为“兴于诗，立于礼，成于乐”（《论语·泰伯》）的教学范式；后者可以表现为“志于道，据于德，依于仁，游于艺”（《论语·述而》）的学习过程。

从教学的方面看，德育主体的教师是如何唤醒、促进或提升德育对象的自由道德人格的？中国古代从孔夫子开始就是倡导“诗教”和“乐教”的，许多人据此以为夫子是在倡导美育，其实是一大误解。中国古代文化教育是以政治伦理文化为核心的（即根本讲是德育）。所谓“诗教”，固然有学习诗艺本身的含义，但学诗仅是一个短暂的工具过程而已，学诗的深层含义在于用“诗教”的方法达到兴观群怨、远事君国、近奉父母的目的。“乐教”也是如此。“故乐者，天下之大齐也，中和之纪也，人情之所必不免也”“夫声乐之入人也深，其化人也速，故先王谨为之文”（《荀子·乐论》）都是讲这个道理的。诗教也好，乐教也好，只不过是用审美化的手段较易使学生自然或自由地接受教化，达到“从心所欲，不逾矩”的道德上的“中和”之美而已。同时诗教、乐教的确也使德育对象从情感、认知、意志等方面综合地、自然因而经济地进入了道德教育的自由氛围，从而获得了诗意人生的熏陶。因此，中国古代诗教、乐教所倡导的审美范式的道德教育活动充分体现了教师作为德育主体“自由自觉活动”的本质力量特征，体现了一种“育美”。除了直接引入美学手段之外，其他范式的德育活动是否也可能具有审美特征呢？回答当然是肯定的，标准是看这些活动的形式有否体现教师作为德育主体成功地促成学习主体道德自由实现的自由本质。试举一例为证：“道德教育中适当的心理距离”或教学分寸的保持。苏霍姆林斯基（1984）[237-238] 谈到他所执教的少先队集体（中队）在自己的葡萄园遭受特大干旱，顽强抗旱时的情形：“……我们搭起了一个草棚，每天派两名少先队员在那里值班。每天傍晚和夜里，都要给树木和葡萄浇水，有时候一清早就要浇。我给少年们讲了那些具有高尚道德美的人的故事，通过这些故事使他们灵感的火花永不熄灭，我不太敢采取直截了当的做法。因为我感到，在少年们所进行的那种精神斗争中，直截了当的做法是行不通的。假如我在每次紧张劳动之前，都要先讲个故事来鼓舞斗志，这就贬低了他们崇高的思想，也是对他们心灵的不信任。……因此，我所讲的故事在一定程度上与劳动无关。我愈是能巧妙地找到这种与劳动无关的讲故事的形式，就愈能使少年们的精神生活与劳动之间建立起有机的联系。这种有机的联系存在于他们的心灵深处：每个人都按照自己的方式对道德美无限神往并因此而激动不已。”苏霍姆林斯基在这种“讲故事”过程中的“不直截了当”的性质（即适当心理距离的保持）使他“巧妙地”摆脱了我们现实德育中存在的心理感应抗拒。这种讲故事的方法所反映的对于人性以及学生心理的深刻理解和德育方法上的娴熟与从容不迫不正是他成功的前提，同时也是作为教育家的苏霍姆林斯基主体力量（教育自由）的充分显现吗？这种教育活动所体现的教育主体的自由实质上也就是教育美的源泉。因此，教师既可作为德育主体从事德育活动，同时只要他愿意他也可以随时以审美主体的身份欣赏自己的本质力量对象化的成果——德育活动的形式方面。当然除了德育活动自身之外，德育对象的茁壮成长的人格形象也是德育主体“对象化”的产物，教师也可以从德育对象中确证自己的自由自觉的主体力量。我国著名学者启功在一篇怀念陈垣先生的文章里谈到，陈先生面对启功先生的进步时“竟像一个小孩，看到自己浇过水的一棵小草，结了籽粒，便喊人来看，说要结桃李了”（启功，1981）[16]。这时陈先生的激动可谓一种典型的对对象的审美观照矣！

德育活动同其他教育活动一样都是教与学的统一。德育的本性乃在于唤醒、促进德育学习主体的道德发展，因此，德育活动中最根本的一方是道德学习主体——学生。学生的道德学习过程实际上是在教师的帮助下设计理想的道德自我形象并在“客体自我”身上加以实现的过程。这一过程的实现实际上也就是作为双重主体的学生自己对自己的对象化过程。道德教育所提供的所有条件都应是这一对象化的推动力，道德学习的内容都将渗入“理想的自我”这一载体之中，然后在现实的自我身上得以展现。因此，德育过程的对象化可以理解为两条线索：一是教师对其教育活动及其对象（学生）的对象化；二是学生对其学习活动及其对象（客体自我）的对象化。学生在道德学习中会有两种对象化的方式。一种是由于种种原因，道德规范未能转化为为其情感所接纳的“理想的道德自我”形象，在行动中勉强、偶然、外在地表现出的道德“觉悟”或“进步”。这种对象化的主体实际上并非学生本人而是与其无关的外在的力量，如教师、家长、成人及社会等。这种对象化实质上就是一外力的压迫或模塑，德育过程中的强制、灌输范式的直接结果就是这种外在的模塑。由于道德掌握的本质在于自由自律，所以这种外在的对象化是一种“伪对象化”。任何人，特别是学生本身只能看得见道德的外在、强制和学习主体的无奈和被动。一朵枯萎的花朵，这种对象，既不为学生所欣赏也不会为教师和任何审美主体肯定。另外一种与这一“伪对象化”相对的就是真正的道德自我的对象化。只要道德学习主体能够成功地认识道德人生的瑰丽与崇高，能够成功地将这些体现崇高或人类尊严的规范纳入自己追求、向往的价值体系，必然性就变成了目的性，生硬的学习就会变成生动的学习，外在的道德规范就将因内化为生动的道德理想而实现在道德学习个体言行上的自然呈现。这时学习个体可以作为一个审美主体观照自己学习过程表现出来的自由、从容，也可以从客体自我的变化中充分确证自身自由意志的实现。这时他就会在自己身上看到实现了的道德人格的美，也会为自己的道德人生进程而欣慰、愉悦，而这种审美性质的愉悦又将成为自身道德提升的内在动力。这一结果类似于下列例子——苏霍姆林斯基（1984）[190] 曾经这样指证：“一个十二岁的孩子看到用自己的双手培植的鲜花盛开的花园，他会感到无比的自豪；他会用他为人们创造了多少物质财富来衡量自己走过的道路。这种感受愈深刻，他就愈能自觉地产生他对人们所负的公民责任心。”

三、德育美

前面问到“德美”作为道德主体人格本质力量的对象化，“化”是如何实现的，至此可以有一个较为清晰的回答。那就是道德理想人格的对象化是两个过程的有机统一：一是德育工作者将道德规范的美以自由的形式呈现给德育对象，以唤醒并促进对象吸收德育内容，并外化为道德行动；二是道德学习个体由于德育过程创造的条件，自主自由地观照道德人生的美，从而将道德规范变为学习主体自身追求的理想人格形象的组成部分，然后在实践中努力践行这些规范，实现理想自我的客体化。这两个过程实际上当然是同一个过程，但仔细分析，我们可以看出，道德规范的学习与教学过程或统一的德育过程实质上是教师和学生一起克服客观道德理性的“疏远性”，从而塑造理想道德人格的主体性活动。由于这种主体性的活动同时体现了人类主体的自由自觉的本质力量，所以成功的道德教育过程完全可以是一种创美和审美的过程，其结果就是所谓的“德育美”。以美学的观点看，德育的本质应该是自由人对自由道德学习主体自由成长的自由促进。

第三节　德育美的构成与层次

一、德育美的构成

德育美的构成问题实际上就是德育美的内容与形式的问题，这一问题可视为前两节的一个自然的总结。德育美的内容即德育美过程中所呈示的主体（教师、学生）的自由本质，其具体内涵包括理想人格的自由及学生达成的道德人格的自由，同时也包括在教学与学习过程中教与学活动形式所蕴含的主体自由。正如美学界所论述的那样：“美作为自由的形式，首先是指这种合目的性（善）与合规律性（真）相统一的实践活动和过程本身。

它首先是能实现目的的客观物质性的现实活动，然后是这种生产的成果、产品或痕记。”（李泽厚，1994a）[467]“科学文教活动既是美的活动，又是一种创造美的活动。如果我们置身其间……目睹了师生们诲人不倦、学而不厌的场面，浏览了科学文教活动所产生的累累成果，便会不由自主地在心中荡漾起一种美的情怀。”（刘叔成，夏之放，楼昔勇 等，1987）[112]

内容问题只回答了美的构成的一半。马克思说美的本质在于“人的本质力量对象化”，这是完全正确的，但是人的本质力量对象化可以沿多条线路实现，如在一般的生产劳动中人类也可以对象化出一般的劳动产品，而这种产品可以不是审美对象。“一个明显的事实是，并非所有‘人的本质力量的对象化’都能成为审美对象。”（张涵，1990）[8]所以，对象化只有创造了美的形式，使美的内容内含于具体生动的合乎美的规律的形式中，才能创造出美或审美对象。因此创美过程中对形式的创造和审美过程中对形式的把握乃是这两个过程的要害。德育美的形式方面包括理想人格的感性形象、学生成长的道德人格的感性形象、教学和学习过程中活动的感性外观等。德育的精神追求最深层的就是一种美学精神借鉴，是一种主体道德自由境界的追求，但师生双方在达成这一境界过程中如果其形式或外观方面（或具体实现时）不能自由、生动、形象地表达，形成感性和理性的统一，则德育美将因为形式的荒芜而在这一领域枯萎或消失。李泽厚先生指出：“艺术家的天才就在于去创造，改变、发现那崭新的艺术形式层的感知世界。”（李泽厚，1994a）[547]歌德也说过，艺术作品的内容人人都能看得见，其含义则有心人得知，而形式却对大多数人是秘密。因此，德育美构成同时也是德育美实现的一个关键方面乃是德育美的形式建设——创造道德自由人格的美的呈示形式，创造道德教育教学双方追求道德自由人格的自由、生动的活动形式，等等。

二、德育美的概念

德育美是一个什么样的概念？德育美是一个独立的美的形态吗？

关于美的形态，康德划分为“依存美”和“纯粹美”两种，今道友信分析为“自然美”和“艺术美”两个“相位”，而我国美学界通常的做法是分为现实美（自然美、社会美）和艺术美两种形态。这些划分角度，依据不同，但结论却大体相同，即美的存在有自然或现实的方式，也有艺术家有意创美而形成的方式。现在的问题是，德育美应如何归属？这是一种现实美抑或一种艺术美？

笔者认为，德育美首先是一种现实美，这就好像博物馆中原始人的陶盆，我们可以将它们作为审美对象去审视，看出人类初民的睿智与自由，但是制陶者本人并不一定是要创造一种博物馆收藏的艺术品，而只不过是要制造一种日常生活的用具而已。同理，德育过程的目标是学生道德自由人格的达成，从德美的方面看，道德内容转化为人格形象的终极目标是让学生从领略人格的瑰丽走向道德人格的自我实现；从育美的方面看，道德教育首先是一种以道德规范的传授与掌握为内容的活动，而非一种现实美或社会美。

但是即使是最原始的陶盆也有原始人在形状和装饰上的追求，生活之用并不排斥艺术的匠心。因此，不仅时空的间隔使我们以审美的角度去观照纯粹的劳动产品，而且初民们本身对于纯形式的把握也直接给现代人带来审美的享受。德育过程也是如此。道德教育要完成自由道德人格由理想到现实的转化（例如从道德规范→道德人格形象→学生对道德理想的践行），其中介环节是道德人格形象的显示等。只有将理性、抽象的道德内容还原为活生生的理想人格，才能够感动对象；即使纯理性的呈示也必须体现人类道德把握的内在逻辑、节奏的美丽，体现人类的道德睿智的美。只有这样道德理性才可能在教育过程的开始走进学习主体的心灵，从而最终转化为学习主体践行道德的言行。孔子所倡导的“兴于诗”的策略就体现了这样一个教育艺术创造的原则。

其次，整个道德教育过程都贯穿了活动和作品的形式美的创造。对孔子的“兴于诗，立于礼，成于乐”，今道友信的解释是：(1)“不学诗无以言”。“兴于诗”是说我们的精神只有通过诗的形式才能从遮蔽光辉的名词桎梏中解放出来。(2)“立于礼”之“礼”就是祭礼中人们的动作，而祭礼中人们的动作实际上就是“一种优雅的艺术”。(3)“音乐把时间和空间——世界的基本结构形式囊括于己身，包容了世界。人们在音乐欣赏中可以获得极度的自由和解放。这时，人们的精神才可能进入最高的超越状态。所以，孔子说：兴于诗、立于礼、成于乐。”(今道友信，1988)[译者前言11–12]这一例证证明，整个德育过程之中都有创造、运用艺术的必要性。此外，德育过程并不一定得靠直接艺术形式去呈示德育美。“艺术”在这里应是夸美纽斯所讲的“把一切事物教给一切人们的全部艺术”中的“艺术”。作为人的本质力量对象化的德育活动及其成果只要反映了教、学主体的自由本质，同时形式方面又具备了“有意味的”审美形式的特征，即属德育美的范畴。从一定意义上讲，艺术的直接应用往往是德育美的一种生硬、勉强的形态，而真正教育艺术的创造才真正体现了教育和德育美的本质。因此，在承认德育美首先是一种现实美的同时，我们又不能否认德育美中所包含的艺术美的可能性。德育美学观既要揭示作为现实美的德育美，更要以这种德育美作为向导，引导道德教育走向教育艺术的自觉。

鉴于人们在太多的领域乱贴“美”的标签的倾向，我们不赞成绝对地将“德育美”作为某种独立的美的形态。但鉴于德育美作为现实美与艺术美的统一的事实，我们又不宜将德育美作简单的归属。因此，“德育美”是这样一个概念：它是“德美”与“育美”的统一，它表示美在德育领域的存在，同时，德育中美的存在也有其系统的相对独立性。

讨论德育美的概念及其现实美与艺术美的特征有什么意义呢？可以归纳为这样三个要点。第一，用德育美的追求去改造某些外在和死硬的现存德育实践及观念，实现德育领域对美的境界的自觉追求。第二，防止将德育过程等同于艺术过程，即防止德育过程由死硬化走向表演化。实际上，表演化即意味教育者为“艺术形式”所奴役，一个被奴役者是没有主体自由因而也无美可言的。第三，关于德育之现实美和艺术美归属的讨论，可以使德育工作者在充分把握“度”的条件下去开拓德育领域中美的存在空间，以实现真善美交融的德育过程和道德人生。

三、德育美的层次

德育美的存在从系统内部可以作为两种层次分析。第一种是将德育美分为状态美和过程美两个方面。所谓状态美指的是呈示道德内容美，以形成学生向往的道德理想自我；学生接受新的道德规范，受道德理想自我鼓舞，形成成长中的道德人格美。所谓过程美指的是道德教育活动本身的美的存在，这表现为和谐的师生关系，美的德育形式、手段，等等。与状态美不同的是，过程美表现出一种流动性，正是这种流动性，才使道德规范的学习走向道德人格的践行。因此，过程美是状态美实现的过程或道路。状态美和过程美的统一构成德育美。

德育美的上述分析是一种横截面分析，状态美和过程美本身并无高下之分，因而不能算作严格意义上的层次划分。严格意义上的划分应根据美在道德教育中存在的水平高低去进行。这就是第二种层次划分方法。依据这一划分方法，大体可将德育美分成由低级向高级、由外在而内在的三个层次。

1. 美育之育德层次

诗人锡德尼（P. Sidney）曾把诗人称之为“君王”：“因为他不但指出道路，而且给了这道路这样一个可爱的远景，以致会引人进入这道路。不但如此，他似乎为了暗示，你的行程将通过这样一个美丽的葡萄园，在开头就给你一串葡萄，而这串葡萄是富有这种滋味，它会使你渴望前进。”（锡德尼，1964）[30] 这是对美育育德功能的一个形象说明。它所包含的是，首先，诗为人生描绘“远景”，并指出道路，为了使你“渴望前进”，诗人会给你“一串葡萄”。真正的美育都会向教育对象描绘理想的人生并激励学生前进，这当然包括道德人生在内。其次，诗人只是描绘“远景”，只是给你葡萄，使你“渴望前进”，但道德人生的近景及具体行进的道德学习和生活本身，美育并不能完全和直接达成。美育的首要目标在于恢复或塑造完整健康的人性，其中蕴含道德内容但并不归结为道德教育，正因为这一点，在美育范围之内的德育或美育的育德功能，还是位于德育和德育美之外的，是一种“前德育美”形态。

2. 手段层次

美育育德功能尽管处于“前德育美”形态，但葡萄使人“渴望前进”的功能已经暗示了在道德教育系统内引入“葡萄作用”的必然性。因此，美作为工具和手段在德育中存在成为德育美历史和逻辑地前进的十分自然的一级阶梯。德育美学观有必要去研究在全部德育过程中运用美的手段的必要性、条件和分寸等。

3. 精神内核层次

精神内核层次的德育美是对手段美阶段的进一步超越。作为手段的美可能成为德育美也可能成为其反面。前述表演化就是明显一例。在表演化倾向中，教学主体已经忘却了德育美的本质内容，为艺术而艺术，为美而美，程式化使主体丧失了内在自由，形式上的德育美外在于德育过程因而窒息了真正德育美的创造。因此，运用美的手段必须以确认德育美的精神内涵为起码的前提。作为最高层次的德育美，其精神内涵包括两大方面。首先，道德教育活动只有一个目标，那就是促进道德学习主体的道德自由成长和自由道德人生境界的实现。其次，德育美的实现应成为一种德育观，以指导全部德育过程，使德育的目标、过程、课程、形式、手段、教学方法等发生彻底的精神变革。德育美学观首先应是一种崭新的德育价值观和德育目的观！

以上完成了对德育美的本质、存在和层次的粗略分析。这些分析都将作为以后各章的大前提予以细化和展开。

第五章　美育的育德功能——审美育德论

本章研究的主要线索是：（1）通过对审美活动善性（储善性、导善性、立善性）的阐释，论证美育育德功能的可能性。（2）通过对美育与德育关系的讨论，界定美育育德功能发挥的“度”。（3）美育概念及美育功能研究之广度和深度上的拓展意味着美育具有超越美育功能固有范围的深远意义。而这一理论余韵的内涵将为德育美学和德育美学观的研究所承接和深化。

第一节　审美活动的善性——从有关席勒的两个命题说起

一、有关席勒的两个命题

关于审美活动的善性或美育的育德功能，迄今为止教育史和美学史上做出最生动论述的人也许仍然首推席勒。自 1795 年这位诗人和哲学家的《美育书简》问世以来，关于审美的道德意义、教育意义的论著早已汗牛充栋，美育理论几乎到了“言必称席勒”的程度。我们无法估价这一划时代著作留给我们的巨大财富的价值，也无法估计席勒以来的人们尤其教育界从这一著作中吸取并发扬光大了的席勒美育思想的现代和未来意义。正因为如此，本章关于美育育德功能的讨论就当然地选择把席勒及其思想的阐释作为讨论的线索或开端。

人们引用最多的席勒关于审美活动德育价值的论述有：

1.“我们为了在经验中解决政治问题，就必须通过审美教育的途径，因为正是通过美，人们才可以达到自由。”

2.“要使感性的人成为理性的人，除了首先使他成为审美的人，没有其他途径。”（席勒，1984）[116]

3.“只有当人在充分意义上是人的时候，他才游戏；只有当人游戏的时候，他才是完整的人。”①（席勒，1984）[90]

4.“力量的国度只能通过自然去驯服自然的方式，使社会成为可能。伦理的国度只能通过使个人意志服从公共意志的方式，使社会（在道德上）成为必要。只有审美的国度才能使社会成为现实，因为它通过个体的本性去实现整体的意志。”（席勒，1984）[145]

对前两段引文的意义，蒋孔阳总结为这样一个命题，即自然—审美—道德。(蒋孔阳，1993）[190]根据后两段引文的内涵，与哲学上的黑格尔—费尔巴哈—马克思的继承关系不同，李泽厚（1989）[154]认为，美学上的历史线索应该是：康德—席勒—马克思。因为席勒从康德那里继承的人的自由本性的思想及他本人大力阐发的完整的人的人格理想等正是马克思《1844年经济学哲学手稿》等著作中批判资本主义异化、追求共产主义的自由与完满人性的前奏。故席勒在他的《美育书简》中不仅说明了审美活动对于道德的中介意义，而且也说明了审美自由应成为道德或理性的人所追求的极致的境界价值。

然而，关于这两个命题，即“自然—审美—道德”和“康德—席勒—马克思”，长期以来我国教育界更多地注意了前者，而对后者的深远意义留意不够。这与美育、教育美学研究的陶冶论、技艺论范式有关，也正是直到今天，美、审美、美育作用的工具性价值定位的关键原因之一。实际上在席勒那里，美或审美既是道德人或理性人实现的工具，又同样是道德人或理性人所追求的目标。“在美育思想上，席勒突破了英国美学由现有资产

① 席勒这里的“游戏”实际上是“审美活动”的代名词。

阶级文化的范围提出个人教育问题的狭小天地，而从历史高度上提出了培养全面发展的完美人性的理论。但在具体认识上席勒仍处于一种朦胧状态。美究竟是目的呢，还是手段呢？在书简中，他有时……把审美的人作为达到理性、道德的人的中间阶段，有时又把审美自由作为人的精神解放和力量和谐的最高状态，把美的王国作为最高境界。他自己甚至没有发现这种矛盾。这说明他已经朦胧地意识到美既是目的又是手段的辩证关系。”（席勒，1984）[译者前言 9-10] 席勒既把审美作为道德人格的手段，又把审美自由作为完美人性追求的目标。我们只能为席勒对两者的辩证认识而叹服，却不能对其认识的“朦胧”性有丝毫的责备。倒是 200 多年之后的人们有充分的理由重新审视对美及审美、美育的育德功能仅作工具价值定位而忽视其作为理想人格、道德人生境界的终极价值的一面。

除此之外，即便是我们关注较多的那个命题——“自然—审美—道德”，我们现在所取得的进展也仍然是有限的。席勒早已论证了审美对于道德个体生成的中介价值，但我们对这一中介价值产生的机制仍很难作更细致更具体的解释，至今许多研究仍停留在“审美立德”或“立美引善”功能的举例证明水平。而这实际上处于前席勒水平。因此，审美教育学和教育美学等相关研究领域有必要面对以上两大尴尬。

二、有关席勒命题的初步阐释

席勒将审美自由作为达善的手段和善的目的的思想实际上开辟了审美活动善性阐释的两个方向。依据这两个方向，笔者认为审美活动的善性可以有以下三个具体方面。

（一）审美活动的储善性

审美活动的储善性实指审美对象和审美主体中善性的储存或潜在形态。现代美学理论中的“积淀说”对此可以作较为完满的注释。人类通过社会性的实践活动作用于自然，一方面使客体自然人化，另一方面也使主体自然实现人化。这个过程中人与对象间的关系可以简单概括为“主体（需要）—工具（目的）操作—对象（规律）形式”，这一公式的直接内涵是人在与对象的交互作用中产生认知心理结构。一代一代自然和社会科学的智慧一方面通过书籍等信息载体流传下去，并实现知识增值与文化进化；另一方面，也许更为重要的是作为智慧形式在主体身上一代代积淀所带来的主体认知结构的进化。正因为如此，尽管人的认识结构从类的实践过程看是一种获得性遗传，具有后天性，即社会实践是认识的最终来源，但对于个体来说，却具有“先验性”。人能掌握丰富的科学文化等，而动物却不能，原因即在于此。科学发现中所谓“顿悟”“直觉”等其实质根源也可溯求于斯。除了认知方面，人类实践是社会性的，实践中还包含着个体与群体的关系。这两者的结合需要“语言和其他符号系统”作其中介。符号系统既表达了人的感知也表达了人的体验。当劳动对象以其形式的改变使主体满意或不满意时，主体的反映形式不再是认识而是情感和情绪。审美心理结构由此产生。人类审美方面的体验通过艺术品、美学理论及主体心理结构积淀下来，也经历了一个与认识结构相似、兼容的积淀过程。最后，人的需要不仅有个体的而且有社会的、群体的，社会发展需要个体需要和群体需要的协调，否则个体和类都无以发展进化。个体和群体乃至于类的这种关系协调的智慧既作为伦理规范、价值体系在典籍及习俗中流传下来，也作为一种心理成分积淀下来，形成所谓伦理心理结构。这样，无论真善美，人类的文化成果都是既通过外在客体文化载体积淀下来也通过内在主体文化载体（主体的心理结构）积淀下来，成为类及个体生存和发展的历史前提与基础。而主体身上三种心理结构内在积淀的过程既与外在文化积淀同步，同时三者本身也是同一过程相互交融、渗透和统一的不同侧面。人类的教育功能首要的一步只不过是将内外在文化载体积淀下来的文化成果还原、嫁接并使之在教育与实践活动中实现主体文化新的构建，使人从文化的潜在形态走向文化的现实形态。从这个意义上讲，也许柏拉图的“回忆说”倒是一个比洛克的“白板说”更高明的伟大的猜想。

从以上前提出发，道德教育就是要通过道德理论、规范的传授与学习唤醒沉睡的道德学习主体的伦理心理结构，实现外在道德文化的移植和内化（在此基础上才有可能进一步实现道德学习个体在与道德环境的交互作用中主体道德建构的新的质变）。道德教育首先是“唤醒”与“内化”二者的统一。问题是如何实现唤醒和内化？问题是审美活动何以有唤醒和内化的功能？

审美活动之所以能够作为德育活动的中介，首先是因为审美活动中主体状态完整性的实现。“如果人的完整性在于他的感性与精神力量的和谐能力，那么，他可能或者由于缺乏和谐或者由于缺乏能力而实现不了这种完善性。……这两种对立的限制将通过美而被排除。在紧张的人身上恢复和谐，在松弛的人身上恢复能力，并以此方式按照人的本性使局限状态回到绝对状态，使人成为自身完美的整体。”（席勒，1984）[95-96] 完整和谐的主体意味着使人类的理性的道德规范在感性的个体身上有了存在的心理前提，同时也就可能通过审美活动所调动的情感机制使道德学习主体由道德认知走向道德信念和实践。这就是说，由于审美活动唤醒的是人的整体，所以它同时唤醒了认知心理、情感心理、伦理心理结构（虽然以情感结构唤醒为梁津为内核）。美育活动可以由立美而促智、引善，智育活动、德育活动求诸美的中介作用皆缘于此。“储”首先是人的“内存”。人有善的储存，德育才能把道德原则由外而内引入学习主体，而德育赖以进行的内存的唤醒则需借助审美活动。

此外，某些审美活动的对象中也有“储善”的一面。美的事物是真善美的统一体。一个美的物体，审美主体可以从中观察到人类认知的自由，也可以看到人类伦理智慧的闪光。当审美活动发生时，审美对象也可以其自身的特质唤醒人的道德良知，实现道德上的超越和提升，这正是艺术品往往比道德教科书更具育人效益的根本原因。“知者乐水，仁者乐山”（《论语·雍也》），“岁寒，然后知松柏之后凋也”（《论语·子罕》），自孔子开始的中国儒家的“比德”活动，既属审美，又系修身。审美观照中能够进行“比德”，显然与审美对象的某种德性或类德的特征有关。

因此，从审美活动的主体和对象两个方面均可看出道德内容或善性其实是内储于主体心理结构和外储于美的事物的形式之中的。这种内储通过审美活动得以唤醒、外显、现实化。这就是审美活动的“储善性”。储善性既表明通过审美活动可以调动人类善性内外储存，同时亦表明审美活动也参与内在和外在的善的积淀（或“储存”过程）。

储善性是审美自由作为育德中介和目的项之一的前提。如果没有审美活动对主体完整性的唤醒，如果审美对象中无善性可资观照，则无进一步审美育德的依据。储善性是审美活动因而也是美育过程善性功能的可能性。

（二）审美活动的导善性

审美活动的导善性亦可称为达善性，即通过审美可以导向或达到善的特性。

导善性的根据主要有二。一是审美活动的超功利性。席勒（1984）[133]指出：“对实在的需求和对现实东西的依附只是人性缺乏的结果，对实在的漠视和对外观的兴趣是人性的真正扩大和达到教养的决定性步骤。”“什么现象标志着野蛮人达到了人性呢？……即对外观的喜悦，对装饰和游戏的爱好。”席勒的论述与现代美学的审美距离说有内在的一致处。它们共同揭示出人类只有超越当前功利走向超功利状态时才是审美主体，才能谈得上审美。所以，“对于一个忍饥挨饿的人说来并不存在人的食物形式，而只有作为食物的抽象存在……。忧心忡忡的穷人甚至对最美的景色都没有什么感觉；贩卖矿物的商人只看到矿物的商业价值，而看不到矿物的美和特性……”（马克思，恩格斯，1979）[126]

纯粹的德育活动往往从道德认知开始甚至仅仅停留于认知阶段。这时道德主体可能由于对伦理规范所要求的个体与群体谐和的认可走向道德情感、道德意志和行为，也可能由于群体与个体利益的矛盾在理智上认可，但在情感、行动上拒斥。审美活动则不然。人在审美，就意味着他在观照物的外观、形式，而非物的内容或功利。审美活动要求主体的一个先决条件是人对当前功利的拒绝，审美活动的一个直接结果是人在审美活动中实现超功利的主体自由。因此，可以这样说，每一次审美活动都可理解为一次道德情感的净化和提升。审美的人借此摆脱物欲的制约，实现作为道德主体的人的尊严。因此，审美活动的一个间接产品（尽管不一定是直接和最主要的）是道德感的获得和个体道德水平的提升。

导善性的第二个根据是审美活动的人类整体性或类的特征。人在审美时，即便是独处，实际上也远非一人。这里至少有两层含义。第一，人在审美时，审美主体是既作为个体亦作为类的。因为纯粹的个体囿于自然感性和一己之私，无法审美，只有超越这种感性和私利，以类的身份出现才能在审美对象中观照到类的伟大与空灵。第二，审美主体在审美活动中实质上是在实现个人与他人、个人与类的全息对话，是在进行心与心的交流。这不仅表现为外在的钟子期与俞伯牙式的审美关系，更表现为对美的作品进行观照时主体内在的“心接寰宇”“思通万里”的体验。因此，审美的人实际上是正在进行人际精神交流的人，审美活动具有“交流性”。审美主体由个体走向类是审美距离产生的重要根由，因而也是审美的感化教育作用的表现。因为道德教育的目标之一就是要求道德主体从个体走向整体，由整体回归个体。审美活动的精神交流实际上是人类社会群性的内在表现，道德教育要求实现的人际关系的谐和在审美活动的瞬间乃是内在地实现了的。所以才有这样的结论：“要使感性的人成为理性的人，除了首先使他成为审美的人，没有其他途径。”

世界上并无脱离真和善的纯粹和绝对的美和审美活动，审美活动本身即有向善的一面。审美活动通过对审美对象的形式观照使人从当前功利走向超功利，由个体走向整体（或类），再一次证明了审美活动对于德育不仅具有中介或手段的作用，而且同时也可以构成德育所追求的境界之一，是手段和目的的统一。审美活动的导善性揭示了审美活动现实的育德意义，因此，导善性实质上揭示了审美活动善性的现实性。

（三）审美活动的立善性

如果说审美活动的储善性揭示了审美活动善性的可能性，导善性揭示了其现实性的话，那么，立善性则揭示了审美活动对于道德人格塑造的高效性和创造性。

高效性不仅指审美活动对于德性的不经意的陶冶，更重要的是指美的创造和欣赏都能够创造真正道德文化教育的第一前提——精神自由。

席勒在论述人超越实在实现审美观照时指出："首先这是外在自由的证明，因为在受必然和需要的支配时，想象力就被牢固的绳索捆绑在现实的事物上。只有需求得到满足时，想象力才能发挥毫无拘束的能力。其次这也是内在自由的证明。它使我们看到一种力量，这种力量不依赖外在素材而由自身产生，并有防范素材侵扰的充足能量。事物的实在是事物的作品，事物的外观是人的作品，一个以外观为快乐的人，不再以他感受的事物为快乐，而是以他所产生的事物为快乐。"（席勒，1984）[133-134] 所以"只有审美的心境才产生自由"（席勒，1984）[130]。一方面，审美活动要求以克服当前功利走向超功利，由个体走向类为前提；另一方面审美活动的结果又正是这种作为前提的类的超功利性或类的优越感、尊严感、自由感等自由心境的产生。"通过以情感为中介的多种心理过程的集合，去把握现实现象的多种价值属性的集合，也就是人作为自由的主体，克服外在世界的顽强的疏远性，把异己的外在世界变成为人的本质的对象化的世界，并在其中欣赏自己的外在的现实。所以审美活动是人的一种解放。"（高尔太，1982）[59] 道德原则和规范对于任一道德学习个体一开始都是具有"顽强的疏远性"的，德育过程正是要实现学习主体对这一外在疏远性的征服。审美活动的作用在于以下三点。首先，它可以提供给道德学习主体的是他实现道德他律到自律、自由的前提——精神自由。审美提升人首先是将人提升到个体常态下难以达到的自由境界，然后在这个基础上让个体感受到人类的尊严所必需的道德条件。其次，它可以让个体转换角度从类或整体的角度即超越一己之私的角度观照道德体系，从这个角度看问题，道德规范的内在性（与疏远性相反）就容易理解；个体既能同时作为类来看伦理规范，则个体本身已实现了与其对立面（类）的统一，规范也就不再是外在强制的而是内在必需的东西，故审美活动提供了真正道德在人心中矗"立"起来的真正契机。最后，审美活动尤其是在社会美的观照过程之中，人类往往可以在审美对象中看见道德人格的尊严和作为类的人在调整人伦关系时的自由和优越。这种自由和优越的感受也会对已接受的相关道德规范的内化产生一定的内在强化作用，从而进一步激发道德个体以道德成熟、道德自由为目标修养人格的一种情感冲动。

道德、道德教育，究其实质来说是内省和自由的，他律只表明规范的外在性。有人认为，“与审美教育相比，道德教育的接受方式不可避免地带有外在的强加性”（杨恩寰，1987）[126]。“美育是自由的，道德教育带有强制性。”（赵洪恩，1994）这些观点实际上混淆了道德规范的强制性和道德教育的非强制性，实际德育中可能存在的外在强制性病态和德育本质上应具有的自律、自由的特征。道德规范等的学习固然有一个由他律到自律到自由的过程，但是应该指出的是，只有学习主体从认知、情感上认可并在意志、行为上形成道德自觉和自由时才能形成真正的道德。因此，真正的道德在主体身上赖以建立的基础在于精神自由，在于克服道德的疏远性，在于崇高和理想的道德人格魅力成为强化手段并作为道德学习个体不懈追求的目标。审美活动恰恰能满足这些条件，因此，审美活动具有“立”善性。同理，德育活动本身要实现真正的“立德”目标，就不能不既借助美育的育德功能，又将德育活动的审美性作为德育过程所追求的目的项之一。

立善性的“立”另一层重要的含义是“不破不立”的“立”。审美活动的立善性第二方面的内涵即指审美活动对于道德学习个体的道德创造性培养的推动。

道德的现实存在基本形态有二：一是制约全社会在某一特定个体之外存在的社会道德，二是在每一个体身上具体地存在着的个体道德。教育是一种返身实践，其中首要功能是要实现文化（包括社会道德）的传递或“内化”。但光有传递和内化则文化将成为无源之水，成为一种没有创生力的死文化。因此，道德教育在传递道德文化时仅仅谈“内化”是远远不够的，道德教育最根本的是要培育继承人类优秀道德传统同时具有创生能力的道德个体，实现社会道德和个体道德之间的双向流通，使道德文化走向新生。

审美活动对主体创造性的肯定和培育作用已是获公认的一个结论，前述席勒在论审美活动自由特性时所说的“一个以外观为快乐的人，不再以他感受的事物为快乐，而是以他所产生的事物为快乐”即是证明之一。杜卫（1991）证明：“从事着绘画或其他艺术创造的儿童具有普遍的自发投入倾向和乐于进行新尝试的兴趣。他可以随想象力的自由展开，越出原先关注的事物或范围，并利用各种属于自己的观察、构想与表达方法。由于美育过程鼓励尝试和尊重个性，所以儿童也不怕失败，敢于标新立异。”正是基于审美创造性价值，不少人也同意这样一种观点，即“音乐是智力的体操”。在审美活动中，人成为“原人”，重新回到了孩童般的天真，具有完全听命于生活自身的内在呼唤的特性。正是这一特性使人的心智从束缚状态走向自由创造。审美活动的直觉自由产生并涵养道德个体的直觉自由和创造性，而具有自由和创造精神的道德学习个体在面对与社会发展方向所一致的社会道德时会顺利地实现社会道德的“内化”。而当这样一个自由、创造性的个体在面临落后或者即使当前仍具存在理由但与时代方向相悖的社会道德时，他就必然凭借其作为道德主体的直觉而展开对于这一社会道德的思考、批判，在行动上甚至在理论体系上走向对于这一社会道德的反叛和革新。也正是因为审美对于道德学习个体创造性培养的巨大作用，里德爵士（Sir H. Read）才在专门论述“训练和道德的美学基础”时这样指出：“柏氏所说的就是他所想的——美育就是唯一能使身体优美、心理高洁的教育，我们必须使艺术为教育的基础，因为在儿童时期——在理知睡眠的时期——便可实施，乃至有了理知，艺术已为其开辟了途径，并将像一位容貌早已熟悉的朋友一样的接待。”（里德，1993）[272] 这一论述表达了与从柏拉图开始的许多教育思想家一致的结论。

立善性还有一个重要方面，就是主体发现和克服现行道德体系的矛盾。在审美活动中常常发生道德判断与审美判断的矛盾。比如明明是“坏人”，我们却仍然“喜欢”他。这一矛盾可能是因为审美活动的“普适化”而使审美个体忽视了道德判断，也可能是审美冲动凭直觉发现了现存道德体系的缺陷而做出了与现存道德规范不一致的评判（这时形式上所谓的审美判断与道德判断之间的矛盾实质上是新旧道德判断之间的矛盾)。前者需要我们进行审美观念的教育，后者则为个体甚或整个人类的道德进步提供了可能。也就是说，一个人可以从日常生活中往往难以发现的这一道德判断与审美判断的矛盾出发作进一步的反思，去修改自己原来并不合理的道德心理图式，从而获得个体道德水平上的提升。而如果他有足够的理论素养，他还可以由此而开始对现存道德体系的理论的批判，从而促进整个人类的“道德革命”的发生。

审美活动上述储善性、导善性及立善性，分别揭示了审美活动善性的根源、途径和特点。这显然不能等同于纯粹的德育过程，也并非审美活动的主体和全部。更确切地说，审美活动的善性只不过是美和审美活动的副产品。审美活动的善性或美育之育德功能不宜夸大，但以上的阐释又不难使我们得出这样的结论：首先，即便是独立的审美活动也有善性的一面，美育因而具有育德功能；其次，德育活动不仅应该外在地借用审美手段，而且应将审美理想、精神加以吸收，成为新的德育观的基本内核。

三、席勒提出的难题之一

席勒认为“只要审美趣味的手杖一碰，奴役的枷锁就会从有生命和无生命的东西上脱落”(席勒，1984)[147]，故要成为一个道德的人首先要成为一个审美的人。但席勒同时又认为：“假如我们借助于一个对象来达到某种道德意图，那么，这种对象的形式就是由实践理性的理念而不是由它自身规定的，因此是他律的。”(席勒，1984)[154]“人在审美状态就是零（无价值的)。……美不论是在知性方面还是在意志方面完全不会给人以任何结果。它既不能实现智力目的，也不能实现道德目的。”(席勒，1984)[110]这样就出现了美育与德育，或者审美的功利性和超功利性的矛盾。而这一矛盾的教育学解决必须在两个领域展开，一是在美育活动中，二是在德育活动中。对于前者，席勒提供的解决办法是：“如果它为了不失去美，就必须把这种合目的性隐藏起来，并由事物的本性（自然）中完全自由而无强制地产生出外观。”（席勒，1984）154-155 即康德的“无目的的合目的性”（这实际上不仅是美育而且是德育美创造应关注的一条原则）。问题是美育理论如何理解、实现这种“无目的的合目的性”。美育之育德功能显然有一个阈限问题有待研究。这是第二节的主题。至于后者，则更为复杂。德育如在追求审美化范式的同时又追求德育既定的目标，在一定条件下，“无目的性”与“合目的性”会骤然冲突。道德教育在何种层次和领域，如何实现这一矛盾的统一是一个必须在理论和实践上予以细致讨论的难题。

第二节　美育育德功能的阈限

一、美育和德育关系的理论界定

在第二、三章，笔者从文化史及文化哲学的角度讨论了真善美的相互联系和走向融合的一面；从心理机制角度论及审美与品德心理的联系；在本章的开头亦从审美何以能育德的角度再次讨论了美德关系，美育、德育的关系。从一定意义上讲，美育和德育、美育和教育一般的关系，也许不是什么问题。陈桂生先生就认为，诸育的划分是人为造成的，不应“再把三育、四育或五育的分解作为工作职能分工的基础”。理由是：“以德育工作为例，所谓‘德育工作者’一词，确有默认‘非德育工作者’存在之嫌。”（陈桂生，1993）254-255 故在他的《教育原理》一书中根本就没有出现一般教育体系中德育、教学、体育、美育等专门章节安排。陈先生的观点是：“全方位教育”（虽然应有各时期和各学校的工作重点）。这就等于是在说：（1）教育一般和美育、德育等不可分割；（2）美育和德育等不可分割。应该说陈桂生的观点是针对教育学分析思维的时弊并具现实意义的。但陈先生观点亦有不尽如人意处：既分工作重点（即陈所谓的忽视德育时重视德育，忽视美育时重视抓美育……），即是说操作起来尚有德育、美育之别，从课程设置角度看东西方教育也确实存在诸育相对的现实划分。因此，强调“全方位教育”尚不能完全否定德、智、体、美诸育的相对划分及其必要。

那么，相对独立的美育与德育是什么样的关系呢？这里的“关系”，无非两方面：联系和区别。我们先讨论作为区别说明的前提——“联系”。

（一）美育和德育的联系

美育和德育的联系主要有两点。

第一，相融关系。相融即相互融合成不分你我的一体关系。如苏联人十分重视的劳动课。劳动的本意是进行热爱劳动的道德教育，但格里申认为：“当劳动过程结束时，重要的是要促使学生感受一番由劳动成果——整洁的教室、漂亮的制品、整齐的地块——唤起的快乐。”（巴班斯基，1986）[535] 这样的感受实际上是一种审美感受。这样的劳动课就很难说得清是属于美育还是属于德育或劳动教育，倒是使用一个大概念较为准确，那就是“教育”！除了劳动课，课外活动及实施德、智、体、美诸育的课堂教学都有这一相融的特征。美育和德育之所以具有相融的特征主要原因有二。一是美育和德育之间及其与教育一般之间的区别只有相对意义。它们的区别在某种意义上是思维操作的需要使然，而在现实的教育活动中，它们是以相融的本来面目存在的。二是美与善的相融性。这种相融除了一般理论上真善美相融的论据之外，还有一个对于教育来说更为直接和现实也更有意义的理由，那就是教育对象的审美判断和道德判断往往具有原初的相融性。苏联心理学家曾对3000名不同国家的儿童做过调查，要求他们画出最丑和最美的事物，并对自己的画做出解释。其中有这样几则写在画下面的说明：“消防队员最美：他的头盔是红的，他整个人都是美的。消防队员美，是因为他勇敢，他抢救人。”（7岁）“最丑的是机器人：它身上什么都不是人的。最美的是大自然：可以在草地上开心地玩乐，做游戏，还可以在河里划船。”（11岁）（巴班斯基，1986）[525] 从心理角度看，人的心理结构是唯一的，审美心理和品德心理在主体身上本是相融和同一的；从客体角度看，美的物体和善的物体及人们对它们的判断也完全可以是相融和同一的。这样从事审美、立美活动和道德课程教与学的主体的活动也具有不可分解的一面当是不言而喻的。

第二，相成关系。古人云，相辅相成，“相成”即相互促成、相互推动的关系。关于美对德的促进作用，如前所述，本文已作过三方面不成熟的论证。(1) 善和美从文化存在角度看是统一的，真善美的统一尽管历史形态不同，但统一是一贯的史实和现实，未来最发达最理想的文明应是以美为体用的真善美统一的文明；(2) 审美情感、需要、意志、直觉等同道德的相应心理成分之间有相互沟通和促成的一面；(3) 审美活动本身具有储善、导善和立善性，因而美育具有育德的附带功能。除了以上三个角度，我们还可从许多方面论证美之于善、美育对德育的促进作用。故蔡元培 (1983) [174] 云：“所以美育者，与智育相辅而行，以图德育之完成者也。”

相成关系的另外一面当然也包括德对美、德育对美育的促成关系。这主要表现在道德内容及其教育对于教育对象之美学观的影响上。美育的任务中审美和立美都离不开美学观（有人称审美观)。黄济先生这样论及“审美观”：“从美的发展历程来看，审美教育不外创作与欣赏两大方面……。实现这些任务的前提，又不能离开正确的审美观的树立，因为没有正确的审美观，不仅谈不上欣赏，也不可能有正确的美的创造。”(成有信，1993) [382] 个人审美观或美学观与他所应进行的美学学习和修养有关，但也与个人的世界观、道德修养直接相关。正是因为如此，同样一尊维纳斯塑像，猥琐的人看到的是肉欲，有教养的人看到的是形象及其包容的精神之光。“一个庸俗的、品质低下的人，是不可能作出很好的审美判断的。”“美育的任务之一，是纠正不良的趣味，引导学生同各种低级的、庸俗的审美趣味作斗争。”(南京师范大学《教育学》编写组，1984) [340] 这正是从德育对美学观的促进作用的肯定出发做出的结论。

美育和德育的相融和相成关系证明：美育、德育作为教育活动真实的具体，相互区别或分工的一面只具有相对意义；说明美育相对独立的重要价值在于研究美育育德功能与德育活动本身的相对区别以正确发挥这一功能，而不在于从根本上否认活的德育和美育之间的真实联系。

（二）美育与德育区别说明上的问题

这里美育与德育区别的主题是美育特殊性的揭示以及由此达成的对于美育育德功能阈限的最终体认。

在美育特殊性揭示问题上，中国教育理论界目前有两点不足：一是美育与教育一般的区别不够，二是美育与德育的区别不够。

美育是“教育”的具体，教育一般是美育的上位概念。一般和具体、上位概念和下位概念之间当然有一个前者寓于后者，后者具备前者一般特性的前提。但如果下位概念、具体概念仅有这一前者一般特性的前提则等于没有这一概念。教育界对美育的研究往往套用它的上位概念作抽象的说明，即便承认美育有其特殊性，也会因为这种说明的抽象性而使特殊性的说明名存实亡。比如说“美育过程是教师根据审美能力形成、发展的规律，有目的、有计划地指导学生通过审美活动，培养和发展审美能力的过程”（南京师范大学《教育学》编写组，1984）[336]。这时如果我们认真回忆一下传统范式的“教学过程”和“教育过程”的定义，就会觉得“似曾相识”有余，而“各不相同”不够，美育既不等于“育”（教育），也不等于“美”+“育”。美育过程有其本身的特点，正是这一特点才证明了教育一般之具体存在的丰富。如果不能揭示美育不同于教育一般的真正区别，就等于是在讲“育”而不是“美育”。

要说明美育的特殊性不仅要将美育同它的上位概念而且要同它的平行概念相区别，即在说明美育不同于教育的同时说明美育与德育（智育、体育等）的不同。理论界在前一问题上是犯了套用和抽象的毛病。而在后一问题上则是一种严重的美育“德化”倾向，即在让美育从属或被包容于德育之中。这种做法的极端表现是在 1957 年以后的 20 年间，这期间美育从教育方针中被取消；在教育学教科书中美育不再具有独立地位，至多被德育包含一下，到“文化大革命”时期甚至连被包含的资格也被取消。20 世纪 80 年代美学热及教育理论研究复苏以来，美育的独立地位在名义上已经取得，但仍然有“德化”的倾向存在。那就是过分夸大德育对美育及美育对德育的影响。比如在论述美育原则时，不少论者提及思想性和艺术性相统一、内容与形式相结合等，但在具体论述这一原则时，又往往总是思想性、内容方面重于艺术性和形式方面。出现上述情况有较为复杂的原因。首先是中国传统社会一定意义上的善美文化的惯性。柏拉图说过："我们要监督诗人，强迫他们在诗上面印出善的形象，否则就不准他们写诗。"（转引自瞿葆奎，1989b）[112] 在主张善美文化上，教育界许多人士不知不觉地与柏拉图同在一个时代。出现德化倾向的第二个原因是苏联教育学的影响。苏联教育家认为："在苏维埃学校里，美育和青年的德育、体育、智育不可分离地联系着。例如，爱祖国自然美，爱祖国伟大艺术作品，爱文学，爱人民的生活、风俗与文化的优美传统，所有这一切都是爱国主义不可缺少的内容，即作为一个人的最道德的、最崇高的体验之一的不可缺少的内容。"（凯洛夫，1953）[355] 美育的重要性靠其对德育的促进作用去说明。这一德化倾向一直存在于苏联及其影响下的中国教育理论之中。

（三）美育特殊性丧失的后果

美育与教育、美育与德育区分不够或美育独立性、特殊性说明不足实际上是美育本身的丧失，其后果是严重的。它表现在以下三点。（1）无区别的说明即无联系的说明。如果美育没有区别于教育的东西，美育即等于教育；如果美育没有不同于德育的特质，那么它只有从属于德育。既然两个概念的相对独立性不存在，当然也就没有两个概念之间相互关系的真正理论说明。（2）美育特殊性说明不力对于教育实践来说也有极大的危害。由于对美育特殊性强调不够，美育等同于德育等实际上是没有实施美育或只施行了名义上的美育。这样的结果当然只能是教育对象审美、立美修养机会的丧失和由此而出现的学习上的被动和人生上的无趣。极端的还可能导致由失美而失德。例如，对于"文化大革命"，周扬（1981）[7] 指出，"不仅在经济上政治上给我们的国家带来了巨大的灾难，而且给我们民族在精神上造成了极大的创伤。……尤其是许多……青少年，不清楚什么是美，什么是丑，什么是文明，什么是野蛮，什么是高尚，什么是邪恶，甚至根本颠倒了美丑善恶”。在市场经济对道德教育冲击明显的今天，如果学校教育还想完成学生人格全面发展的任务，学校德育还想借助于美育以完成自己的任务的话，首要的工作之一是在理论上厘清美育及其作用的特殊性，在实践上实施真正的美育。（3）美育与德智体育联系的夸大或区别不够，还导致了许多人从确证美育工具价值开始夸大的“美育万能论”，似乎美育可以包医百病，将德智体诸育尽囊于中。美育万能论同德育万能论一样是虚妄的，其后果只能是美育及美育育德、促智、健体诸功能的被否定。

二、美育特殊性的说明

（一）美育不同于教育

“美育”与“教育”的区别，如前所述是具体和一般的区别，主要表现在两个方面。首先是任务的不同。教育要完成的是对学生人格的全面发展的整体促进，其完成任务的方式为人类物质和精神文化的主体转换。美育的任务同教育的任务首先是一种“分”和“总”的关系，即为完成教育的总目标，美育的分工是或侧重于对学生美学观、立美审美能力确立和发展的推动。其次是美育任务的完成对教育总目标的实现又有“皮”和“毛”的关系。皮之不存，毛将焉附？亦即美育的特色在于培养个性、主体性、主体的自由的人格特征等。人生失去美则为黯然的人生，教育失去美育则为无趣的教育，德智体诸育都会变成枯萎的花。对美育和教育任务的不同，人们过去往往更多地注意到了“分”和“总”的关系，而对“皮”和“毛”的关系属性注意不够，这是美育与教育区别抽象化的原因之一。

美育不同于教育的第二方面在于活动过程的不同。美育作为教育的具体，其活动的本质在于促进学生的立美和审美活动。而无论是立美还是审美活动都有不同于一般人类活动的特点。因此，美育活动亦有不同于一般教育活动的特殊性。这一特殊性主要表现在以下两大方面。首先，美育过程突出强调学生主体自由及其尊严。这是因为立美、审美过程本身要求主体必须是自由的，作为类的一员去面对对象。因此，美育过程中学生的随意、自由、创造性都是其他教育活动中不常见的。甚至其他各育不允许的许多事情，在美育中却是应予鼓励的东西。托兰斯（E. P. Torrance）这样举例证明儿童美术活动具有的创造性：他们能在不受刺激的情况下，占用自己的时间；越过指定的任务；提出简单的为什么呀、怎么样之外的问题；提出不同的工作方法；不怕新的尝试。尽管教师正在讲课或提供指导，他仍乐于进行设计或描绘图画；即使他显得与众不同，但仍作一个观察者，不介意结果，而且乐于对熟悉的事物进行实验，而非熟视无睹。美育活动特殊之二在于其教育内容的潜在性和普遍存在性。美育活动作为一种抽象既存在于显性课程如艺术教育之中，同时更广泛地存在于自然和现实中。因为自然美和现实美的普遍性，美育课程的这种普遍存在的特征是不言而喻的，尽管在一些似乎是“智育、德育或体育课程”中美育是“潜在”进行的。潜在性或普遍性既证明了各育划分只是抽象的而不宜作课程上的对应划分，也证明了美育资源上的广泛性以及学校美育和生活美育的自然连接。潜在性的另外一个内涵是美育促智育德育等作用的潜在性。美的形象有育德作用，但德性的表达又是通过形象自身去实现的，一旦离开美的形象本身直接地谈论道德内容等，则这一过程就已远离了美育过程本身。

以上对美育不同于教育的一般的说明仍属粗放型，但有一点是可以肯定的，那就是美育不同于教育的说明应走向具体而不宜停留于抽象，只有具体的美育才能生动地说明教育一般，从而进一步将美育与德智体诸育作个性的比较。

（二）美育不同于德育

美育不同于德育的地方，仍可按任务和活动过程特点描述的框架去寻找。

美育与德育任务的不同，无须作过多的说明。前者在于育“美”（教育对象的审美观、立美审美能力或美的素质等），后者在于育“德”（德性、品德或道德人格等）。这里主要说明美育与德育作为两种教育活动具体在完成各自目标的前提下其活动过程特色的不同。

首先，美育和德育活动总的特征不同。美育的核心在乎“情”，德育的核心在于“信”。美育要解决的是学生在对象面前欣赏不欣赏，是否有审美观，是否有审美、创美能力的问题；而德育要解决的核心问题是一定道德信念的确立，在这一过程中存在着道德文化的授与受、继承与创生等矛盾。核心不同、矛盾不同，美育与德育的上述区别仍然从属于任务的不同，故要说明过程的不同可能还要具体化。

其次，美育与德育活动的心理机制不同。这里只比较学生在审美和道德学习活动中知、情、意三个要素的不同。(1) 审美认知不同于道德认知。道德认知的目的在于使教育对象认清人际活动的情境、利害及行为的善恶，较多地使用的手段是逻辑的推演，结果往往是有一定确定性的（“应……”“勿……”即是一种确定性的表示）。而审美认知则不然，审美主体面对的是美的形式或是形象，不作物欲或功利上的判断（非功利性），而且对美的把握也注重整体性和直觉性，在某种意义上拒斥逻辑思维的侵入。同时一个美的形象其精神内涵也具有不确定性或多义性，所谓“横看成岭侧成峰”是也。(2) 审美情感不同于道德情感。一般的道德情感由道德情境的利害判断引发，指向一定的道德行为，因此，道德情感如责任感、义务感、尊严感、内疚感等都与道德动机相关联。德育就是要通过道德情感的陶冶提升对象的动机水平和质量，最终形成通过自觉和一贯的道德行为体现出来的道德情操，对道德实践的指向性直接而鲜明。审美情感则不然，由于审美活动本身是指向形式的，所以这一情感的触发者是形式而非内容，是非功利的而不是功利的体验，其结果是一种高于一般道德情感的“悲悯情怀”，一种对于宇宙人生的彻悟情绪，它可能导向道德动机和行为，但它是作为道德动机和行为的前提形式而不是作为本身而存在的。(3) 审美意志不同于道德意志。道德行为及其实践、道德人格的一贯性等显然都需要通过道德意志去完成，因此，道德意志是具有明确目标的心理品质。而审美意志则相反，审美活动过程如需意志力去维持，那么要么是对象不美，要么是主体不具备审美的心境和能力。意志只可能存在于审美活动之前和之后。审美活动之前需要意志力帮助摒弃一般的欲念而进入审美情境；审美过程结束，亦可增强或导向一定的实践意志和行动。但审美活动过程本身显然具有“非意志”性。审美认知上的非功利性、整体性和直觉性，情感上的纯粹性、超越性，以及审美活动的非意志性告诉我们，真正的美育，无论是引导学生审美或立美的活动都有一定的心理前提，越雷池一步即从美育走向非美育或反美育状态。发挥美育的附带功能（促智、育德、健体等）显然也必须服从上述前提。

三、美育育德功能不等于德育活动

美育育德功能如果说有阈限的话，那么这一阈限就是一句话：美育育德功能的发挥是在美育领域内进行的，发挥美育育德功能不能违背美育的本性和前提，即美育的育德功能不能等同于直接的德育活动本身。展开说来可以表述为下列方面。

（一）美育育德由情感入手

学生的道德学习可以分解为道德认识、情感、意志、信念、行为等若干环节，德育活动可以从其中任何一端着手。这就是所谓道德教育的“多端性”。美育育德不同于德育活动本身的首先是它只能从情感入手促进学生的道德成长。其次是美育之情感，指的首先是审美情感，作为一种对诗意人生的彻悟与向往之情，这种情感可以构成作为实践情感的道德情感发生的前提。由审美的人走向道德的人，并不是直接完成而是间接完成的。因此，讲发挥美育育德功能，其限度在于，审美活动在审美情感基础上让学习主体自身由心理前提走向道德结论，美育的育德从情感的角度应止于审美情感而不能要求道德情感的直接生成。

（二）美育育德是整体性的

德育过程也应追求学生对于道德原理的整体把握，但是实施德育过程是有一定分工的，无论是伦理内容的学习或道德策略的掌握，分析性的教学、分步骤的达成是其特色。修身养性讲究的就是积土成山的功夫，而美育活动则以整体性为特征。整体性把握有两层含义。一是对对象的把握是整体性的。审美过程中往往可能进行分析性教学，以生成学生审美活动的必要的知识前提等。但审美活动追求的效果却是主体对于审美（或立美）对象的整体理解、体验或把握。二是主体以情感为枢纽的整个心理图式的激活。人以一个完整的主体去投入审美和立美活动（反过来，正是因为这一点，美育才具有修复完整人性的功能）。从整体性这一特征出发得出的结论是美育育德对强调包含道德内容在内的形象（或美的事物）含义的整体把握、直觉把握、全身心的把握，美育育德功能发挥不可以有道德教育的专一和理智的指向性。

（三）美育育德指向整体人格

道德活动要求人的是负责任地完成自己的社会角色。践行道德即是完成为人子（女）、为人父（母）、为人夫（妻）、为人友邻等不同角色的应有的义务。道德教育也讲道德人格，但这一人格却可以分解为一个庞大的社会角色体系。美育则不然，美育所要完成的首先是作为人类一员的尊严，是人之为人的全面性和自由特征。美育育德与德育育德走的是一条不同的路线：前者由整体人格的达成走向道德角色的完成，后者由道德角色的实现成为整体的人格组件。一个从一般走向具体，一个由个别走向总体。因此，美育范围内的育德功能发挥讲究的是“无言之教”，美育育德止于人格一般，无涉德育的具体。

（四）美育育德功能具隐性特征

隐性特征即间接性，这是由审美或立美活动对象的特征所决定的。审美、立美活动中，主体对客体的观照或生成，其直接对象都是客体的形式或形象而非物质内容。美的形象尤其是社会美、艺术美的形象中是具有明显的“储善性”的，但善是内储于形象之中，通过形象去说话而非通过概念去说话。这点显著不同于德育活动对于道德内容直接的概念性的认识或理解、体验、接受和践行。隐性的美育育德功能说明美育育德肯定只有辅助的德育意义；同时也证明美育育德功能的发挥止于形象的表达和理解，不可强求道德内容概念化和系统化的授受。

（五）美育育德功能的实质在于创造育德的前提

这一特征可以说是对前四点的总结。苏联教育学家凯洛夫这样说过："艺术教育永远培养着知觉能力。艺术教育的一般教育和教养意义之一，就在于：艺术在培养人善于'看'、善于'听'的能力时，创造着那些为了扩大和深入地认识现实世界的前提。"（凯洛夫，1953）[358] 艺术教育不等于美育，但是，这里凯洛夫所讲的艺术教育创造着那些为了扩大和深入地认识现实世界的前提的特征，也是整个美育所具有的特征。美育通过对情感的陶冶，通过对形象整体的把握，对完整人格的涵养所进行的隐性的道德导向作用的确重在创造育德的心理前提。"引而不发，跃如也。"具体的道德内容之直接授受有待于另外一个专门的教育领域去完成——那就是"德育"。

美育育德功能的阈限问题用哲学语言说来就是一个"度"的把握问题。如何正确地把握美育的育德功能认识的度，许多思想家和教育家都有过睿智的回答，这里仅举两个巨匠的例证。

一是美育概念的提出者席勒。如前所述，对于美育的德育目的的实现，席勒（1984）[154-155] 指出："如果它为了不失去美，就必须把这种合目的性隐藏起来，并由事物的本性（自然）中完全自由而无强制地产生出外观。"通俗地说，审美对人的道德教育要依靠形象"完全自由"地说话，而非直接的道德教育去越俎代庖。

二是伟大的苏联教育家苏霍姆林斯基。在美育育德方面，苏霍姆林斯基自豪地宣称自己找到了一种"音乐疗法"。以下为"音乐疗法"的一个具体事例："在柯里亚和米沙十二至十三岁的时候，我从他们身上感觉到了这些令人担心的迹象（指粗暴无礼、精神麻木等①）……。冬天寂静的晚上，我把柯里亚、米沙以及另外几个和他们一样的少年邀请到音乐室来，我们一起欣赏格里哥、柴科夫斯基和西比利乌斯的作品。在这几个晚上，我们很少说话——除非有时必要解释一下音乐旋律要表达的意思，把少年们引导到音乐形象的世界中去。我高兴地看到：少年们的心灵渐渐解冻了，他们的眼神因受到崇高思想的鼓舞而闪现出光彩，充满了细腻而高尚的感情。”（苏霍姆林斯基，1984）[198] 需要说明的是，苏霍姆林斯基是在发挥美育的育德功能，还是德育过程中运用美的手段（如是后者，则属于下一章讨论的问题），尚是一个有待界定的问题。但是无论是美育育德还是利用美为手段来进行德育，其遵循的标准却是一个，那就是：运用美就必须服从立美和审美的规则。审美育德或美育育德功能的发挥过程中较为明智的做法是向苏霍姆林斯基学习：“很少说话——除非有时必要解释一下音乐旋律要表达的意思，把少年们引导到音乐形象的世界中去。”因此，对于美育育德功能发挥的“度”的掌握亦可形象地概括为：把教育对象引导到（美的）形象的世界中去。

第三节　美育的超美育功能余韵

以上讨论了美育育德功能的前提和阈限问题。事物联系和发展的链条永远都是无限的，既然有“阈限”问题，也就必然有其对面的存在。对美育育德功能阈限的“否定”在这里表现为美育超越自身的功能特征。鉴于功能特征与美育概念的内在联系，对美育功能的认识拓展源于美育概念自身内涵的拓展，因此，本节先从美育概念研究开始。

---

① 本书作者注。

一、美育概念的定义

什么是“美育”？就像问什么是“物质”一样，人们对最基本概念的界定永远都只存在于回答的过程之中。教育理论界关于美育的定义颇多，但归纳起来首先可以分为狭义和广义两类。

所谓狭义美育，其极端形式为“艺术教育”，其一般形式为“美感教育”“审美教育”“审美立美教育”“审美观和美学素养教育”等界定。英国人朗特里（D. Rowntree）在其《教育辞典》中对美育课程（aesthetic subjects）下的定义为：“课程用语，大致包括美术、音乐、舞蹈、戏剧和文学。”这一定义属于将美育作为艺术教育理解的典型。《中国大百科全书·教育》（1985 年版）将美育定义为：“培养学生认识美、爱好美和创造美的能力的教育。”“中小学美育的内容包括：艺术教育，如文学、音乐、图画、戏剧、电影、舞蹈等；组织学生观察和欣赏自然美；引导学生体验社会生活美和劳动美。”这是一种比极端狭义美育稍稍全面一些的美育定义，也是中国目前主流的美育定义。这一定义的优点是将“美”的含义从单纯的“艺术美”推进到“自然美”和“社会美”领域，由于美的外延较周全，所以解决了将“艺术教育”作美育定义的概念的逻辑问题。但是这种似乎全面的美育定义仍有问题。“这些美育观，只是把教育所利用的外部对象的美放在自己的视野之内，而将教育自身的美遗漏在视野之外；它们考虑了用各种各样的美来培养人，唯独没有考虑教育自己应该怎样做才美这个根本问题……”，“……都是外在地‘借美’的教育，是‘借美育人’，而不是自身‘立美’的教育，不是‘立美育人’”。（陈建翔，1992）因此，上述美育仍然是一种狭义的美育。广义美育或美育概念应该如何界定？陈建翔（1992）认为：“美育，就是对那些自觉遵循‘美的规律’、自身具有美的规定并且必然地能够产生出美的产品的教育的一种美称。”滕守尧（1995）也认为：“真正的美育是将美学原则渗透于各科教学后形成的教育。”这两种定义有一个问题是“美育观”与“教育美学观”无概念上的区别（毋宁说他们已将这两个概念相等同，同时也将教育美和美育相等同，故不是教育美而是美育成了教育的境界）。但是这两种界定的一个共同的优点是将美的资源发掘由系统外部推进到系统内部，将“美”再扩展为教育系统内部和外部的美。由于教育系统对自身之美的发现和追求具有重大的教育价值，故这一广义的美育概念无疑具有重要的理论意义。

狭义和广义的区别标准是美育的外延，但外延总是与内涵及概念的功能相联系的。美育定义由狭义而广义的过程中夹杂的另一个维度的变化就是：由形式美育走向了实质美育。所谓“形式美育”指的是以培养对象的审美素养（如审美观、欣赏美和创造美的能力等）为目标的教育活动。而“实质美育”则以上述目标为手段，追求美育的象外之旨：人生的美学趣味和教育的美学精神。梁启超先生云：“我确信‘美’是人类生活一要素，或者还是各种要素中之最要者，倘若在生活全内容中把‘美’的成分抽出，恐怕便活得不自在，甚至活不成。”（《美术与生活》）“趣味是生活的原动力，趣味丧掉，生活便成了无意义。”（《趣味教育与教育趣味》）人生趣味的追求与会听曲子、会作诗或会一套美学理论、拥有自己的审美观等显然都不是一回事。称之为实质教育的原因就在这里。广义的美育将审美的视角从教育系统外调整到教育世界的全域，力主“立美教育”，除了追求教育的美学精神之外，也往往有从教育过程中纠正异化人性、追求自由人生的意蕴。

狭义、广义，形式、实质。上述美育概念在教育理论和现实中目前仍处于并列生存的态势，而空间上的并存往往是时间上累积的一个截面式的证明。席勒在《美育书简》中讲的美育，其实就是艺术及其欣赏的教育意义，黑格尔的《美学》其实是“艺术哲学”，他们眼中的美育具有狭义的性质、形式教育的性质。但是席勒和黑格尔的同胞韦伯（E. Weber）、图姆佩尔（H. Trumper）等人在20世纪上半叶提出“缪斯教育论”时，他们的主张已是根据艺术原理来实施教育、美学应成为教育学的基础等。德国美育实践的典范“奥尔夫音乐教学法”的首创人奥尔夫宣称：“元素性的音乐、词和动作、演奏——心灵力量所兴起并发展的一切，构成了心灵的饱含腐殖质的沃土，没有这种腐殖质，我们将走向心灵荒芜……。在小学里安排元素性音乐，不是一项外加物，而是一项基本的、奠基性的项目。这绝非完全是音乐教育的事，而是有关培养人的大事。”（金开诚，龙协涛，1994）[409] 强调美育对诗意人生的功能已成为德国现代美育的核心。这样，美育概念就在从狭义走向广义的同时，也实现了由形式向实质的范式革命。这一过程同样也发生在其他国家。笔者比较苏联的教科书，从凯洛夫的《教育学》（人民教育出版社，1953），到巴班斯基主编的《教育学》（人民教育出版社，1986），美育概念的界定也经历了与德国人相同的历程。中国教育界自1949年以来甚至20世纪80年代以来都处在狭义和形式美育阶段，现在则已有为数不多的人站到了广义美育和实质美育这一边。

定义的变化意味着美育概念本质的拓展，从而也意味着美育功能认识的拓展。

二、美育功能的拓展

人们对美育功能的认识成果有三：一是对美育的直接功能的认识；二是对美育间接功能（或附带功能）的认识；三是对美育之超美育功能的探究。

首先，关于美育的直接功能。美育的直接功能可用两个字表示，即“育美”。黄济先生说：“美育的任务可以概括为树立正确的审美观，培养欣赏美和创造美的能力。”胡森（T. Husen）和波斯尔思韦特（T. N. Postlethwaite）认为：在学科范围内，普通的美育目标可归纳为四个方面：（1）培养技能与唤起创作力量；（2）侧重作品与侧重过程；（3）侧重创作与侧重映象；（4）强调在一项艺术中的突出成就与强调几项艺术中的一般成就。（李维，1990）[222] 育美功能或美育直接功能（审美观、审美、创作能力的培养等）与美育概念的狭义与形式定义阶段相关。

其次，关于美育的间接功能。美育的间接功能是一种附带功能，或者说是一种潜功能，是为其他教育功能发挥提供前提条件的作用，具体讲就是美育的育德、促智、健体功能等。在中国，相当长的时间，教育理论为美育争一席之地是以美育的育德功能等间接或附带功能证明为策略的。蔡元培先生在20世纪初说："所以美育者，与智者相辅而行，以图德育之完成者也。"1981年第8期《教育研究》中丁家桐（他的《谈美育》为"文化大革命"后《教育研究》杂志上的第一篇美育专论）也是这样论证美育的重要性的："我们建设社会主义现代化的国家，需要从事社会主义精神文明的建设。不管是从理想道德教育的目标抑或对于理想道德教育的过程看，体现思想美的榜样的力量和追求美的境界的诱导力量，都会促进德育的发展。"美育之育德功能与促智、健体等功能一样是一种创设前提、情境的功能，而不等于德育、智育、体育本身。这是因为审美过程拒斥外在功利和道德目的等。故美育育德功能等只能是一种附带或间接的功能。由于功能的间接性，论证美育之育德（促智、健体等）功能，远不能完全达到对美育及其独立地位的确认。

最后，关于美育之"超美育"功能。"超"是相对于既定的美育功能观而言。既定或一般的美育功能观认为美育的功能无非在于审美观的确立、审美创美能力的发展，同时促进德育、智育、体育诸育等，没有超出以上论及的两种功能（之和）的范围。而与这两种功能观实际上对应的是一种形式美育概念。而与实质美育概念相联系的人生意趣和教育美学精神的审美追寻显然已经"超"出了原有的直接和间接功能范畴。蔡元培先生倡导的"以美育代宗教说"实质上是美育之超美育功能认识的一个代表。

对以上三种美育功能的认识也有一个历时性维度，即人们是从直接、间接功能认识走向超美育功能的认识的。不过东西方教育理论的起点或开端并不相同。在中国古代，以儒学为主体的传统美学和教育思想都是遵循"文以载道"原则的。中国传统的美育从属于培养教育对象政治伦理素养的德育，故对美育的论证是从"兴于诗，立于礼，成于乐"等育德价值论证（间接功能）开始的。西方文明中美育并未取得像中国那样作为统治者"治道"之一的显赫地位，"西方古代美育主要是作为一种教育思想、文艺思想提出的，它是教育之道、艺术之道而非统治之道"（金开诚，龙协涛，1994）[351-352]。因而西方美育理论是从美育的直接功能的认识走向美育功能的全面认识的。东西方美育功能观起点各异，但朝向美学精神的终极价值和人生意义的发掘的归宿却是相同的，那就是由美育之直接、间接功能的认识走向美育之超美育功能的阐释。

三、美育之超美育功能

——蔡元培"以美育代宗教说"的深远意境

关于美育之超美育功能，蔡元培的"以美育代宗教说"是中国现代教育思想史上最为卓越的论述之一。

蔡先生的"以美育代宗教说"的要义有三。(1) 美育与德育、智育、体育一样原本是附丽于宗教的，这是人类早期历史使然。随着历史的进步，科学、伦理学、美学及艺术实践的进步，四育均已分别从宗教中独立出来。(2) 人们反宗教，但并不反宗教中包含的美育。然则由于宗教的局限，不可以宗教代美育。其理由是：一是美育是自由的，而宗教是强制的；二是美育是进步的，而宗教是保守的；三是美育是普及的，而宗教是有界的。(蔡元培，1983) [180] (3) 之所以美育能够取代宗教，其理由是：宗教可以没有，美术可以辅宗教之不足，并且只有长处而没有短处。(蔡元培，1983) [160] 美育有两种特性：一是普遍；二是超脱。既有普遍性以打破人我之见，又有超脱性以透出利害关系；所以当着重要关头，有"富贵不能淫、贫贱不能移、威武不能屈"的气概；甚至有"杀身以成仁"而不"求生以害仁"的勇敢……(蔡元培，1983) [220-221]

关于"以美育代宗教说"，蔡先生在1938年为萧瑜的《居友学说评论》所作的序言中曾说此论"时往来于余心，而人事牵制，历二十年之久尚未成书，真是憾事"，足见先生对自己这一学说的珍视。近人评论"代宗教说"总有微词一面，如聂振斌（1981）[68] 先生云："十分清楚，要使美育代替宗教必须以政治解放为先决条件，否则将是一句空话。蔡元培根据他关于美的普遍、超脱的理论，要求美育超政治、超现实，这就使他的美育思想离开了现实基础，变成了空中楼阁。"这样的看法公允吗？笔者的回答是否定的，理由有二。第一，蔡先生是在教育范围而不是在社会改造的角度谈美育代宗教。他的意思是在教育过程中用美育取代宗教的位置，并没有说单靠推行美育就可以解决宗教的社会根源问题。因此，他的代宗教说在这个意义上并无“空想”之虞。第二，蔡先生在教育范围内提美育代宗教是与他的其他教育主张如关于教育方针的主张、关于教育与人生的主张相联系的。他要解决的问题远非仅仅提倡狭义和形式的美育，而是要解决人类终极追求的教育关怀问题，对美育而言，其要义在于“超美育功能”的深远意境。

说蔡先生是要解决人的终极追求的教育关怀的问题可以从两个方面佐证。首先，蔡先生不自觉地涉及了宗教的终极价值一面。“宗教之原始，不外因吾人精神作用而构成。……生自何来？死将何往？创造之者何人？管理之者何术？凡此种种，皆当时之人（未开化时代）所提出之问题，以求解答也。于是有宗教家勉强解答之。”（蔡元培，1983）[68] 时代局限，蔡先生以为“科学”等已经回答了这些问题，于是走向了对宗教的简单否定。然而以上论述又证明宗教对于人生的永恒之问“生自何来？死将何往？”等终极问题回答所具有的价值。蔡先生提出以美育代宗教，是要美育去代替宗教回答这一问题，将彼岸的回答落实到此岸中来。其次，蔡先生不止一次地提到的实体世界、超越政治、超越现实的幸福等问题则直接证明了先生对于终极关怀的教育学关心。先生说：“人不能有生而无死，现世之幸福，临死而消灭。人而仅仅以临死消灭之幸福为鹄的，则所谓人生者有何等价值乎？……且人既无一死生破利害之观念，则必无冒险之精神，无远大之计画，见小利，急近功，则又能保其不为失节堕行身败名裂之人乎？”“现象世界之事为政治，故以造成现世幸福为鹄的；实体世界之事为宗教，故以摆脱现世幸福为作用。而教育者，则立于现象世界，而有事于实体世界者也。故以实体世界之观念为其究竟之大目的，而以现象世界之幸福为其达于实体观念之作用。”之所以强调美育，是因为“美感者，合美丽与尊严而言之，介乎现象世界与实体世界之间，而为之津梁”（蔡元培，1983）[3-4]。所以蔡先生之倡导美育的要旨在于倡导人生终极意义的教育达成。

“以美育代宗教说”具有十分重要的意义，与人对于人生终极意义和人生最大的前提等挥之不去的关切有直接的关系。“不论我们是否认真思索过这些观点，我们都体验到我们有时无法应付某些很重要的局面。有时候，一些令人不愉快的感觉——压抑、恐惧、孤独、紧张、妒嫉——常常困扰着我们。而像战争、死亡、失败、饥饿和疾病这类事情则提醒着我们，对于我们的生命和满足的一些主要威胁，我们通常是无能为力的。一些人因找不到生活的意义或看不见万事万物的目的而苦恼；另一些人则对他们自己的不良品行或者无力控制他人行为而焦虑不安。”（梅多，卡霍，1990）[4] 正是因为如此，所以西方有句俗话说“在战壕之中没有无神论者”。人类的工具理性已使人类饱尝了胜利的喜悦，但同时又使人类发现自己已处在孤立无助的战壕之中，这就是真正的宗教意识仍然在全世界普遍存在的根本原因。所以不少思想家已经指出，世界危机也罢，人生危机也罢，实质上只不过是价值危机、意义危机。对于这一观点的佐证之一是中国 20 世纪 80 年代出现的“美学热”。李泽厚先生说，美学在国外向来是冷门，1949 年前的中国也如此，为什么 80 年代“热”得那么厉害？“原因当然很多，其中之一可能是它代了宗教和哲学。”“所以我很欣赏蔡元培先生提出的‘以美育代宗教’这个口号，它很有哲学意义，虽然他没有作深入的理论论证，但这个思想很符合中国国情，即不是通过宗教而是通过审美达到对最高人生境界的追求。例如宋明理学中的所谓‘天人合一’作为境界，它不仅是道德的，而且是超道德的。因为道德不过是对人际关系的规范的自觉认识和履行。但‘天人合一’却更超越，它能够和‘天’合一。”（李泽厚，1994b）[374-375]

以蔡元培“以美育代宗教说”为代表的中外美育理论及实践对于人生终极意义和意趣及教育过程本身美学自由精神的追求等美育“超美育功能”或价值的认识，在某种意义上已是一种世界的潮流，而且也必将是美育和整个教育运动的方向之一。王岳川先生说得好：“20 世纪的世界是一个充满矛盾、充满困惑的世界；20 世纪的教育，是面临危机的反思的教育；20 世纪的美学是为现代人寻找灵魂皈依的美学；20 世纪的美育，是为人生寻找诗意栖居之所的意义寻绎过程，同时也是一种面对异化而不断生成人的生命新感性的过程。”（金开诚，龙协涛，1994）[368]很显然，上述进程在21世纪将继续延伸下去。

需要特别指出的是，“为人生寻找诗意栖居之所的意义寻绎过程”不能局限地理解为仅仅在教育或美育过程之中。这一课题既然属于时代和人类，对于它的解答就只能是全社会的；在教育领域以内，美育之超美育的发挥也必须与德育、智育、体育诸育协同进行。（这也许可以看作“超美育功能”中“超”的第二个含义？）

第六章　作为德育手段的美——立美德育论

美育应是审美和立美的统一。但是我们讲美育时又常常偏重于“审美”教育，以至于有人干脆认为美育即审美教育。然而，无立美即无审美，完整美育的本质在于立美。在我国，美学界的赵宋光先生等一再倡导的“立美教育”的观点，现已成为教育界许多人士所接受的一个理论共识。依照这一原则，德育亦应成为“立美德育”。谓“立美德育”就是要让德育过程也成为立美因而也成为审美的过程，就是要让美的法则成为德育活动的准则。以德育对象之德美创造为目标，立德育形式之美及师表之美是“立美德育”的主要内容。

第一节　对德育对象的改造——德育作品美的追求

一、德育作品美

从美学的角度看，德育对象即德育活动的作品。德育活动中，教师将道德文化传授给学生，诱发学生个体道德的潜能，最终形成德育对象的一定道德品质和道德修养的能力等。一方面，教师的德育活动作为一种对象化的活动其较高境界应是自身自由本质的一种展现，因而学生的道德品质及其成长的势态可以成为其立美创造和审美观照的对象。德育对象首先可以成为德育者的“作品”，其中蕴含的对于人类本质力量的肯定即形成所谓“作品美”。另一方面，德育“作品”本身亦是主体，这是教育和德育作品不同于一般艺术品的根本。德育对象品德之美的形成过程既是教的过程更是学的过程。作品美既是教师立美创造和审美欣赏的对象，也是德育对象不断对自身进行道德完善的结果。作品美既反映教师的本质力量，更反映作为学习和成长主体的德育对象的本质力量。故德育活动作品美的创造和欣赏的主体应是师生双方，作品美则是指师生共同创造的德育对象的德美及道德成长美。

“作品美”这个概念优于“产品美”。陈建翔（1992）认为：教育中存在着三个层次的美。第一个层次是教育手段美，第二个层次是教育活动美，第三个层次是教育产品美。“产品”二字易使人联想到一般的物质生产领域，而“作品”显然肯定了教育活动和德育过程独特的立美性。

德育作品美的确立有两点重要的逻辑价值。首先，教育和德育活动作为人类自身生产的一种返身实践活动，仍是一种“对象化”的活动，只不过这种对象化具有返身的性质，是按照美的规律塑造主体自身。过去我们谈教育和德育，较多地谈及这一系统与社会、个体发展需要之间的关系（善的标准），较多地谈按照教育规律和教育对象身心发展的实际（真的标准）进行教育和德育活动。我们较少地意识到，这一活动既然是在塑造新人格，也应按照美的规律去进行，因此，必须为教育和德育活动确立美的标准，使这一对象化的过程从与物质生产的类比走向立美创造的追求，其直接目标即创造美的作品。就德育而言立美教育即创造德育对象的作品美。其次，美的标准不仅是教育、德育活动的标准，也应构成教育、德育对象的标准。立美教育首先是指德育活动形式立美创造或追求，但活动形式美本身不是目标，最终目标应是教育作品的完成。因此，立美德育的本质目标在于立德育对象之德美（含其成长的势态之美）。立美德育的本质在于立德育作品之美。由于这样两点原因，德育作品美就当然地成为立美德育论的逻辑起点、理论和实践的目标与归宿。

二、德育作品美的存在

由于德育作品美本身及其创造的特点不同于一般的美的作品，德育作品美的存在呈现出较为复杂的形式。德育对象既可以是一个个体，又可以是一个群体（集体）；德育对象既是一种成果（成品态），又可以是一种情态（动态或成长的姿态）。依据德育对象的这些特点，作品美亦有个体与集体、成品与情态等不同的表现形式。

（一）作品美：个体与集体

苏霍姆林斯基（1983）[5]指出："每一个孩子都是一个世界——完全特殊的、独一无二的世界。"从这一观点出发，德育工作者首先必须尊重学生的个性。教师常常将儿童比喻为祖国的"花朵"。然而世界上既没有完全相同的两片树叶，也就没有完全相同的花朵。这就要求园丁面对花朵无论是进行观赏还是进行培植，都必须注意每一花朵的独特性。反过来，每一个德育对象已形成的品德素养和成长的风格都是独一无二的，德育对象的作品美首先是这样一些独一无二的个体存在。对于德育工作者而言，我们最终是要生成一件件单个的作品，当我们强调因材施教时，更多的是说我们要将德育对象作为一个个特殊的作品去观照、去创作。学会对单件作品作独一无二和不可重复的观照与创造是我们研究德育对象个体作品美的重要意义所在。孔子是进行个体作品美观照和创作的行家里手，三千弟子、七十二贤人的造就无不是根据教育对象的个性去进行的。《论语》中精彩之处比比皆是，比如，他欣赏子路的果敢决断、子贡的通情达理、冉求的多才多艺，就是对每一件作品作个别的观照的结果。由这种个别观照出发，孔子特别注意德育对象作品美的个别塑造。同样是问孝，孔子对孟懿子说"无违"，对孟武伯说"父母唯其疾之忧"，对子游则云"至于犬马，皆能有养，不敬，何以别乎？"，对子夏则说"色难"等。（《论语·为政》）(其中之所以要求孟武伯"父母唯其疾之忧"是因为这位阔少年不太关心父母的冷暖疾痛；而子游能照顾父母的饱暖疾痛，故提出要加强对父母的恭敬……）其他还有问仁、问政等相似的例证。与此相反，中国德育现实中将学生品德及其成长的个性之美视为离经叛道的人恐怕不是少数。

“集体美”因马卡连柯、苏霍姆林斯基等人卓有成效的集体教育实践而成为德育工作者关注的一个重要概念。马卡连柯曾经描述这样的场景：在远足的征途上，乐队总是走在队伍的前面，穿着特别讲究的服装，演奏着捷尔任斯基进行曲；在火车站，当一群流浪儿紧裹着大襟外衣，赤脚迈着小步子匆匆走到广场上的时候，乐队便立刻奏乐，表示欢迎……（刘凤梧，1982）[1] 在这一例子中，正是公社集体的美吸引了流浪儿，成为马卡连柯和苏霍姆林斯基能够成功地对流浪儿等不良少年和正常儿童进行集体教育的根本原因之一。在这样的集体之中，连惩罚都具有肯定德育对象的审美意义。如在捷尔任斯基公社中，最严厉的惩罚方式是“禁闭”，而禁闭只对“社员”而不对尚未成为集体中一员的“学生”使用。这就意味着要求与尊重成正比，禁闭本身是要求和尊重的更高体现。可以想象，一个接受这样禁闭的社员，完全不可能有一般德育过程中处罚带给学生的屈辱感。这时他只能意识到作为集体一员他应该完成的角色使命及这使命的崇高。在这样的集体中，不仅每一个体具有单件作品的个性之美，而且有一种群雕式的组合之美存在。个体之美组成集体之美，而集体之美本身又成为个体之美的强化物。

当教师面对个别的德育对象时可以看到这样的一些景象：有的德育对象敏于行而讷于言，道德成长有谦谦君子之风；有的德育对象具有强烈和外化的上进意识，有疾恶如仇、爱憎分明的人格特征……有多少位德育对象就可能有多少件个体作品之美。而当教师面对作为集体形式存在的德育对象时，学生集体在其一致目标凝聚下团结、紧张、严肃、活泼的整体道德成长势态、道德追求上奋发向上的主旋律、道德行动上的步调一致、人际关系上的和谐等都是德育美的闪光，也是集体美的闪光。苏霍姆林斯基这样感叹：“集体的温柔和善良的情感，集体的关切——这是一种多么巨大的力量啊！它就像一股汹涌的急流，撼动着感情最冷漠的学生。”（叶学良，1989）[217] 少先队员的浪漫主义精神的实质，就在于具体体现和确认人的内在精神力量："一个人能够在集体所创造的成果中，看到自己本身的美，看到自己同志的美，看到自己集体的美。"（苏霍姆林斯基，1984）[238]

（二）作品美：成品与情态

成品与情态的分别，前者是指德育对象德美的静在，后者则指德育作品美的动态形式。孔子赞扬学生颜渊说"贤哉回也，一箪食，一瓢饮，在陋巷。人不堪其忧，回也不改其乐"（《论语·雍也》）。颜渊的心思全在学道守道上，故生活上的贫困清苦丝毫无碍于其追求崇高理想的乐趣，这与孔子所主张的"饭疏食饮水，曲肱而枕之，乐亦在其中矣。不义而富且贵，于我如浮云"（《论语·述而》）的精神人格完全一致。故"颜渊死，子哭之恸"，大呼"天丧予！天丧予！"（《论语·先进》）颜渊安贫乐道的德性之美不独为孔子，而且为两千余年中国人所一致推崇。这种道德人格之美既是作为教师的孔子也是道德学习主体的颜渊所创造的作品，这一作品所蕴含的人格美常常表现为一种境界、一种静在的品质，故称为"成品"之美。然而，任何道德教育作品既是成品又须不断生成，无论德育还是修身养性，都表现为一种过程。故一方面有某一阶段德育对象身上所出现的道德进步的积淀（品行）存在，另一方面又有德育对象对于道德人生追求的嗷嗷待哺、积极向上的成长势态之美的存在，是所谓"情态美"。一位美国学者曾满怀深情地说过："这些生龙活虎的学生一个个在我眼前成长起来，这就是一个老师不停息的创造性工作的结果。雕塑家虽然能将人物塑造得栩栩如生，但毕竟不过是泥塑而已，而教师则能赋予这些泥塑以生命，还有什么比创造人类生命的工作更令人激动的呢！"（贝德勒，1987）这里说的"生龙活虎的学生一个个在我眼前成长起来"所反映的即是一种"情态美"。凯洛夫说：教师站在人们未来专业的摇篮边。因为他应当是第一个能够看出和发展学生能力的人，他应该首先看清楚学生当中未来的设计师、飞行家、工程师、医师、工业和农业的劳动者或科学和文化的活动家。凯氏这段话主要是就智育而言，但德育工作者亦只有瞭望到德育对象的未来人格形象时，才能对德育对象的道德成长的势态做出积极肯定的审美评价。

教师和教育对象只有在对情态美的审美观照中才能前瞻德育作品美的未来形态，道德教育中教学双方的活动才可能在欢欣鼓舞中目标明确地落实。

需要说明的是，道德教育作品美之个体和集体、成品与情态的划分是从不同角度进行的，因而是交叉和同一的。成品和情态之美既可以是道德学习的个体也可以是道德成长中的集体的表现。同样，无论个体还是集体也都有成品美和情态美的一面。比如当捷尔任斯基公社在乐队伴奏声中列队行进并吸引流浪儿时，公社集体的成品美和情态美是兼而有之的。因为正是这个集体的魅力（成品美）吸引流浪儿，而这将意味着一批新社员将加入公社的行列，集体将因此而继续成长（情态美）。

三、德育作品美创造与欣赏的统一

（一）德育作品美的创造是欣赏的前提

所谓德育作品美的创造与欣赏即作品美的立美和审美。在特定领域以内，没有立美活动、没有美的创造，当然就无美可审，谈不上美的欣赏。这是一般的结论。除了这种逻辑上的前提之外，还有一个心理性前提必须予以说明，那就是在德育过程中，立美的努力越多，审美的心理前提就越充分。苏霍姆林斯基说过："一个人只有在真正懂得并且从心底里意识到他为什么能得到幸福，只有在了解并体验到自己幸福的源泉的时候，他才能成为一个幸福的人。"（苏霍姆林斯基，1984）[220]"一个十二岁的孩子看到用自己的双手培植的鲜花盛开的花园，他会感到无比的自豪；他会用他为人们创造了多少物质财富来衡量自己走过的路。"（苏霍姆林斯基，1984）[190]在上述例子中，少年感到自豪在于鲜花盛开的花园是用他自己的双手培植的。设想：如果这个少年看到的只是别人种植的花园，这种自豪感显然就会不复存在。德育过程中，德育作品美实际上是师生双方共同培植的"花园"，德育工作者和德育对象越是按照美的规律倾注心血做出努力，则无论教师还是学生面对自己创作的作品就会越发自豪、越发珍惜。许多人一生都会记得某个指引自己做出正确价值选择的导师，也有许多教师会为自己某个学生的品行自豪一生。这种审美上的刻骨铭心如果没有师生双方对于德育作品美的直接和一致的创造和努力，当然是不可能的。

（二）德育作品美的欣赏是创造的强化

苏霍姆林斯基说：我在生活中什么是最主要的呢？我可以毫不犹豫地回答说："爱孩子。"像这样的回答可以在许多优秀的教育家的言行中找到。同时"爱孩子"也是对教育和德育工作者的一个基本要求，然而"爱孩子"并不能只变成一个对于德育工作者单方面的枯燥的师德要求。实际上真正"爱孩子"的实现和强化都在于教师有一个审美的心态，能看出孩子的"可爱"。德育工作者善于用审美的眼光去发现和审视德育作品美，不仅有利于新的学生观的产生，而且由于在对象中观照了自己立美创造的自由本质，会强化教师进一步对德育对象实施立美创造的动机。

在德育对象身上观照作品美并因此而受到进一步立美德育的强化可以理解为学生客体对教师主体的一种"反作用"。这种反作用常常受到忽视，因而教学双方往往因为单向流通而兴味索然。因此马卡连柯说：为什么我们在工科大学研究物质的反作用，而在师范大学开始教育人时，却不研究人的反作用？

德育作品不仅是教师的而且更是学生自己的，故德育作品美的欣赏不仅会强化教师更会强化道德学习主体自身的立美创造冲动。南京师范大学吴也显教授在一次教学论讲演中指出，学生"乐学"问题的落实，需要处理学生的"愿学""学会"和"会学"的关系。"愿学"是"学会"和"会学"的前提，而"学会""会学"又是"愿学"的结果和强化。"乐学"就在三者之间的互动中。在德育过程中学生对于道德原理与规范的学习，要成为一种自省的"乐学"模式，首先也必须解决"愿学"的问题，而"愿学"的强化物之一乃是道德学习成就本身："学会"和"会学"。德育对象不仅会因为自己的参与培植而欣赏自己道德成长的"花园"，而且"鲜花盛开"的道德自我形象也会鼓励道德学习主体进一步奋进。德育美学观所要倡导的正是：不仅教师，而且学生，不仅参与立美德育活动，而且善于对共同作品进行审美观照。立美与审美的统一是使在美学精神指引下的德育活动具有解放师生双方特质的根本原因和途径。轻松愉快的教与学来源于德育过程中立美、审美及其统一的性质。

（三）德育作品美创造和欣赏的主客体关系

一般地考虑德育过程立美和审美中的主客体关系，比较简单。这就是双主体（教师、学生）和单客体（成长着的道德个体或学生自身）的关系。然而，现代学校德育活动和整个教育活动一样是在班级或学校、团队中展开的，因此，中间往往还可能有一个中项——“集体”。考虑到集体兼有主客体的性质，德育活动中立美和审美过程中的主客体关系系统也变得复杂起来。至少有以下几种主要的主客体关系（主客体关系又是可互逆的）：

1. 教师（主体）⇄集体及其包括的学生个体（客体）；
2. 集体（主体）⇄学生个体（客体）；
3. 同学个体（主体）⇄同学个体（客体）；
4. 学生个体（主体）⇄自身形象（客体）。

多重主客体关系的存在，意味着立美德育资源多渠道开发的可能性与必要性。教师如何既像一个指挥家面对他的乐队——学生集体，又能针对每一个德育对象进行立美教育，的确是一门深奥的艺术。集体教育的大师马卡连柯在处理这一问题时提出的“平行教育影响”原则是处理这一复杂主客体关系的典范。

何谓“平行教育影响”原则？马卡连柯解释说：“我们认为整个集体就是我们教育的对象，我们应该把有组织的教育影响针对着集体。同时我们相信，对个人的最实际的工作方式，是把个人保留在集体内，并且是这样的一种保留，要使个人认为他留在集体里是按照他自己的愿望，是自愿的。其次，要使集体也是自愿地容纳这些个人。集体是个人的教师。”（马卡连柯，1955）[58]“在我们的实践里——在高尔基工学团和捷尔任斯基公社里……

作为公社中心的我以及所有的公社机构……都尽力设法和个别的人不发生关系，这就是公式。……我把这个逻辑叫做平行教育影响的逻辑。……我们只和分队发生关系，我们和个人并不发生关系，正式的公式就是这样的。”（马卡连柯，1955）[292–293] 因为“我们不愿意使每一个人感觉到自己是教育的对象”（马卡连柯，1955）[293]，只有通过基层集体“我们才能正式触及个人。这就是适当的方法，而事实上，我们也总是首先注意个别学生的”（马卡连柯，1955）[297]。

在马卡连柯和苏霍姆林斯基的集体教育中，教师带领每一个同学创造自己的集体和集体所具有的道德之光，同时集体美也作为一种主体的力量作用于每一个个别的学生客体。集体中同学对同学的帮助在“为了集体”的目标之下自然地进行，道德学习的个体在观照身在其中的这个集体的进步的同时也通过集体观照自身。所以“平行教育影响”实质上不仅意味着教师给予集体及其中每一个学生的影响是平行的，而且意味着“教师—集体—学生个体”系统中的所有主体力量资源的全面调动。因此，当我们讲立美德育的原则之一是师生双方立美和审美的统一时，实际上起码意味着：

(1) 教师主体对于学生集体道德成长的立美促进和审美愉悦；

(2) 集体对于学生个体道德成长的立美贡献和整个集体对于个别成员这种属于集体的道德成长的审美欣赏；

(3) 学生个体之间的立美和审美关系及其与道德成长的互动；

(4) 学生个体作为立美和审美的主体对自身已有的良好道德品质及其成长态势作审美观照，在自身形象的鉴赏中获得塑造自己未来更加美好的人格形象的内在和本质的动力。

虽然德育作品美的立美和审美中主客体关系较为复杂，但是立美德育之立美和审美活动统一的原则却只有一个：那就是德育活动按照美的规律塑造合乎美的标准的道德人格，立美和审美的性质即德育活动解放人的性质。

第二节　对德育过程的改造——德育形式美的追求

一、美的规律和立美创造

德育作品美的创造是立美德育的目标，这一目标必须由教学双方的立美创造活动去完成，而这一立美创造也就是按照美的规律塑造德育对象的德育活动。

何为“美的规律”？马克思指出：“动物只是按照它所属的那个种的尺度和需要来建造，而人却懂得按照任何一个种的尺度来进行生产，并且懂得怎样处处都把内在的尺度运用到对象上；因此，人也按照美的规律来建造。”（马克思，恩格斯，1979）[97] 在我国，美学界基本上肯定了马克思这段精彩论述对于美的规律的深刻揭示。

陈望衡（1981）[108] 先生说过，“物种的尺度”是属于物的，而“‘内在固有的尺度’这一句主语应该是人”，因为“‘内在固有的尺度’应理解为人的尺度”。“‘物种的尺度’讲的是客观的特征，‘内在固有的尺度’讲的是主体的特征，两者的结合，才能构成‘美的规律’”。蒋孔阳（1993）[209-210] 则认为马克思所说“美的规律”至少包含四层意思：（1）“美的规律是人类劳动的一个基本特点”；（2）“美的规律应当符合不同客观事物本身的规律”；（3）“美的规律与人类劳动实践的目的性是密切联系在一起的”；（4）“美的规律是具体的，不是抽象的。只有在‘塑造物体’或‘造形’中才能谈得到美的规律。因此，把美的规律运用到抽象思维中去，或者运用到精神与概念中去，都是格格不入的”。

结合陈、蒋两位先生的阐释，马克思关于美的规律的观点的要义可以概括为这样一个公式：美的规律 =“任何物种的尺度”+“内在固有的尺度”。前者反映客观对象的客观规律性，后者反映主体活动的目的性或自觉性，两者的结合形式给予人类以创造主体的自由。因此，美即是合规律性和合目的性的统一，立美则是这一统一的达成。

然而蒋先生的解释中也有一个不能令人满意的地方，那就是他对“形象”的过分强调。蒋先生所说“只有在‘塑造物体’或‘造形’中才能谈得到美的规律”，其中造形的“形”实指“形象”（他给美的定义为“美是自由的形象”）。为了说明美的规律不能运用到抽象思维、精神与概念领域中去，他举例证明：“数学家看到数学的公式，可以心花怒放，神采飞扬，但那只是他个人对于自己成果的陶醉，他没有办法叫不懂他的公式的人，也同他有同样的感情。”（蒋孔阳，1993）[210] 这样一种解释的错误在于：（1）它无法解释包括数学美在内的科学美形态。数学家“心花怒放”和“神采飞扬”均已证明了数学公式中美的存在。（2）就像不懂数学公式一样，也有大量听众听不懂经典交响乐等，这只能证明部分人类个体不具有“音乐的耳朵”，而不能否认音乐的美。因此，数学公式所包容的人类智慧形式的美，也将随着人类实践促进审美主体的历史生成方面的进步而为越来越多的人所领悟、产生共鸣。现代艺术的抽象化进程即证明人类不仅可以观照形象的美，而且可以欣赏抽象的自由。道德教育内容中存在的大量的逻辑的、理性的美正是这样一种生动的理性直观的美。在德育活动中片面追求“形象”性，往往使德育内容中的逻辑生动和理性直观被淹没、被庸俗化，这是德育美学观所要坚决否定的。所以判断对象是否具有美的价值，要看这一对象的形式中是否反映了美的本质即主体的自由。在美学界三种著名的美的界定“美是自由的象征”（高尔泰）、“美是自由的形象”（蒋孔阳）、“美是自由的形式”（李泽厚）中，笔者以为李泽厚的把握是较为准确的。因为“形式”的界定既避免了“象征”之过浓的主观性，也避免了“形象”的狭隘。

那么，何谓“自由的形式”？赵宋光先生作过较为具体的回答。赵先生云：“美，是自由运用客观规律（真）以保证实现社会目的（善）的中介结构形式”（赵宋光，1981）[34]，“中介结构每一环节的建立过程，都是立美的过程”（赵宋光，1981）[35]。赵氏所谓“中介结构形式”指的是人类实践活动中所采用的工具、语言符号系统及其使用的活动形式。前者（工具、符号）是“中介结构的外化方面”，“美以真为形式而以善为内容”。客观现实因果联系的规律性在手段中显现出来，但它并不可能以任何形式显现，中介结构所规定的具体条件使从因到果的必然性推移只能以合目的的形式展示出来，故美的规律不同于纯粹的真的规律之处在于它的合规律的形式中包含了合目的性，在于它向实践“许诺自由”。后者（运用工具的活动）是“中介结构的能动方面”，“美以善为形式而以真为内容”。此时，目的性的活动以客观现实性的方式展开，但它现在用不着再以盲目尝试的形式展开，中介结构所提供的对因果联系规律的认识使主体有能力掌握、运用客观规律，因而实际活动向达成目的的推移的过程能以规律的形式展示出来。美不同于纯粹的善（含目的性）的活动的地方在于主体活动的合规律性：“这形式让实践在现实面前施展自由，人们可以在人从主动活动到实现目的的推移运动中看到运用规律的理性”。因此，“自然界任何事物的形式，只要同这种向实践许诺自由的中介结构形式有着同构同形关系，都会进入美的领域”；“人类任何活动的形式，只要同这种在现实面前施展自由的中介结构形式有同构同形关系，也都会进入美的领域……”。（赵宋光，1981）[34-36]

综上所述，就目前美学界对于美的规律的研究成果看，美的规律即在于人类活动形式的合规律性（任何物种的尺度）和合目的性（内在固有的尺度）的统一。立美即是创造人类活动真与善的统一，向实践主体“许诺自由”或“施展自由”的中介结构形式。显然，立美德育也必须遵循美的规律去改造德育过程的中介结构形式，使之既符合“任何物种的尺度”又符合人“内在固有的尺度”，使师生双方充分观照和实现主体活动的自由本质。

二、德育活动中介结构形式和立美创造

（一）德育活动的中介结构形式

人类的一般实践活动，其中介结构形式主要表现为工具和运用这一工具的活动。道德教育过程也是一种实践活动。但作为一种返身实践形式，

德育活动的中介结构具有明显的特殊性。除了复杂的主客体关系，其中介形式的外化方面不是纯物质的存在而是教学双方完成德育任务的中介——道德教育课程内容的**呈示形式**。教师通过这种**呈示形式**将道德文化传授给学生，学生借这一工具形式实现对客体自我的改造。而作为德育活动中介形式的能动方面则是德育过程中对课程内容的呈示状态实施操作的教和学的活动形式。

（二）德育内容呈示形式的立美要求：许诺自由

依据美的规律，中介结构形式的外化方面应具有向主体“许诺自由”的特点，即规律性形式中必须反映出合目的性内容。德育课程的内容呈示在传统的德育过程中往往表现为一种对于学习对象的外在性，即黑格尔所讲的“顽强的疏远性”。具体表现在，教师呈示出的道德教育的内容只是一系列社会规范的僵硬堆砌或者是伦理原则的纯粹逻辑的演绎。面对这一内容，教师只不过是要求学生记诵或者进行生硬的逻辑推理。故传统的德育始终解决不了这样一个难题，那就是德育较少成功地促使学生由道德认知走向道德情感、道德意志和道德行动。

克服这一顽强疏远性的方法是让德育内容呈示的形式合乎美的规律，让学生认识到“建立这些规范，就是为实践主体的目的性活动建立起运用规律的形式”（赵宋光，1981）[39]。从道德规范的发生角度看，人类之所以要建立一系列规范协调人际关系，其本来的目标乃在于求得个体和类的现实发展，而不是找一种异化的约束自身的枷锁。所以如果说伦理学说上“德福一致”的原则主要是对道德实践的社会环境的要求，在个体及具体环境中往往难以实现的话，那么，从道德发展及人类的整体历史进程两角度来看，人类的道德生活乃是合乎“德福一致”的原则的。之所以称伦理文化为人类智慧的闪光，就是因为这些看似外在客观的规则之中乃是包含着千百年来人类对于自身发展的目的性设计、不懈的主观努力及其成果的积淀的。因此，异化了的因而外在的道德教育内容的呈示形式一经改造，就会还伦理智慧形式的合规律性与合目的性相统一、向学习主体“许诺自由”的本质。成功的德育课程内容应该呈示以下两种道德美。(1) 道德文明的智慧美。这实际上是一种合乎人性的逻辑运动的科学美，是一种生动的“理性直观”(赵宋光语)。德育者所作的内容呈示应使学生通过人自身对自己的立法内容充分反观体会人作为道德主体的优越。(2) 道德人格的形式美。道德教育应充分揭示道德规范对于类的发展和对于个体道德人格尊严建构的必要性（合目的性)。尤其要激发德育对象的道德精神需求，使道德规范成为其改造自身、塑造美好人格形象、成就幸福和诗意人生的惬意工具。

“德福一致”原则在立美德育中可以这样解释：道德规范（规律性或客观性）中实际存在着幸福人生的实现之路（目的性)，“德”的形式中其实包含着充分的“福”的源泉。因此，要实现个体真正幸福的人生，德育对象应视道德原则为必然选择的工具。

德育的首要任务就是要创立适当的内容呈示形式，实现与美的形式的同构同形，以便德育对象通过这一形式观照这种“德福一致”的可能性，实现精神享用，从而从根本上激发学习动机。

（三）德育活动形式的立美追求：施展自由

德育活动的中介结构形式既表现为上述外化的方面（课程的内容的呈示形式)，更表现为对于这一外化方面的操作——德育实践活动本身。从一定意义上看，德育内容原本是静态呈示的，而停留在静态呈示阶段就只能有自然的道德影响而不会有真正自觉的德育活动。因此，德育过程的真正实现有赖于教师将课程内容化静为动作用于德育对象，更在于德育对象自身将课程内容作为操作和运用的对象，征服学习内容顽强的疏远性完成道德内容的主动内化和吸收。德育活动形式的立美追求应在于创造让实践在现实面前施展自由，人们可以在人从主动活动到实现目的的推移运动中看到运用规律的理性这样一种教学活动方式。在目前德育理论和实践中，人们较多地关注了教师活动的美的形式的构造，即所谓的“教学艺术”。人们也常常谈到学习艺术和“学习的审美化”等。那么，就道德教育而言，教的形式、学的形式应如何走向立美范式呢？其重要指标之一就是要创造德育内容呈示形式的技术美。这种技术美并不是独指现代教学手段和技术的恰当运用，从更原本意义上说，德育课程内容呈示形式之技术美指的是德育工作者向其对象所作的合乎德育规律的呈示形式中，德育目标的顺利实现所体现出来的德育主体自由。所以，只要符合这一特征，即使是最原始的教科书、最一般的课程内容呈示形式，也会具有这种“技术美”的特征。

而在德育教授活动的立美化的具体内容方面，人们较常讨论的问题有：(1）教师语言艺术（包含体态语)，如抑扬顿挫的节奏、恰到好处的语调、轻重音处理等；(2）课堂或课外活动的结构安排，授课的节奏、虚与实、课堂气氛的审美化等；(3）现代传媒和其他教学手段的恰当运用，以创造“彩色信息传输通道”等；(4）教学活动的环境美化，包括教室、校园等的美化建设，以实现使学校的“墙壁也说话”（苏霍姆林斯基）的目标；(5）课堂教学的其他艺术追求，如板书艺术等；(6）艺术的直接利用，如将电影、电视、文学作品引入德育过程。但其实上述这些艺术化手段都仅仅具备立美德育的一些外在的可能性。因为这些艺术手段如果不能够实现教学双方“施展自由”的目标，形式上的“美”就会在顷刻间化为乌有，德育观摩课中常犯的“表演化”的错误根由即在这里。所以，需要特别加以说明的是：德育活动的形式美最广阔的范围是常态德育活动，而非偶然和附加的艺术手段的运用。德育美学、“德育艺术”之类的概念往往使人联想到了德育活动中艺术手段的运用和德育活动形式艺术化等，其实这一看法是完全错误的。德育美除了艺术美的成分之外，更原本的应是现实美。类似于庖丁解牛那个著名的例证，所有合乎德育规律成功地使教师施展自由同时又使道德学习主体施展自由的德育活动，就其形式来看，都符合美的规律。从一定意义上说德育美学观倡导的应是常态德育活动的立美创造。

在德育情境中道德学习的立美追求问题常常表现为学习过程的审美化和所谓“学习艺术”问题。其实，学习的“艺术”与“教学艺术”一样也只是立美学习的一种可能性，对一个特定个体来说是艺术的东西，对另外一个则未必。其内在的根据也在于给予前者施展自由机会的形式往往可能窒息后者"施展自由"的追求。有人曾比较过艺术审美和学习审美的不同："如果说，艺术审美的特点在于静观享受，学习审美的特点则在于建构生产，后者标志着人把美作为一种实践力量加以运用，按照美的规律来自我塑造的自觉要求。"（陈建翔，1994）赵宋光（1981）[39]也认为，成功的学习活动在于"把客观的知识按其固有规律组织在主体的目的性活动之中"，"进行这些练习，就是为现实对象的规律性存在建立起合乎目的的形式"。道德学习的方式往往表现为"活动"，只有当活动在实现道德内容真正内化的目的性过程中，充分体现学习主体对于学习规律以及对于学习内容中特定道德律的驾驭这一内容时，学习主体才是真正地施展了自由的。所以立美学习的最后根据并不在于学习艺术化的外观，而在于这些学习活动外观形式能否实现和展示学习主体的自由。

综合地看，道德教育的教和学的具体艺术追求是完全必要的，但真正艺术性活动形式或立美教学范式的追求的核心并不在于具体的艺术技艺，而在于这些技术形式要能反映出教、学双方在道德文化的授受活动中运用教育规律的理性抉择和组合的主体自由，体现对道德规范顽强疏远性的主体征服。所以德育活动形式的立美追求的目标在于寻找或创造"施展自由"的中介结构形式。"施展自由"的标准既是抽象的又是具体和普适的。孤立地看，艺术手段或具体立美教学方法只不过是某种外在附加的东西，如果没有内核的标准，则这些附加物就会立即成为德育活动的另外一种异己的力量。

三、德育形式美的欣赏（美的效能）

如果说德育活动的立美追求之一是创造一种向道德教、学主体"许诺自由"和"施展自由"的中介结构形式的话，那么，这一过程中同时进行的活动之一就还应有教学双方作为道德教授和学习主体对于自身活动形式的欣赏。立美德育的结果是双重的，一是道德学习主体生成中的作品美，二是德育过程中教学双方共同创造的教学活动的中介结构的形式美。关于作品美的立美和审美的统一已讨论在先，这里着重讨论德育活动形式美的审美观照。

德育活动形式美的观照意义（同时也是形式美创造的意义）在于以下三个方面。

(1) 形式美是愉快德育实现的本质。赵宋光（1981）[39]说："对于能够主动立美的人，严密的逻辑和高尚的道德都会成为自然的结果，因为他为自己建立的本是自由运用客观规律以保证实现社会的目的形式。"席勒(1984)[118]则说："由审美状态到逻辑和道德状态（即由美到真理和义务）与由自然状态到审美状态（即由单纯盲目的生命到形式）相比，其步骤要容易得多。"德育过程之中立美主体即是审美主体。作为生产者他在创造、在驾驭、在造福于社会也造福于自身。同时作为欣赏者，他不仅为直接创造成果（道德人格的生成），而且为这种活动形式的自由性质而自慰。无论是道德教育的教授或是学习，过程本身的魅力都是构成教学双方内在和持久稳定动机的源泉。愉快教学如果不是虚假的就必然是内在的，亦即活动形式本身吸引双方乐教、乐学，即使在征服道德内容的顽强的疏远性的途中付出的艰辛很多，主体也能因感受自己的本质力量而具有优越、自由和尊严感。因此，立美德育过程中德育工作者不仅要善于参与设计和创造德育活动的形式美，而且应时时凸显德育活动形式美，唤醒德育对象的欣赏意识，使德育对象在对自身活动形式的审美观照中感受轻松，获得审美愉悦。

(2) 形式美是德育教学风格和学习风格的强化物。成功的德育主体应是具有自己的教学风格的，同理，成功的道德学习主体也应具有自己的学习风格。但教学和学习风格的形成要经历漫长的过程。形式美的欣赏可能产生对风格的强化，原因有二。一是风格的表现之一在于活动形式，每一德育活动教学双方都可能偶然形成教学活动的某种简约、经济同时优雅、和谐的教与学的形式。这应视为教与学风格形式的母本和契机。二是当这一符合德育教与学规律的活动形式同时也与美的结构同形时，主体立美过程的形式与结果就会促成教学双方对活动形式美的欣赏，而形式欣赏即对活动自由形式重复实现的即时强化。这种强化延续下去的最终结果就可能是个体形成能够充分施展自由的活动形式的独特模式和个性——“风格”。因此，道德教育的教学风格和道德学习主体的学习风格追求与德育活动形式美的审美活动应当联系起来考察。

（3）形式美是克服德育异化的必由之路。“美与异化的界限究竟何在呢？最后的界限就在，美的形式体现了对规律的自由运用，异化的形式则表现出对规律的无奈屈从。”（赵宋光，1981）[46] 这一观点能够较好地解释许多德育工作者对某一成功德育模式刻板追求之所以失败的原因。那就是并非德育工作者掌握和自由地运用、超越这一模式，而是相反，是模式在命令学习运用这一模式的德育主体。同时这一观点也能够解释德育主体适得其反的教育效果的成因。那就是“当教师致力于给学生建立合规律的形式时，学生所体验到的却是对规律的屈从”（赵宋光，1981）[46]。这时“人们经常求助于说教，最简单的方法是宣传顺从性，较胜一筹则是说服学生相信，今天的受拘束可以换来长远的自由”（赵宋光，1981）[46]。德育活动的形式美的建构可以从根本上破除唯智型、唯行为训练型等旧式道德教育单纯而分裂的抽象说教、外在灌输、规范操练等对道德学习主体的役使，还道德学习主体在德育情境中建构自身道德人格形象的主体自由。而当教学和学习主体反观这一建构活动情境的形式美时就会产生一种对于异化形式扬弃的惊喜！愉悦或审美的获得又将反馈于进一步的道德学习与教学。现在应当大力提倡的事情之一应是：让匆忙耕耘的德育工作者和德育对象不时地停止忙碌，用美的规律去度量一下自己的活动，然后通过审美观照强化、弱化或改造自己的活动形式，让美成为战胜异化的利剑。

对德育活动形式美的立美创造与审美观照所作的努力方向是相反的。立德育形式之美，是要通过合乎美的规律的教育活动形式去实现既定的德育目标，其核心在于既定德育目标的实现中德育活动的内容是第一位的，形式是第二位的；而德育形式美的审美活动则相反，这时完成德育任务的内容成分已经淡化，活动的形式方面凸显出来，成为审美观照的对象，形式是第一位的，内容是第二位的，故“审美实现的关键在于内容与形式的互换”（檀传宝，1995b）。质言之，对形式美的审美活动可以使德育活动的主体从立美德育活动中超脱出来，将自己的活动作为对象物来观照，从而促成进一步的更加完美的立美德育活动的延续。所以，立美德育在形式美建构方面的一条重要原则仍然是立美与审美的统一。

第三节　对德育主体自身的改造——师表美的追求

德育作品美是立美德育的目标，形式美是这一目标的实现之路，而目标的达成、实现之路的开拓者乃是德育主体。因此，对德育主体（教师）的改造，亦即对师表美的追求，乃是德育作品美和形式美的立美与审美的重要前提。

一、师表和师表美

“师表”一词在中国是一个历史悠久且超出教育学范畴的概念。“师”即教师或以某人为师的意思。孔子说：“温故而知新，可以为师矣。”（《论语·为政》）韩愈说：“师者，所以传道授业解惑者也。”（《师说》）师都是指教师的意思。《孟子·离娄上》中说过“莫若师文王”的话则是以文王为师之意。故“师”本身即意味着作为教师必须有供人效法的品质，“师”绝不是职业符号，谁佩戴它谁就是“师”。“表”原指外衣、外貌，后引申为表率、标准之意。《淮南子·本经训》中云“抱表怀绳”，“表”与“绳”并列，显然指一种标准。为师的人必须注重仪表、言行、形象，这是“师”足以供人效法的外在前提。所以“师表”合一即指在道德与学问上为人榜样之意也。《史记·太史公自序》中云“国有贤相良将，民之师表也”；宋范仲淹说“师表百僚，经纬百事，此宰辅之职也”（《推委臣下论》）；苏轼《孔北海赞并叙》中云“文举以英伟冠世之资，师表海内，意所予夺，天下从之，此人中龙也”。其中“师表”也是为人表率的意思。所以在中国历史上，师一直有“人师”和“经师”（或“业师”）之别。专于一技，纯粹的教书匠，经师而已；而德才学识兼备尤其人格形象足以为人楷模者才是人师，才是所谓“师表”。

在中国古代，“师表”一词具有十足的政治内涵，人师往往是“君师”“官师”合体的。故荀子说：“四海之内若一家，通达之属莫不从服。夫是之谓人师。”（《荀子·儒效》）。《学记》则云：“能为师，然后能为长；能为长，然后能为君。”故师表说一方面要求君主、官员能够施行仁政、为人模范，另一方面又倡导社会分层上的“学而优则仕”，政治教化重于纯粹的教育意味。这样一来古代中国人师、师表往往更多的是对政治家的要求，因故不能在仕道上顺畅而成为人师者，举凡孔孟、程朱者实属少数，故学馆的寒儒往往多为经师、业师辈矣。要求官员能为人师并非没有积极的教育意义，现代德育社会学所要求建立的优化的教育环境中就应有对政治家的德行学说尤其是道德人格上垂范于社会的要求。然而这毕竟属于学校教育系统之外的环境建设问题，因而借鉴师表概念要求学校教育系统内的教师、德育工作者成为师表则应是今天我们重新研究“师表”说的重心。

当然，即使在今天，学校的老师成为师表的教育意义并不止于学校教育。北京门头沟区西辛房小学赵家洼分校的吉绍甫老师在赵家洼这个穷僻的山村一待就是 38 年。村里人都称他为“老师”而非“吉老师”，因为 38 年来村里只有他一位老师。吉老师的道德人格受全村人爱戴，以至于村里开会有时喊不齐人时村干部就说：“老师叫你们开会去！”奇怪的是，只这一句话，不大会儿工夫全村该来开会的人准会齐刷刷地全到。（杨明森，1989）[244] 这是一个典型的师表社会教育作用的说明。吉老师没有村干部的行政权威，却具有比行政权威更大的召唤力，显然证明了师表的魅力之大！从科学的角度看，吉老师的教育能力很强；从伦理学的角度看，吉老师的品德威望崇高；而从美学的角度看，则吉老师的威望、魅力实在是一种人格美（师表美）的闪光。

师表形象或师表美的塑造的重要性主要存在于教育系统之中。就德育的角度看，师表之美的价值有三。

（1）充分发挥德育主体的德育潜能。教师或德育工作者“不是使用物质工具去作用于劳动对象，而主要是用自己的思想、学识和言行，以自身道德的、人格的、形象的力量，通过示范的方式直接影响着劳动对象”（周浩波，迟艳杰，1993）[184-185]。这是教师劳动的特点。即使是要当好一个“经师”，将道德教育课程中知识性内容传授给学生，也须追求一个讲台形象。因为如果完全走反师表美的道路，其效果当然也就只能是反德育的。至于有追求成为人师之自觉的德育工作者则更应注意道德生活“知易行难”的特点，严于律己，使自身的道德人格朝师表美的标准靠拢。这样就可以使可能潜伏在“经师”身上的“人师”性质大放光彩，原本潜在的德育辐射力就会自然凸显出来，“无教之教”“无言之教”就会成为现实。

（2）充分促成学生的榜样学习。榜样学习已成为社会学习理论的核心概念。的确，就道德教育和学习而言，道德发展的阶段性质不能否定道德学习个体的整体性和复杂性；与培养道德判断、推理能力相比，道德学习主体与道德环境及道德行为的结果的交互作用对形成道德观念和道德情操具有更为实质性的影响。对学生而言，教师和成人是具体的道德概念的化身，教师的一言一行不管有无进行德育的自觉，都会成为德育的显隐性课程。这就是孔夫子所言的“其身正，不令而行，其身不正，虽令不从”。故确立师表之美实际上是建构学生道德学习的内容或榜样，道德的榜样学习需要立师表之美。

（3）提高道德教育的效能。师表美具有魅力的源泉之一当是师表形象的情感性。社会心理学已经证实，人们很可能单纯地将对一事物的积极情感转移到与该事物相联系的另一事物上去（情感转移理论）。“爱屋及乌”即反映这样一个心理事实。立师表之美就是要让教师成为学生积极情感指向的对象，即使当学生面临较为复杂的道德情境时，也能按照老师提出过的要求或以老师为榜样去践行道德规范。此外，在道德冲突发生时，如当教师的观点同学生的原有立场不一致时，与德育目标相一致的态度改变只能发生在师表在学生认知和情感上具有足够能量（吸引力）的时候；否则学生就会固守已见（一致性理论）。因此，重要的因素之一在于教师能否成为一个崇高的不容否定的审美存在。（檀传宝，1994）鲁迅先生在《朝花夕拾·藤野先生》中这样记载："每当夜间疲倦，正想偷懒时，仰面在灯光中瞥见他黑瘦的面貌，似乎正要说出抑扬顿挫的话来，便使我忽又良心发现……"所以师表之美乃是学生道德学习的动机的来源和放大器。提高德育实效的出路之一在于师表美的建设。

师表、师表美本是两个概念。当为人师者对师表的追求是一种勉强行为时，师表是与教师本来面目相隔的一层外壳。这时教师没有应有的主体自由，学生会感到老师是造作、"道貌岸然"的。这种师表是一种虚假的外壳，因而难以发挥师表的真正作用。而当师表成为教师内发、自觉的追求，教师的一言一行都是其人格形象的自由表现时，人格美的陶冶性才能真正发生，师表的德育功能才能得以实现。而当这种真正形象完成时，师表之美的塑造也同时完成了。故从这一意义上讲，师表与师表美又是同一个概念，只不过师表是教育学的范畴，而师表美属于美学观照的结果而已。特别说明师表和师表美的区别和一致的核心意义在于：师表美并不等于教师的艺术造型。许多德育工作者忙于用艺术的手段装饰其外"表"，而忘记了教师的本质乃在于"人师"的性质，离开"人师"的本质去追求花里胡哨的外在形象是一种新的"经师"性的表征，与立美德育的原则背道而驰。所以立师表之美虽应包括教师外在形象的审美追求，但更深层的在于德育主体精神人格的立美建设，并以这种内在精神人格和外在道德形象的统一为最高境界。

二、师表美的构成

师表或师表美当然是一个整体，师表美的成立当以整体性或统一性为前提。这里只是从理论分析角度来分别探讨构成师表美的几个方面。

（一）"表美"

"表美"指师表美的外在方面。"师者，人之模范也。"（《法言·学行》）

既要为人模范，为人做样子，教师自己总要有一个外在形象供人观摩与效法。所以“表美”乃是师表之美的实现或具体，无“表美”即无师表之美。中国教育传统中对教师的外在形象要求极高，孔子在解释“克己复礼为仁”时就明确地说过：“非礼勿视，非礼勿听，非礼勿言，非礼勿动。”（《论语·颜渊》）礼是外在的行为规范，仁者的视、听、言、动都表现为对礼的法度的遵守。故这句格言不仅成为中国传统文化中修养心性的真言，而且成为中国传统教育中师表建设的基本要求。启功（1981）[9-10]先生在他怀念陈垣大师的《夫子循循然善诱人：陈垣先生诞生百年纪念》一文中记载：“老师在谈话时，时常风趣地用手向人一指。这无言的一指，有时是肯定的，有时是否定的。使被指者自己领会，得出结论。一位‘同门’满脸连鬓胡须，又常懒得刮，老师曾明白告诉他，不刮属于不礼貌。并且上课要整齐严肃，‘不修边幅’去上课，给学生的印象不好，但这位‘同门’还常常忘记了刮。当忘了刮胡子见到老师时，老师总是看看他的脸，用手一指，他便跼蹐不安。有一次我们一同去见老师，快到门前了，忽然发现没有刮胡子，便跑到附近一位‘同门’的家中借刀具来刮。附近的这位‘同门’的父亲，也是我们的一位师长，看见后说：‘你真成了子贡……入马厩而修容！’……大家……无不大笑。这次他才免于一指。”陈垣先生的“一指之教”有他自己为人师表之外在形象美的存在，同时他反对在大学从教的弟子们不修边幅，也是考虑到“给学生印象不好”这个“表”的教育性问题。一正一反，充分揭示了“夫子循循然善诱人”的某种真谛。

“表美”的主要内涵可以归纳为两个方面，一是教师作为普通人的言谈举止的外“表”，二是指教师作为特定社会角色的讲台形象。但这两个方面又是相互渗透，联系在一起的。既要为人师，一举手、一投足都既是普通人又非普通人了，所以，德育情境之外的教师形象建设仍然是十分重要的。诸如教师的着装应该是质朴大方、富有文化涵养的；教师的一举一动都必须是优雅得体、潇洒大方的；教师的语言、眼神、表情等都应该是道德崇高与和谐的象征……。马卡连柯曾说：“从口袋里掏出揉皱了的脏手帕的教师，已经失去当教师的资格了。”（马卡连柯，1981）[446]“高等师范学校应当用其他的方法来培养我们的教师们。如……怎样提高音调，怎样笑和怎样看等等‘细微末节’。”（马卡连柯，1981）[407] 而教师的讲台形象，则主要由教师在教学情境中的动作、语言艺术、板书艺术、授课技巧、教学机智等组成，它反映教学情境中教师的外在形象的美。这些内容已在教育艺术学科中有了较为细致的研究。比如在西方，教学体态语的运用、教学语音恰当的分贝值、教学环境中师生距离的度等都有很具体的实验研究及数据。但有一点必须指出的是，教育美学、德育美学与教育艺术、德育技艺的研究并非同一个角度。德育美学观认为，所有德育手段包括德育教学情境中教师的讲台形象在内首先必须有主体自由、有主体道德人格的自由等美的本质灌注其中，才有真实的德育（美学）价值，如在前面讨论过的“形象性”问题。教师在德育过程中固然要讲语言的形象生动等，但生动的形象不能窄化为艺术形象或感性形象。这是因为在道德内容的教与学中，有些属于理性直观的东西很难找到完全对应的感性形象，如硬要强调感性直观，就会给教师和学生带来一种不自由，一种滑稽感、庸俗感。这完全是反德育美学观的。在这种情况下，美的法则要求教师的将是帮助学生观照人类理性和逻辑的生动，从而发现道德生活的严肃与崇高的特性。所以，讲台形象与日常生活形象一样，教师的“表美”塑造的法则都是作一个恪守规范但质朴的、真实的、自由的人。

“表美”建设还应遵行一条重要的法则，那就是情境性和创造性。“表美”要求德育工作者讲外在形象的规范，但规范绝不意味着划一，因为无生动即无自由，无自由即无美感。德育主体作为个体各有自己的人格个性，各有自己的年龄、性别、身体、气质特征，各自面临的德育情境也不一样，所以师表外在形象要自主自由就不能不讲情境性和创造性。教无定法，因而表亦无定规，成功的德育工作者都是领会其中三昧的。以下举小学特级教师斯霞老师的一个例子为证。斯霞老师作为老教师平时是讲庄重、朴素的，但也有例外的时候，而这种例外显然给她的学生们留下了美好而深刻的印象。以下的记叙来自学生的作文：

大礼堂里，人们正凝视着舞台。忽然扩音器里响起了一个声音：下面的节目是最精彩的，老师表演小鸭子，希望同学们注意。接着幕布徐徐上升了。只见一队老师系着洁白的小围裙，头上扎着蝴蝶结，弓着腰，像小孩似地跳出来，其中有一位老师，她穿着紫红色的灯草绒短大衣，乌黑的头发是卷曲的。在她黄黑带白的脸上，嵌着一对炯炯有神的眼睛。她走过时，调皮地做了个鬼脸，活像个天真烂漫的小孩子……。告诉你，那位穿紫红色衣服的老师，就是我们的班主任斯霞老师。（丁家桐，1981）

（二）“道美”

“道美”指师表美的精神内涵或内在方面。“表美”与“道美”既有外在和内在之别，又有相互融通的一面。就德育主体的师表美而言，其外在形象就是其内在灵魂的展现，否则作为一个伪善者，既违背美的法则也会带来德育的负效应。某些学科如自然科学方面的教学活动往往要求教师既应是学科知识的专家又应是教学理论的行家，是所谓“双专家”。而道德教育则不然，除了以上两个层面要求，德育工作者还必须首先成为道德信念坚定、表里如一的道德践行者，是所谓的“三专家”。（檀传宝，1992）这就涉及“表美”与“道美”的统一问题。无“道美”当然即无“表美”，反之亦然。

在中国，与师、表的结合一样，师与道结合也是教育的传统。韩愈在解释“师”的传道、授业、解惑三项任务时，传道乃是第一位的，《师说》中还说过“道之所存，师之所存也”“吾师道也”等，也证明了道对于师的重要。德育工作者作为人师必须有道可传，无道可传则师将不师。故“彼童子之师授之书而习其句读者，非吾所谓传其道解其惑者也”，“小学而大遗，吾未见其明也”（《师说》）。启功先生回忆过陈垣先生的一件事情：辅仁大学有一位教授，在抗战胜利后任北平市的某局局长，从辅仁大学的教师中找他的帮手，想让他去管一个科室。启功去向陈老师请教，老师问：“你母亲愿意不愿意？”启功说：“我母亲自己不懂得，教我请示老师。”又问：“你自己觉得怎样？”启功说：“我‘少无宦情’”。老师哈哈大笑说：“既然你无宦情，我可以告诉你：学校送给你的是聘书，你是教师，是宾客；衙门发给你的是委任状，你是属员，是官吏。”启功明白了，立刻告辞回来，用花笺纸写了一封信，表示感谢那位教授对自己的重视，又婉言辞谢了他的委派。启功拿着这封信去请老师过目。老师看了没有别的话，只说：“值三十元。”这“三十元”到启功的耳朵里，就不是银元，而是金元了。（启功，1981）[15]在启功先生的这段回忆中，我们不难看出，陈垣大师特有的中国传统儒士的独立、超脱、安贫乐道的精神本质。在黑暗的时代之中，老师“无宦情”的灵魂才能促成学生的“无宦情”的行动。所以，如果说“表美”是师表美的外在实现，那么“道美”可以说是师表美的内在灵魂。

作为师表美灵魂的“道美”主要可有两种形态：崇高和优美。崇高、优美、悲剧、喜剧、丑等作为美学范畴，不同的美学家往往有不同界定。笔者欣赏苏联美学家克留科夫斯基用系统论对上述范畴作过的界定。克留科夫斯基指出：“精神上的人是伦理学的对象，而不是美学的对象”（克留科夫斯基，1989）[176]，然而又“确实能够发现伦理学对象与美学对象完全吻合的现象。确切地说，二者拥有同一个对象——作为精神生物的人，作为个人的人”（克留科夫斯基，1989）[177]。克留科夫斯基提出了“精神美”的概念，并依据独特的系统论方式做出了自己的解释。克氏认为，人的精神美就是普遍（道德）规范与（个体）特殊规范的平衡关系。“一般规范与特殊一旦合而为一，该层次上的个人就会被人们视为充分和谐、基本上美的人。”（克留科夫斯基，1989）[223]而当一个人的精神结构中的普遍规范（从类或人性、社会、国家、民族、阶级、职业、集体、家庭的规范到个体规范，伦理规范的普遍性递减，越往后则越接近并最终止于特殊规范）与特殊规范相比占据明显优势时，这个人的精神、理性、类或一般的特征会使他表现出精神上的崇高（如果他过于超前，牺牲则可能使崇高演变为悲剧形态）。而当一个人身上的某些特殊规范与普遍规范相比占有一定的优势时，则表现为喜剧形态，这种优势程度递增，则喜剧形态就会变为“卑劣”形态（市侩性质），直到变成“丑”。（克留科夫斯基，1989）[209-211]

夸美纽斯曾经指出：除了智者，任何人都不能使别人成为有智慧的人；

除了能言善辩者外，任何人都不能使别人成为能言善辩者；除了道德的和笃敬宗教者外，任何人都不能使别人成为有道德的和笃敬宗教的人。乌申斯基也说，教师的道德个性是任何教科书、任何道德箴言、任何惩罚和奖励制度都不能代替的一种教育力量。那么完全可以这样说：要帮助学生塑造美的道德人格，教师的道德人格形象也应该是美的。德育主体的道德美包括克留科夫斯基所言的精神美的崇高和优美两种形态，前者可使教师在学生面前确立一个道德体系的超前、开拓者的形象，从而使道德学习主体在感受道德崇高的同时追求道德崇高；后者则可显现教师处理精神与物质、理性与现实、义与利、永恒普遍的道德原则和具体现实的日常生活之间关系时道德选择和行动的优雅、和谐，一种中和之美。教师在道德生活上平和优美的榜样作用对学习对象而言既有审美价值，又可以增强其追求道德上的优美人生的冲动，具有更普遍的道德教育价值。可以说，教师道德生活的崇高形象利于学生对规范的批判、超越能力和追求进步道德的创生能力的发展，而优美的道德榜样则利于引导学生学习、践行现实性的道德体系，使一定道德文化的授受关系成立。

美学范畴上尚有“喜剧”范畴。在现实生活中喜剧人物尚在道德认可的限度之内，但对德育系统而言，教师的教学可以有喜剧（幽默）的一面，但其道德生活榜样方面却不能以喜剧人物的身份出现。因为在喜剧范畴中，个人的特殊规范在普遍的道德原则之上，所以与卑劣相连接。克留科夫斯基（1989）[253]就曾说过，卑劣“这个范畴与社会的进一步衰落的阶段相符合，它与喜剧性的区别更多的是在量上，而不是在质上”。简言之，喜剧性道德形象往往不能赢得学生的尊重，故喜剧是生活中允许的但却非德育主体所应具有的合乎教育与美的法则的形象。至于卑劣和丑的范畴则显然只有反面教材意义上的德育价值。美与丑相对立，道德教育在弘扬道德生活美的一面的同时，也应让学生直面道德生活中的丑恶，从而与之“划清界限”。而在这一方面教育中疾恶如仇的榜样作用同样重要。

（三）人格美与风格美

在这里，德育主体的道德人格与风格的美笔者是视作同一范畴的。如果说“表美”“道美”分别揭示了师表美的内外在两个方面，那么，人格与风格美则指的是这两个方面的“合成”，以及由“合成”而形成的师表美的完整和统一的形象特征。换言之，风格美指德育主体“道美”与“表美”的统一。

“道美”和“表美”的关系可以视为克留科夫斯基所讲到的普遍范畴与特殊范畴的关系。一方面，“除了道德的和笃敬宗教者外，任何人都不能使别人成为有道德的和笃敬宗教的人”。另一方面，“不学无术的教师，消极地指导别人的人是没有躯体的人影，是无雨之云、无水之源、无光之灯，因而是空洞无物的”（夸美纽斯）。足见“道美”和“表美”都是师表美或师表不可或缺的成分，然而这两大成分在不同的德育主体身上所占的比重并不划一，因而必然显现出不同的师表风格或风度。这一风格，依据美感尺度可作如下观照。

（1）崇高。当德育者身上“道美”的成分高于“表美”的成分时，最极端的情况是教师“道美”无从显现，学生没有“阅读”的渠道。这对于教师而言是一种悲剧。而当这一不平衡下降到一定程度时，学生可以感受到教师的“道美”，但同时感受到教师在外在形象表达上的“拙”与“讷”。质朴的形象中师表的精神内涵微显但厚重。这就是所谓的教师形象的“崇高”风格。

（2）优美。优美风格即灵巧的风格、庖丁解牛式的风格。在这样的德育主体身上，文、质关系实现了和谐的统一，是所谓“文质彬彬”的水平。教师的“道美”恰到好处地在其外在形象（“表美”）中显现出来，学生面对教师就是同时面对其优雅的道德生活的内容与形式。由于“道美”找到了合适的表达形式，这一风格应是教师追求的境界。

（3）喜剧。当“道美”压倒“表美”时产生悲剧和崇高，而当“表美”胜于“道美”时，道德教育的主体身上就体现出了一种对于道德生活内容的“夸张”，即所谓的喜剧性。但喜剧性前提是这一“夸张”的度，一旦“表美”完全与“道美”脱离，则任凭德育者手舞足蹈，使用所有的艺术手段都会使他的教育形象走向伪善、卑劣、庸俗化与丑。这里需要特别说明的是，这里讲的喜剧性与前述“道美”中所言的喜剧性不是一个维度。后者讲的是教师的精神人格，理应追求优美和崇高，这里讲的是教师的个人德育形象，一定的喜剧性是可以允许的。在一定意义上还可以说喜剧性或幽默感应当成为德育主体所应追求的效果之一。

从“表美”到“道美”，再到两者的结合，笔者对师表美的大致构成已做了一个粗略的勾勒。虽然师表美作为德育美学观的一个重要范畴在表达时难尽其美，但上述构成亦有提醒追求师表美的努力方向的价值。下面拟讨论师表美追寻的另外一个侧面。

三、师表美建设中的两个问题

就像德育的作品美、形式美的欣赏具有重要意义一样，对师表美的欣赏对于德育异化的扬弃、德育工作者职业生命意义的获取无疑都有十分重要的价值。但师表美的欣赏的前提是师表美的建设，所以下文以师表美建设中的两个问题的讨论作为本章的结束。

（一）“学而优则教”

严元章（1993）[162] 博士针对中国传统教育体制“学而优则仕”造成的教师素质不良之弊指出：“对于‘学而优则仕’，我是要泼冷水的。反而认为，‘学而优则教’是更加正确，因为由此可以培养一代比一代好的人才。站在教师的立场，应该以‘学而优则教’为原则，以‘学而优则仕’为例外。”这一观点是相当有见地的。中国古代的“学而优则仕”和目前一定程度上的“学而优则商”等都造成了“经师易遇，人师难遭”的现状。要改变这一现状，只有实行“学而优则教”的主张。

实行“学而优则教”是一个大工程，比如首先涉及社会资源的配置、教师地位的真实提高等社会建设问题。但这不是本书的主题。德育美学观要考虑的是：什么样的教师才是“学而优”的人师？

“学而优”的人师必须符合真和善的标准。“真”是指其专业功夫和教育及心理原理、教育技能的掌握；“善”是教师自身品德水准要求，一言一行合乎教师的职业道德。但真的、善的标准都只是规范，而且是不完整的规范。所以新的教师观必须加上“美”的规范要求，而美的规范要求既是规范，又是对规范的超越，是一种对教育主体的自由的要求。德育主体的改造实际上是教师的人格建设、对道德人生自由的追求。而“教师的人格是全部教育的基础”（乌申斯基语）。所以德育美学观要求“学而优则教”的内涵是：德育主体有强烈的自身道德人格美的立美追求。

（二）教师报酬的精神性质

严元章博士曾经为了落实“学而优则教”而呼吁给教师“提供原则上比其他行业更为丰厚的报酬”，包括“落实如下的福利措施：一、设备齐全的住所；二、公共食堂（饮食自费）；三、公共交通（短程免费）；四、公费医疗（全家享受）；五、子女学费代交；六、年功加俸及发送养老金；七、进修休假（服务每满五年，带薪休假进修一年）”。（严元章，1993）[152] 这些具体的建议显然是要求于社会的。至于教师，则应明白：“终身为师的生活、教不倦而学不厌，也许是相当寂寞的。不过‘古来圣贤皆寂寞’；立心为师的话，就不妨跟着古来圣师的足迹，走人生的寂寞之路。”（严元章，1993）[160]

其实，岂止于“寂寞”！古今中外，教师的生活都是以寂寞而且清贫为普遍特征的。讲教师职业的崇高不仅在于教育事业使命的崇高，也在于践行这一使命时主体报酬的精神性质。这里并不是反对改善教师生活待遇，也不是说教师只有苦而没有乐，而是说在物质待遇既定的情况下，教师要有恬淡人生、超脱潇洒的一面。教师的报酬实际上也的确不止于物质，学生的道德成长、学业进步，及其对社会做出的贡献，都是教师生命意义的确证。师生之间，尤其是德育主体和道德学习主体之间的道德人生探寻上的精神交流、情感融通都是别的职业所难以得到的享受。所谓德育的享用性，对教师而言，其含义之一就是这样精神的享用或愉悦性质。德育主体只有充分认识这一精神性质才能发现包围自己的人生诗意。孟子曰："君子有三乐"，"父母俱存，兄弟无故，一乐也；仰不愧于天，俯不怍于人，二乐也；得天下英才而教育之，三乐也"。(《孟子·尽心上》) 将"得天下英才而教育之"与"父母俱存，兄弟无故"的天伦之乐、"仰不愧于天，俯不怍于人"的德性生活之乐相并列，而称之谓"三乐"，表明孟子作为人师对自己职业重要性的充分肯定。同时，这一肯定中也明显含有乐教的审美意蕴。的确，"教师只有摆脱了职业感的束缚，不把教当成谋生的手段，而是出乎自己的需要，像孟子那样以得天下英才而教之为乐，那么他才能在教的活动中自由地、有创造性地发挥自己的全部才能和力量。""只有当教、学双方在互动之中都抛弃一切世俗的、外在的各种顾忌，沉浸在艺术的创造过程之中，才能达到'孔颜乐处'的境界。"(周浩波，迟艳杰，1993) [100-101]

对德育主体的改造，其主题当是立师表之美。而师表之美在于"道美""表美"及其统一的追寻上，德育主体要付出的努力是多方面的。这里所作的讨论只是一个浅短的开端，但是有一点是非常明确的，那就是：德育美学观所倡导的道德教育作品美、过程形式美的塑造都必须通过师表美去完成，因而立德育主体的师表之美是一个复杂然而十分关键、值得深究的课题。

第七章　作为德育目标的美——至境德育论

由低而高，道德生活有功利道德、社会道德和自由道德三层境界；与之相对应的道德教育则表现为感性德育、理性德育和审美（立美）德育。道德人生和道德教育的至境应是塑造真人形象的自由道德和审美德育。道德至境或诗意人生的教育达成构成了道德教育之“育”的至境追求。本章不是要对目前中国的德育实际境况作一种比附，而是力图提供在德育目标、德育内容、德育方法上实现重构或至境追求的某种思路。

第一节　道德人生与道德教育的境界

一、境界

在第四章讨论“德美”时，笔者既说明了道德个体从无律、他律到自律和自由的道德学习过程，又强调道德的本质不是他律也不是自律，而是对道德的自由把握。而达到道德自由阶段的所有德行都将成为审美观照的外在形象。这实际上已涉及严格的道德人生与宽泛的道德生活之间的界定问题。本章讨论道德人生和教育的境界，既包含对道德人生的至境研究，也包括对不同层次或宽泛意义上的道德生活境界的分析。

“境界”一词实为中国文化的精髓之一。有人认为它来源于佛教的法界缘起说；有人认为其来源于道家的“无”。但大多数都会承认对境界概念做出卓越发挥的是王国维。王国维在《人间词话》的开篇即说：“词以境界为最上。有境界则自成高格，自有名句。五代北宋之词所以独绝者在此。”这时他所说的境界实指一种词境的极致状态。王国维又说：“古今之成大事业、大学问者，必经过三种之境界：‘昨夜西风凋碧树。独上高楼，望尽天涯路。’此第一境也。‘衣带渐宽终不悔，为伊消得人憔悴。’此第二境也。‘众里寻他千百度，蓦然回首，那人却在，灯火阑珊处。’此第三境也。”王国维此时讲的境界实际上是指人生、学问追求的三级水平。故王国维的“境界”原本有两个维度的含义，一指一种理想境地，二指学问的不同水平。境界一词王国维本是作为词的审美范畴提出的，但是实际上不少人却早已把这一概念看成把握整个中国文化与哲学精神的基本范畴了。所以，本章取之为核心范畴，借以讨论道德人生和教育的不同层次及极致水平。

道德人生之境界实为人生的最大课题，古今中外讨论这一主题的人不胜枚举，兹举笔者接触稍多的几例。(1) 冯友兰（1985）[389]先生认为：“我们可以把各种不同的人生境界划分为四个概括的等级。从最低的说起，它们是：自然境界，功利境界，道德境界，天地境界。”(2) 克尔凯郭尔（S. A. Kierkegaard）认为，道德人生有审美境界、伦理境界、宗教境界，而以宗教境界为最高。（刘放桐 等，1990）[589] (3) 陈望衡（1994）从人格角度由低而高描绘了三层人格：法制人格、道德人格、审美人格。(4) 席勒则从社会生活角度持“力量的国度”“伦理的国度”“审美的国度”之三境界说。

以上四种境界说，界说的角度不一，对一些范畴的理解和界定不同，但明显可以看出其不约而同的一面。第一，克氏为教徒，冯先生是儒者，故人生最高境界一个界定为“宗教境界”，一个命名为“天地境界”。但宗教、天地境界也有相同的一面，那就是作为最高人生境界的终极价值和神圣性、自由感等。第二，陈望衡、席勒的划分相似性更为明显，人生进展均可看作从外在强制到自由解放的过程，其极境均以审美为突出特征。第三，四位学者完全一致的地方是将道德境界作为最高境界的中介，同时只有克氏一人将审美作为最低的人生境界。在笔者看来，将道德境界看作最高境界达成的中介或手段有其正确的一面，表现在：人生至境的达成须从道德修养做起，完全正确；道德境界本身确有一种审美与神圣趋向或意味。但将道德境界视为中介层又意味着四位学者都已将他律或自律道德视为道德人生的基本内涵，而这未必反映了道德生活的本质与全部。在笔者看来，道德自由是最严格的道德人生境界，而自由之境即已经是人生审美和神圣的至境。有一点须特别说明的是，克尔凯郭尔将审美阶段视为人生的最低层次是他错将审美与感官愉悦相等同的结果。他所认为审美阶段的特点是，人的生活为感觉、冲动和情感所支配，个人沉溺于感性的享乐的生活，甚至是粗野的肉欲……（刘放桐 等，1990）[587]这种对审美的理解相当于柏拉图对一部分艺术的理解。由于相同的原因，柏拉图曾经决定将诗人逐出他的理想国。但是，柏拉图是严格区分感官刺激与审美欣赏的，他贬斥前者而认为后者有教育意义。故克氏所谓的审美阶段实际上只能解释为“感性生活”阶段，其审美境界作为最低人生境界只能从他的体系去理解。由于不是同一个概念，所以不能否定道德人生至境的“审美”特质。

依据上述对于境界、人生境界的理解，笔者试图用三种境界来分别描述道德人生和道德教育的由低而高的层次。道德人生可以有三境：功利道德、社会道德和自由道德境界；道德教育有三境：感性德育、理性德育与审美（立美）德育境界。

二、功利道德与感性德育

合乎道德规则的生活也许还可上溯到“无律”阶段，即包括完全不自觉的德行。但因为完全无自觉，所以原始人类及婴儿个体偶然和自然的合乎道德律令的行为在此不列入道德境界的范围。同理，道德教育也许也存在这样一个懵懂和不自觉的水平，也只能算作一种前道德教育形态，不在本书讨论之列。

道德生活和道德教育的历史上限或层次上的下限应是主体的道德及德育的自觉意识。因而第一种道德生活应是（个人）功利道德生活，第一种德育应是感性德育。

功利道德生活源于一种自然科学（science）范式的认识论哲学。这种认识论将人作为自然物一样客观地看待。由于人的主体性本质难以把握，思想家们往往对自然状态的人投射了过多的兴趣。人们的这种认识论兴趣一直维持到今天，那就是行为主义和弗洛伊德主义等所代表的主张。这种认识论似乎很“科学”，而且也的确反映了人类生活的部分事实，因而有其揭示真理的一面。正如文艺复兴、启蒙运动让人们重新认识感性生命的价值一样，认识人作为自然、作为动物的生活属性永远都具有人文科学基础性质和属人的研究价值。但问题是由于忽视了人的超越性本质的基本事实，这种认识论当然最终是伪科学的。从这一认识论出发，伦理学提供给人的价值标准是:“快乐和不适决定了有利和有害之间的界限。”（德谟克利特语）（古谢伊诺夫，伊尔利特茨，1992）[61]“君臣皆安，物我兼利，古之道也。”（《列子·杨朱》）“盖‘正谊’便谋利，‘明道’便计功，是欲速，是助长；全不谋利计功，是空寂，是腐儒。”（《颜习斋言行录·卷下》）从这一认识论出发的德育就是要求德育对象对待道德规范就像对待自然律一样，敬畏、服从有余，自主、质疑不足。为了不触电，电工手册要求电工严格按照操作规程行事；为了趋利避害，伦理学和德育课教导年青一代遵守道德的律令。

功利计较是功利道德生活的根本特征。道德生活原本是有功利性一面的。比如，从道德生活的起源来看，道德的历史诞生的确是缘于协调人际关系的利害冲突，以求社会秩序和满足发展的需要；再如从历史事实的总体上讲，有客观效果上的“德福一致”原则存在，行善者从根本上总能得福于己，而作恶者“多行不义必自毙”也是总的趋势。从这两端出发，讲功利本没有错；但是把道德的本质和起源、德行的内在本质和客观效果相等同则是错误的。功利主义的道德生活只不过是换了一个名字的功利计算。加上认识论上已犯将人混同于动物、将人的需要混同于动物性需要的错误，于是这种伦理学说和道德教育认为人的最大和最实在的收益在于感官快乐，因而其向做出牺牲遵守规范的人们所作的许诺就只能是快感或享乐。可是，这种为了功利而牺牲功利的行为就其性质本身而言并不具备真正的道德特征，其合乎道德准则只是偶然，而其面临道德和利益的冲突时必然背弃道德原则。更有甚者，以功利为准则的道德生活极容易走向“拔一毛而利天下，不为也”的反道德生活。《列子·杨朱》公开说：“丰屋美服，厚味姣色，有此四者，何求于外？”这种功利道德哲学指引下的道德生活和道德教育只可能有两个结果：一是教人自私，二是教人伪善。就道德教育领域而言，目前感性德育范式从一定意义上仍是现实。许多家长以前途和未来的“实惠”哄孩子遵守规范、不出乱子。许多教师以分数和升学的好处诱学生守纪律、作合乎标准的答卷。第一章中曾言及的所谓德育量化模式是功利主义德育或规范德育的典型，其让学生服从规范的是一种貌似“科学”的得分指标。学校教育系统在社会道德理想教育难以进行或收效甚微的情况下，干脆放弃社会理性宣传，进行“实事求是”的德育。在教育系统中许多人津津乐道“现在不再讲那些大道理”时，并不知道他们已经退到了道德生活和道德教育的起点，甚至更危险地讲，他们实质上已经放弃了道德教育。

功利道德生活和感性德育所要求与所塑造的人格是一种庸人形象。庸人形象的主要特征是两条：一是他坚信除了利害计较以外绝无别的生活智慧；二是他坚信人生最大的快乐就在于感官刺激的充分满足。庸人人格的形成，完全是许诺快感的道德哲学和道德教育的产物。人是动物，但人又有高于动物的本质，人的本质从根本上说是他区别于其他动物的独特性。从共性认定人的本质，从而许诺给予动物性满足的种种好处的道德哲学从一开始就是完全错误的。现代伦理学已经做了大量工作，区别开快感（快乐）和幸福，认定满足人格需求的幸福才是人的伦理生活之根本目的，而对以快乐、快感作为道德生活的目的展开了有力的批判。赵汀阳认为，快乐、快感之所以不能作为伦理生活的目标就在于以下三点。第一，快乐本身是消费性质的东西，快乐感同需要的满足过程同始终，因而无法作为生活过程的价值目标。第二，存在着与快乐、快感作为生活目标的反命题：痛苦也是生活中必需的。理由是，没有痛苦绝无快乐，“做一个不满足的人要比做一个满足的猪好”（密尔）（包尔生，1988）[234]，而人们凭借常识即不能接受将痛苦也作为生活的价值目标。第三，最致命的在于快乐、快感本身只具有中介意义并不具备价值特性。“内省告诉我们快乐和痛苦并不是生活的肯定性或否定性的目的，而只是一种意识状态，这种状态是伴随着那种意志在其中领悟到自身及其倾向的行为出现的。”（包尔生，1988）[225-226]这样快乐、快感一开始就具有价值的无根性，它本身尚且需要目标去说明，焉可作为追求目标？由于快乐、快感、利害计较本身的非价值性，这种道德生活和道德教育所塑造的当然只能是一个没有价值追求（无魂）同时趣味卑下（无趣）的人格。正如包尔生所说，如果快乐主义或功利道德生活准则的倡导者是对的，那么，他“将被迫承认荷马史诗中那位女巫塞西是人类的造福者，因为她把每个踏上她的岛屿的人都变成喂养得很好和十分满足的猪。他不是要把踏上这块土地看作人最大的福祉吗？在我看来，除非快乐主义哲学家愿意承认这些，否则就必须承认快乐和满足并不是具有绝对价值的东西。快乐仅仅在它作为有德性的行为结果时才有价值，而当快乐是通过刺激我们本性中低级的、感官的东西和压制我们较高的精神能力而获得的时候，我们就把这种快乐看作卑下的”（包尔生，1988）[230]。更为严重的是功利主义道德和感性教育虽然许诺快乐，但它所迁就的道德主体却不可能因此而获得真正的快乐。这是因为即便道德主体获得了一些快乐(有利益可得)，由于快乐本身的消费性，这种感觉稍纵即逝。加上物欲的无限性，人们往往又有夸大自己付出的心理倾向，这种消费性的满足其实也仅属偶然。更多的可能只是损人（才可能利己）之后的心理紧张或者人我为敌的人际关系所带来的完全异己和孤独的生存环境——而这正是现代个人主义的自然和现实的结果。所以，庸人所拥有的痛苦远远大于快乐，正如守财奴虽然拥有很多财富但却始终愁眉苦脸一样。

从伦理学角度看庸人形象是一个非道德的形象；从教育学角度看是教育的一大失败；而从美学的角度看，是仅仅符合生物学意义上的人的某些“规律性”而与人之为人的本质和目的性背道而驰的。这种“无魂”因而“无趣”的人格既谈不上“合规律性和合目的性的统一”，更谈不上“人的本质力量的对象化”。因此，无论是在人类历史还是在现实生活中，庸人形象都是丑的具体。道德生活与道德教育都应以扬弃这一人格形象为起码的要求。这不仅是伦理学的要求、美学的要求，也是全部人学的要求。

三、社会道德与理性德育

个人功利主义的道德生活和建立此上的感性教育的结果是造就无道德本质的庸人，庸人的本质在于其“无魂”——无价值目标（因而趣味卑下，兼具“无趣”特征）。那么，如何使无魂的庸人得到价值指引或找到人格的灵魂？历史上的主流思想曾试图用社会道德取代个人道德，用社会理性取代无价值说明的规范，这就是所谓道德生活上的社会道德境界和教育上的理性德育范式。请看以下例证。

亚里士多德在其《政治学》中说：“凡人不由于偶然而由于本性不归属于任何城邦的，那么，他如果不是一个鄙夫，那就是一位超人。”“人类不同于其他动物的特性，就在于善恶正邪以及其他类似观念的辨认。而家庭和城邦的结合，正是由于人类共同地拥有善恶这类义理的缘故。”卢梭则在其《社会契约论》中指出：“唯有当义务的声音代替了生理的冲动，权利代替了口腹之欲的时候，前此只知道关怀自己的人类发现不得不按照另外的原则行事，并且在听从自己的欲望之前，要先请教自己的理性。”“人类因社会契约而丧失的乃是自然的自由，以及对于自己所企图的和自己所能得到的一切东西的那种无限的权利；而所获得的乃是社会的自由，以及对于自己所享有的一切东西的所有权。”

亚里士多德的“观念”、卢梭的“理性”，前者的“城邦”、后者的“社会的自由”同柏拉图的理念、黑格尔所言的绝对精神及中国儒学大谈特谈的天道概念等均有一致的地方。那就是，个人应以社会目的为生活目的，道德生活的准则只有一个，那就是社会理性。如果说功利道德和感性德育所依据的哲学是一种自然科学范式的认识论，那么，社会道德和理性德育范式的哲学基础则是一种“神学”色彩的社会目的论。如果说前者是个人功利主义，后者则是一种社会功利主义；前者是一种劝人为个人利害而遵守规范的德育，后者则是一种倡导为社会、为理性而献身的规范教育之第二具体。因此，社会道德与功利道德的区别在于其目的论基础，理性德育超越感性德育范式则是理性原则取代了感性原则。

之所以说社会道德所遵行的目的论实际上是一种“神学”目的论，原因是完全脱离个体感性生活去谈社会理性得不出任何逻辑上的结果。比如孟子说:“口之于味也，有同耆焉也；耳之于声也，有同听焉；目之于色也，有同美焉。至于心，独无所同然乎？心之所同然者何也？谓理也，义也。圣人先得我心之所同然耳。故理义之悦我心，犹刍豢之悦我口。”（《孟子·告子上》）这是一种典型的“隐喻式”论证方式，文学性有余，逻辑性不足。因为“我口”与“刍豢”、“我心”与“理义”之间是否一定是这种类似的关联，令人怀疑。同理，为什么为“城邦”而生活，为“社会的自由”去遵守“社会契约”一定是合乎理性的也是值得怀疑的。按照亚里士多德、卢梭的论证，社会道德生活之所以正确，要么是因为社会契约——这一理由很快就可还原为前述的个人功利主义而不可取；要么是因为社会本身就天然地值得遵从，就像天国、上帝一般具有不容怀疑的神圣性质。所有宗教正是这样借助与生活无关的第三者（上帝、佛祖等）去进行非理性和理性论证的。所以，除非社会道德有个体生活的基础，理性有与感性的结合，道德生活的价值目标才能成立。而长期以来，社会道德论者刚好相反。无视生活去谈人生的准则是中世纪以来所有社会理性道德生活范式的理论共性。

神学目的论用社会、理性、天理等要人过“灭人欲”而“存天理”的道德生活，与之相应的道德教育也以向个体允诺“快感”转而许诺“崇高”。德育从两个方面加强了强制性。第一，理性德育告诫学生：做人必须崇高。而崇高的前提条件是过合乎道德规范的生活。这是一种精神或逻辑上的强制。第二，既然理性和社会是神圣的，压抑个体去保护社会利益、实现理性生活就被教育者们认为是顺理成章的。这是一种外在生活的强制。故这种道德生活必然以过多的义务、压抑或牺牲作为代价或特色。如果说前面所言的感性教育是诱导学生遵行道德的规范德育，那么现在这种大讲理性的规范教育的新品种的特征则是居高临下和实实在在的惩罚。体罚从中世纪至今仍未绝迹，其教育上的理由之一就是舍此则不足以用理性赶走个体肉体所寄托的“撒旦”或“心中贼”（王阳明语）！从说服方法的角度看，感性德育用的是个人得失权衡的比较，尚有具体、感性的一面。而理性教育所凭借的本来就是些抽象的教条，所以理性德育的另外一些至今仍挥之不去的特征是抽象枯燥的教条主义及死记硬背、知行不一等。

正如功利道德、感性德育向学生许诺快乐却不能真正使学生获得快乐一样，社会道德生活和理性德育范式向人所许诺的崇高也同样是虚幻的东西。这种虚幻性首先在于社会道德对个人、理性对感性的完全否定。这实质上是对道德个体性或主体性的否定，而个体性乃是伦理生活的本质。赵汀阳曾对此作过十分精彩的论述：“伦理学主体是真正个体化的主体，于是伦理学主体就从根本上区别于知识论主体”（赵汀阳，1994）[100]，“在知识论中，排除私人性是为了获得真理，而在伦理学中，则通过真理揭示私人价值”（赵汀阳，1994）[101]，“伦理学主体是一个私人性主体，幸福总是个人的幸福”（赵汀阳，1994）[101]，“尽管人们需要好社会，但从根本上必须为生活着想而不是为社会着想，因为社会的价值不是一种自足的价值。为社会而社会是难以想象的”（赵汀阳，1994）[110]。这里，赵氏实际上说明了两点：一是好社会只是价值生活的条件而非生活的价值目标；二是伦理目标只能是通过真理的揭示去实现有价值的个人生活。社会道德和理性德育脱离伦理主体去构造伦理生活，故其允诺的崇高从逻辑的起点上就是站不住脚的。另外，由于社会道德和理性德育脱离个人生活去追求所谓城邦生活或人的理性，这种生活与教育的另外一种缺陷就是对感性生活的断然否定和所允诺给予人们的人格崇高的抽象化。所有的宗教都一律劝诫人或曾经大力倡导人过一种苦修的生活、中国古代理学道德达到过杀人的极端等都是明证。由于这种天上的崇高极难在地上的肉体上落实下来，道德教育除了使用强制手段使道德学习主体做出道德崇高的样子之外并无多少好的手段。于是就像功利道德、感性德育产生庸人一样，社会道德和理性德育就产生了另外一种畸形人格——“死人”形象。

这里所谓的“死”不指肉身而指生趣。“死人”形象有两类：一类是心如死灭，以道德规范为宗教教条，以之为生活活动的根本者，鲁迅笔下的祥林嫂形象是也；另一类是外表道貌岸然，但却在黑暗里行得出所有亵渎人性之勾当的卑琐人格。后者徒具外壳不足以称之为道德人格。前者虽然达到了他律甚至较高的自律水平，但是完全外在的道德规范早已成为生命个体身上的异己力量。这样的个体生活只是一个理性或道德概念的符合，而不是一个有血有肉、活生生的道德主体的形象。“了无生趣”是这种“死人”的典型特征。可是“趣味是生活的原动力，趣味丧掉，生活便成了无意义”。所以包尔生（1988）[238–239]说：“我们必须反对一种错误的精神化倾向。感官的甚至动物性的功能也有它们的权利。”“一个民族也需要它的战士和政治家来保卫和推进它的外部利益；也需要它的商人和水手开发新的区域和海洋进行贸易；……也需要它的母亲真诚慈爱地抚育它的孩子；最后，也需要那些在街上玩的孩子本身。所有这些属于这个民族，它们不仅是没有它们精神生活就不可能存在的外部基础，也是这个民族的一部分。”故无趣的“死人”不仅无益于个人而且也最终无益于社会。为了社会而生活的个人最终却使社会失却原动力或活力，这是一大悲剧。所以，就像庸人因“无魂”而“无趣”一样，这里的“死人”则因为“无趣”而最终失去了其似乎有过的“灵魂”（“无魂”即无目的性矣！）。

功利道德和感性德育是以“小我”的功利为基础去教人过道德生活的，是一种“有我之境”；社会道德和理性德育用“大我”扬弃了“小我”，是一种“无我之境”。前者只合乎部分“规律性”而不符合人的目的性因而造就了一种丑的人格（庸人形象）；后者则以一种虚幻的“目的性”（神学目的论）完全否定了人作为个体和生物的起码的规律性的一面，因而同样是远离了“合规律性和合目的性的统一”的立美标准，人本质的虚幻性也决定着人格形象不可能成为人自身本质力量对象化的形式。因此，“死人”形象是另外一种丑的具体。

那么，真正的道德生活应该是一种什么样的境界？真正的德育应该是什么样的境界？是不是一种简单的个人 + 社会、感性 + 理性、“小我”+“大我”的混合物？回答肯定是否定的。因为简单相加既无法调和两种思想体系的对立，同时也是一种简单的历史复归（即“复辟”）。真正的“无我之境”应是一种“有无之境”，是有无统一之后的新的道德精神和生活趣味的统一（赵汀阳称之为“可能生活”，包尔生称之为“理想生活”）。与这种道德境界相联系的也应该是充满人间情趣同时又教会人实现道德尊严和幸福人生的道德教育体系。道德生活至境的起点应是对两种功利道德（个人功利、社会功利）生活的否定；道德教育至境的起点则应该是对两种规范德育（感性教育、理性教育）的扬弃。

四、自由道德与审美德育

伦理学和美学的当代发展有一个有趣的趋向，那就是不约而同地都要以“人学”作为各自理论的基础。赵汀阳（1994）[71] 认为“价值与事实是一致的却不是同一的，生活问题是由事实生长出来的另一种问题”。所以，伦理生活的真理既不应从“事实”（to be）中靠自然科学范式的认识论研究去求得，也不应归结于“应该”（ought to be），用神学目的论阐发生活的价值。伦理学必须从这两种思考维度中走出来，走进“人学目的论”（赵汀阳，1994）[67]。价值真理的形式不是 to be 也不是 ought to be，而是“to be meant to be（意味着是……）”，“价值真理的一般形式是：X 做到了 X 所意味着的事情”，而那种所意味着的事情是 X 的存在目的和使命，如果不实现这种目的或使命，那么 X 的存在就是无意义的，就仅仅是时间性的延续。比如说对于人来说，有意义的生活不等于活得尽量长（赵汀阳，1994）[72]。道德生活的本质在于人做人意味着的事情，既意味着人不脱离感性生活去追求抽象的理性，不脱离个体去寻求社会性的“应是”，也意味着个体必须对自己的人的价值尊严负责，创造性地确立价值主体的尊严。人过真正的道德生活，就是实现人本质的过程（是自身作主体在客体自我身上实现人类本质力量对象化的过程）。同时，“to be meant to be”既意味着人的目的性又意味着人的目的性必须在生活事实中（合规律性）完成。因此，真正的伦理生活必然具有立美和审美的可能性。可能正是这一点决定着美学界也把自己的兴趣最终聚焦于“人学”。成复旺（1995）先生指出：“自然哲学与认识哲学相一致，都是非人哲学，故而是‘自然派美学’的双栖的哲学基础。社会哲学与价值哲学相一致，都是社会理性哲学，故而是‘实践美学’的双栖的哲学基础，美学要想超越既往继续前进，就必须为自己找到新的哲学基础。”“这种哲学基础似应是人的哲学，即人学。”“这种人学所思的主要是‘我是什么，我能如何’的问题。显然，这是站在人之中，以参与者、行动者的态度来研究人的。”“立足于人的现实存在的人学的美学，自然是关心审美的意义的。但这种关心不是离开审美、纯粹从社会学的角度去关心，而是就审美本身、谈审美活动对心灵与存在的影响。”立足于人的现实存在去关心审美对于心灵与存在的意义，正是伦理学上所言及的“to be meant to be”！

“To be meant to be”超越“to be”和“ought to be”思维的地方在于：（1）它用生活的创造性扬弃了人的生物制约性和片面社会理性对人的片面外塑，因而创造性的生活既意味着伦理生活的创造，也意味着伦理主体和道德学习主体之主体性的重新确立。（2）扬弃的另一个结果是超越：人既保留了生命的鲜活，又追求生命的意义；人既讲目的性，又否定虚幻的天堂存在。这种生活将是一种驾驭生活的自由形象的获得或创造过程。如果说主体性的回归意味着在道德生活和教育中立美与审美的可能性的回归，那么自由形象的塑造则是这种真正的人的生活立美和审美的现实性所在。故人学基础可以给予道德生活的是一种自由境界，给予道德教育的则可能是一种审美（立美）范式的前提。

这就是我们所要讨论的自由道德和审美德育！

自由道德作为真正的道德生活，审美德育作为至境德育，能许诺人的既不可能是媚俗的物欲满足（快感），也不可能是叫人过非人间生活的“崇高”。自由道德和审美德育所要做的是对以上两种生活目标做出扬弃，给人以人的本质，给人的生活以生活的价值。所以，自由道德和审美德育许诺给人的既非快感，也非崇高，而是生活的“幸福”。那么，幸福是什么？许诺幸福与许诺快感和崇高有何不同？

幸福其实就是赵汀阳所言的"to be meant to be"的实现。幸福感即对人之为人生活实现的心理感受。当一个人感到他尽了尤其是创造性地尽了作为人类崇高一员的使命时，他会感到一种为人的神圣，这一过程就是幸福的创造与感受的过程。人要过人的生活，目标只有一个，就是人生的幸福。而幸福之所以必定是道德生活和教育的目标，原因为以下三点。

1. 幸福具有价值的自足性

快乐的非价值性在于它否定人之为人的本质，把人格降低为动物性，同时也在于它只能作为一个附属物而不能作为一个独立的生活指标。幸福则不然，一是常识告诉人们生活的目的只在于生活的质量，而生活质量标准只能是幸福；二是生活的意义只能在于生活目的的实现，而幸福正是人之为人生活意义的实现。物质的快感（和痛苦）只要是服从于实现为人生活目的的，其本身也可能作为幸福的组成部分。而相反，幸福绝不可能从属于快感。所以，许诺幸福之所以不同于许诺快感在于幸福所具有的价值性或生活价值的自足特征。

2. 幸福具有真实性

"崇高"之所以不能成为生活的目标的原因在于其是一种脱离生活的目的性。非人性决定了它不能构成生活的目标，而幸福只不过要求人做人本质所规定的或人做意味着人的事情而已。所以，许诺幸福区别于许诺崇高的地方在于幸福的真实性。包尔生说："有德性的行为始终是最大的幸福和喜悦，即使它并不带来外在的幸福，即使它反给他的肉体带来磨难……。幸福不是为德性准备好的，而是自身的德性带来的。"（包尔生，1988）[347]

3. 幸福具有享用性

幸福高于快感，同时幸福也超越了"牺牲"。"一种合乎目的的行为方式总能够引起幸福经验……。合乎目的的行为是自由的行为，它不可能是一种自找苦吃的愚蠢行径，即使是一种牺牲的行为——牺牲某种利益甚至生命——也一定能够在另一种意义上获得幸福经验，而不可能是一种在任何意义上都否定着自身的行为。"（赵汀阳，1994）[75-76]"幸福的行动必定免除了或者说自由于（to be free of）各种计较——无论是自私的还是无私的计较。”（赵汀阳，1994）[123] 所以伦理生活的至境同审美生活的至境在最后总是自然地融通的。幸福的非牺牲性不是说人没有付出，而是说人的付出早已是出于人之为人的本心从而免除了利害计较，得也罢失也罢并不在他的活动目的或价值关心的范围内。这也就是审美上的“非功利”或“超功利”的境界。非功利的幸福生活和道德人格由于人的自由本质的灌注必然具有肯定人的特征，幸福生活其实就是诗意人生，道德人格其实就是审美人格，它们都自然地成为主体精神享用的对象。所以，快感无价值、崇高非人性决定着许诺快感与崇高都只能带来人格的畸形；真正的道德生活和道德教育只能许诺具有价值性（区别于快感）、真实性（区别于崇高）、享用性（超越了前两种价值）的幸福（生活）。

许诺快感产生无魂的庸人，许诺崇高外塑无趣的“死人”，而许诺幸福的道德生活和道德教育既然是从生活和道德主体的真实出发的，其所造就的将是一种真人（相当于王阳明的“真吾”，但不等同于道家的“无伪”的自然之真）。

真人即人们常说的“圣贤人格”。所不同的是人们讲圣贤人格时往往使人有一种可望不可即的神秘感（如道家之真人、儒家之圣人、佛家之菩萨等），而真人形象的第一特征乃是它的**返真性**。返真性的要义有二：一是它还人性的真实（既非动物性也非纯粹的社会理性），二是返老还童的“童稚之心”。前者表现为一种科学性（“理”），后者表现为一种纯朴性（“趣”）。真人形象其实是人的真实本质的自然流露或实现，所以他或者表现为一种掌握价值真理游刃有余于道德生活之中的优雅；或者表现为一种超越功利计较，与邪恶和陈规陋习进行不妥协斗争的崇高。所以，返真性即**自由性**。或者说由于返真性，真人形象的第二特征是自由性，而自由性是人格美的真正内涵。真人看起来只不过做了凡人应做的事，尽了凡人应尽之责，然而，真人形象正是由于这种纯朴的返璞归真而达到了对人的极限的超越。优雅的道德人生其实表明了一种“天人合一”或者道德个体知天、事天、乐天、同天的“天地之境”。（冯友兰，1995）[407-436] 崇高的道德人格实质上是一种超越有限而归于无限、唾弃卑下而趋向尊严的神圣人格，同样复归于“天理流行”的至境。所以自由与崇高使真人收获现实生活幸福的同时也赋予现实生活以神圣性。返真性、自由性、神圣性使真人形象成为一个道德主体自由本质对象化立美创造的结果，成为诗意人生的特质，同时也因其实现了人格的“合规律性和合目的性的统一”而“魂”“趣”俱备，其必然成为审美观照的美的形象。故“千学万学学做真人”（陶行知先生语）不独为教育的真言而且是生活的真谛也。

真人是至境道德生活和教育的结果，故追求至境道德和德育也应以真人形象的完成为核心目标。至境人生和德育的审美特性并非自然的事实，而是道德主体、道德学习主体和德育工作者所要追求的最高境界。故境界的理论分析只是境界达成的起点。

第二节　道德至境的教育达成

一、道德人生的至境追求（德育目标的重构）

境界于人有何意义？冯友兰先生曾说：“人所实际享受底一部分底世界有小大。其境界高者，其所实际享受底一部分底世界大。其境界低者，其所实际享受底一部分底世界小。”（冯友兰，1995）[396] 所以，人生的境界乃是人生质量的表征。人都会企望自己收获最高质量的人生，但最终却非人人都能“享受”最大的世界，冯先生归因于个人对于人生、世界的“觉解”水平的殊异。而“觉解”的不同不独因为个人的学识修养，也应从教育系统去找原因。从道德生活和教育的至境理想反观德育的现实就会发现问题的症结每每出在德育目标的定位上。比如目前较为时髦的两个教育用语“愉快教育”和“规范教育”。

（一）“愉快教育”的否定

“愉快教育”的提出，无论是就德育还是就全部教育活动而言，都有“人道主义”的一面。其合理性是建立在对外塑、强制的规范德育“了无生趣”的批判之上的。但“愉快”一词是一个值得推敲的概念。虽然“愉快”一词也许有精神愉悦的内涵，但它更多地表示的是感性的快适。这里所否定的正是它的后一种内涵。

教育过程要实现“乐学”“乐教”没有错，但如果以“愉快”为目标、为准绳，则无论从德育内容还是德育方式上讲都是错误的。愉快之所以不能作为伦理生活的目标在快乐主义批判中已有揭示：愉快（快乐）是消费性的，随过程消失而消失；愉快需要痛苦去论证其存在的价值可能性；愉快只是主观感觉（中介），没有价值的本性。因此，从伦理学的角度不难看出，无论以快乐或愉快作为生活目标还是作为德育目标都只能使人生一无所获。功利主义道德哲学往往遭到现实和理论的无情批判，原因即在这里。功利主义圈子里的人显然也认识到这样一点。比如密尔（J. S. Mill）曾以边沁（J. Bentham）为师，同时他自己亦被人奉为近代功利主义道德哲学的代表人物之一。但是密尔很快就从三个方面提出了令以边沁等为代表的功利主义体系难以解快的问题。首先是快乐的“质”。密尔指出，在衡量别的事物时，把质和量都考虑在内，为什么在衡量快乐时只考虑量而不考虑质（边沁的主张是，道德取决于最大“量”幸福的获得）？但是，一涉及快乐的“质”，实际上就再难以原来的快感而必须用精神、价值含量等去确定，故逻辑使功利主义走向了对自己的否定。其次，密尔认为，有教养的人都不会愿意舍弃烦恼、痛苦而成为快乐却无知、愚蠢和自私的人。这已经提出了与快乐目标相左的第二个悖论。最后，他认为，应用奖赏和惩罚两种手段而不仅是奖赏去推行道德教育，这也是与单纯的快乐主义哲学和现代社会所谓的“愉快教育”精神相矛盾的。因此，从道德教育内容和目标的选择上看，伦理学实际上已经做出了反“愉快”目标的结论。

从德育的角度看，“愉快德育”也有值得商榷的地方。首先，愉快教育的提法把教育和德育的人生主题看得太轻。道德教育所要完成的任务是学生道德人格的建设和道德人生的设计。从结果看，达到道德自由水平的人，能够优游于道德准则，“与天地参”，有其“乐天”或享受更大世界的幸福之感。但是，从这一结果或目标的达成来看，无论是理论学习、心性体悟，还是道德习惯的养成等，非经“昨夜西风凋碧树”的风景，非有“衣带渐宽终不悔”的苦苦求索而不能获得。不能说道德教育过程之中没有快乐的成分，德育美学观所倡导的正是要展示德美，同时通过乐教、乐学（育美）去实现道德至境。但是，德育中有无快乐、是否以快乐为中介与教育过程本身的价值目标和衡量标准是根本不同的。任何学习都必须付出智力和体力上的代价，确有痛苦的一面；痛苦、愉快都是过程的体验而非过程的本质和目标。所以“愉快教育”只在有限的范围内是有意义的。其次，“愉快教育”确有尊重学习主体的一面，但这种“尊重”也是有片面性的。在道德教育中教师、学生都是“主体”（不同层次上），但是一个是成熟的道德生活主体，一个是生成中的道德学习主体。作为一个成长中的主体，如果只有一个向善的方向，教师就没有存在的必要；而如果学习主体有多种成长的可能性，就必须有教师、家长或别的道德长者去教育或指引。明明存在一个指导和被指导的关系，岂可只顾学生“愉快”，片面“尊重”这一成长中的主体？当这一主体做出错误判断或在行动上严重违背道德原则时，我们如何使他认识错误而又使他不至于不“愉快”？所以，笔者认为道德教育和整个教育过程中的“大主体”只有一个，那就是教师。承认教师是主体、学生是客体（教育作用生成的对象），并不等于否定学习主体性，并不等于不尊重学生的人格（人格平等≠主体对等）。“愉快教育”的第二个误区正是一种混淆了人格关系和主客体关系的儿童中心主义！最后，如上所述，“愉快教育”实际上还潜藏着一个否定惩罚的教育价值属性的命题。不问青红皂白的惩罚（包括体罚），人们已经反对了上千年的时间，居高临下自以为大人天然就有权力随意处罚未成年人已为道德准则、教育理论所不齿。但是一定程度上惩罚在全球范围内至今尚未完全绝迹这一事实本身就足以证明：适当的惩罚有其合理性的一面。这一合理性乃是来自自然和社会的法则。违背自然法则，大自然并不讲情面；违背社会法则，道德和法律之网也会“疏而不漏”。教育虽不能照搬自然和社会现实中的惩戒，但至少要用适度的惩罚告诉学生，社会和自然一样有“法”可依，道德真理有其客观因而不可违抗的一面。与“愉快教育”同样时髦的另一概念是“逆境教育”。就道德教育而言，逆境中受到教育即是认为失败、挫折及其表现（惩罚）也是有可能促进学习主体成长的教育性的。反言之，一味强调让学生“愉快”，很可能是除了当前的愉快，学生反而收获比不愉快的“传统教育”更贫瘠和更劣质的人生！

“愉快教育”实际上是企图迁就教育对象，因而有可能使学生固守自然本性而在道德生活上举步维艰、不能长大。这样的教育只能是生成一种无价值的庸人形象——丑的人格。所以“愉快教育”的反教育性质决定着它作为一种德育目标设定必须被否定。

（二）“规范教育”的否定

遵守“规范”不足是“规范教育”的根据。许多人缺乏起码的行为习惯（随地吐痰、大声喧哗等）和道德准则的自觉，这的确是一种需要通过教育加以改造的现实。但是不随地吐痰等行为习惯在某种意义上并不具有道德价值（许多人由于文化原因随地吐痰而并不明白其对他人的危害或危害的程度）；而不守道德准则的行为只是告诉行为者依据某个规范也往往解决不了问题（杀人的人并不需要人告诉他“不准杀人”的规范，他其实早已了解这一规范而仍然会冒天下之大不韪）。问题的关键在于，“规范”也有它的局限。

“规范”及“规范教育”的局限性主要表现在以下两点：首先，规范的工具性与相对性。所谓规范的工具性即是说所有规范体系都只不过是价值系统和道德原则的具体，但并非价值真理和道德原则本身。“规范有可能违背人道目的，所以伦理规范的正当性必须由道德原则来批判。”（赵汀阳，1994）[106] 从历史的角度看，道德价值变了，规范会随之改变；从文化角度看，不同民族道德价值取向不同，也会产生不同甚至对立的规范系统。规范的工具性和相对性由此看来是同一个意思，而工具性和相对性实际上已经揭示出规范的价值无根性。故道德教育止于规范就等于放弃了价值真理和道德原则，而放弃价值、道德叫人严守规范就只能是叫人作“死人”。其次，规范的先验性和强制性。不进行价值分析的“规范”对于每一个体而言似乎是先天的东西。这种先验性必然导致强制性，所以，缺乏教育素养的家长和成人都绝对相信俗语中所说的“孩子不打不大”的鞭笞教育的范式也缘于此。因此，规范教育一个极大可能是教育的异化。一连串的规范约束以及违背规范招惹的近乎自然律的惩罚固然有可能使学生“懂得”规范的利害而“恪守”规范，但也有可能是在塑造严守规范标准件的同时导演一系列人生失败的悲剧。所以正如“愉快教育”可能使学生止于愉快而无人生收获一样，规范教育的价值无根性和教育异化性质也可能使学生止于规范而对道德的本意一无所知。“物于物”的人显然不是一个积极的人生设计者和创造、实现者的形象。故教会学生掌握“规范”并没有错，而以“规范”为道德教育的归宿则是完全错误的。

如果说“愉快教育”使人固守自然的话，那么，规范教育则是将人等同于物性自然同时又最大限度地蔑视了人性自然。两者都是一种虚妄的目的性的产物，两者也同样都违背了道德生活和道德教育的本质与规律。所以，这两种教育也同样违背了立美和审美德育的最起码的要求。真正的道德教育须从价值归宿之研究开始寻求自己的目标。

（三）“价值”和“幸福”的统一

真正的道德教育目标只能是价值、幸福及其统一。人要享受最大的世界（人生），就必须对生命的质量标准有清楚的认识。“价值”乃是生命质量的另外一种表达。所谓追求高质量的人生其实就是追求有价值的人生。有价值的一生即是作为人合乎人性真实的一生。人性真实，如前所述，不排斥感性生命但又不等于感性生命（大于感性生命）；不排斥社会理性但又不等同于社会理性（高于社会理性）。它指的是天地宇宙之间、社会人群之间、自然本性基础之上又“与天同”的丰满的人性和做人的尊严。人做了自己认为合乎人性的事，人认为自己在实现自己作为人的价值目标时会有一种合目的性的喜悦，这种人生的果实即是“幸福”。所以，幸福是目的性的实现（真正的合目的性、合规律性的统一），幸福是一个审美范畴，是一个由价值（“魂”）实现而生产出来的果实（“趣”）。幸福的人总是在某种维度上实现了的人，他总体上也许不是圣贤，但却在某时某事某一点上显出了“圣人气象”。所以，道德教育的价值目标即是人生幸福。道德教育要以展示人生幸福及其实现的可能性、步骤、方式等为要义，道德教育要培养学生体验幸福和创造幸福的能力。

价值、幸福及其统一并不是某种虚妄的东西。就道德教育而言，它必须落实在道德生活和教育的具体之中。故价值、幸福及其统一要求于德育的具体乃是健全的道德人格（“真人形象”）的塑造。以人格、价值为核心再去设计不同层级的具体德育目标，包括使学生掌握一定的“规范”等才是一个内涵饱满、构架合理的德育目标系统。为达此目标，道德教育不仅要在目标体系上，还要在内容系统、德育方法等方面实现“重构”。

二、幸福、公正与关怀（德育内容的重构）

笔者认为，道德教育的内容至少应包括幸福、公正和关怀三大最重要的方面。

（一）幸福和幸福感的培养

幸福作为价值目标的理由首先在于前述的价值自足性（自成目的性）及享用性（非牺牲性）。但幸福之所以能为价值目标，绝不是仅仅因为它“好”而是因为它不仅“好”，而且这种“好”还有实现的最大可能。这就是幸福的真实性。“对于真正善良的人来说，对于意志完全由德性支配的人来说，有德性的行为始终是最大的幸福。即使它并不带来外在的幸福，即使它仅给他的肉体带来磨难。斯宾诺莎的准则是适合于他的：幸福不是为德性准备好的，而是由自身的德性带来的。”（包尔生，1988）[347] 与快乐感的短暂、相对性不同，幸福伴随有德性的人的“始终”的含义有三。（1）“始”。道德行动开始之前践行者会预感到其合目的性而心中喜悦。（2）“终”。一个道德行动完成了，即是一个人实现了一份人生的意义，这一行动是暂时的，但回味却可以是悠长的（“幸福的回忆”因此大大高于“快感的回忆”的可能性）。（3）“始终”。道德行动过程之中，主体有一种践行使命的庄严、神圣感，即使是很小的道德行动也有所谓“担水砍柴，无非妙道”的感觉，这就是幸福。幸福的真实性与幸福的价值性一样证明：幸福人生远高于纯感性或纯理性的生命，只有幸福才是值得追求的唯一的人生目标。

幸福作为人生目标在德育内容上的落实表现为幸福感的体验和创造能力的培养，或者说，道德教育内容中应有对幸福人生的充分展示从而创造出体验和创造幸福的机缘。

幸福感需要培养吗？回答是肯定的。幸福不同于快乐。快乐是因自然性需要满足而获得的愉悦，快乐感与生俱来。幸福感则不然，幸福的愉悦渗透了价值（追求和实现），是一种“超越性需要”（马斯洛语）或精神需求满足的结果。故正如价值观需要培育一样，对于价值需要及其满足的果实——幸福的感受也是一种需要培育的能力。故赵汀阳（1994）[119-120]说：“是否能够获得幸福取决于是否能够敏感到幸福之所在，在这种意义上——正如有人说过的——幸福是一种能力。”“如果一个人只有快乐意识而没有幸福意识，那么，他永远不可能幸福，甚至很可能不幸，因为他不会使用其自由意识去选择那种具有自成目的性的行动，他将只想获得快乐，为了这一需要代价的结果，他将斤斤计较，他的行为方式在本质上就变成了商业活动。”（赵汀阳，1994）[122]幸福感的培养的另外一点理由是，幸福是价值人生追求的动力所在。一个完全没有幸福感的人就会很难有追求幸福的勇气、动机和行动。

如何培养幸福感？道德教育可以做的首先有三点。（1）教会学生辨别幸福与快乐、幸福感与快感的区别。这一区别实际上是价值生活与非价值生活区别的一个端点或契机。（2）教会学生认识幸福感与赎罪感的区别。

快感与痛苦相对，则幸福感与赎罪感相对。人非圣贤，总有愧对天地良心的时候。赎罪感有两点是值得肯定的，一是赎罪感承认有“罪”，二是赎罪乞求补过。人有了缺憾才懂得完美的可贵，故赎罪感从一条相反的路径补上幸福感受的功课。赎罪感教人珍惜价值与尊严，从而也珍惜和追求幸福。(3) 幸福感从美学角度看就是人对于诗意人生的一种审美感受。人或者在对象人格中，或者在自我实现的价值生活中发现了人类的自由意志，就是人发现了自己创作的生活作品之美。美之所以能有教育价值，德育之所以要追求审美立美之境，均在于在真正的美的对象或审美活动之中，人看到的总是价值主体的自由、尊严和神圣。道德教育应教会人欣赏道德人生的壮丽与秀美。

幸福感的培养因为备受忽视，所以，必须予以足够的强调。但幸福和幸福感都不是从天而降的东西，幸福人生首先是创造幸福然后才是感受幸福的人生。但幸福感帮助人领悟道德人生的壮丽，激发并推进人生的趋美冲动与追求，因而幸福感的培养实质上也参与了幸福生活的创造。从这个意义上说，道德教育正是必须重视幸福、幸福感的课题。

（二）公正与道德生活技能的授受

应该说追求幸福的生活在某种意义上讲是不言而喻因而不需要论证的，所以，幸福原则成为伦理学的一大“公理”。人人都追求幸福，幸福人生并不相互排斥，但是在幸福人生的实现方式或幸福生活实现条件的满足方面人与人又不免有相互冲突的一面。这表现为利益冲突。利益不等于价值，所以“不义而富且贵于我如浮云”；但是，价值生活又必须有起码的条件保证——这又使人离不开利益。

调整人际利益冲突的原则就此出现，这就是“公正”。“己所不欲，勿施于人”被人称颂就在于这句格言蕴含了道德的公正原则。公正的含义有二,一是它的对等性，它必须给每一个价值主体以同等的实现价值生活的条件；二是它的互换性，作为一种契约性的结论，它应适用于每一个道德主体的价值判定。(赵汀阳，1994) [140-145] 沿着公正原则出发，人们则可以发现一系列更具体的道德准则、律令，这就是所谓的“规范”。所以，规范本身本无所谓褒贬，从其体现公正等价值原则而言，它具有价值性；而从止于规范的规范教育而言，它又具有非价值性或反价值性。

规范使人能够自动地表现出生活的“睿智”，人际冲突得以消融，价值人生得以实现。故从这个意义上讲学习道德规范即等于学习道德生活的技能。当然，道德生活技能还涉及道德认识判断能力、道德决策能力、践行道德规范的技巧等。这些也同样应成为道德教育的内容。

（三）关怀与关怀的教与学

人们（无论伦理学还是教育学）对公正、规范这个系列关注较多，而道德哲学和道德教育较为忽视的则是另一个方面——“关怀”。

尽管不少思想家对关怀作过卓越论述，尽管有人（如吉利根）确证关怀的价值取向是与公正取向并行的另外一支伦理系统，但是总体上说来，无论是伦理学还是德育论，人们总是讲公正有余而顾关怀不够。

赵汀阳要求人们区别公正原则与平等原则，理由是“解释平等的各种可能性，无论是机会均等还是财富均等，都必定造成不平等和平庸这两个结果”（赵汀阳，1994）[137]。这本来是对的，可是他又说：“仁慈也许是一种美德却不是一个伦理学的一个公理。”（赵汀阳，1994）[131]这就易于形成一个悖论。赵汀阳自己也承认，根据公正原则，每个人都有权利去实现自己的价值或幸福生活，但是价值并不是某件唯一而具体的东西，精神性的价值往往是多元的，有时等值的价值选择中总会出现“不可兼得”的遗憾，这就是他所谓的“价值损失”和“结果的遗憾”。尤其是后一词，它往往意味着对他人的某种不得已的伤害（尽管这种客观上的伤害合乎公正原则，也具有不可避免的性质）。公正原则既然会导致价值损失和结果的遗憾，至少说明生活的原则不能止于公正；既有损失、伤害、遗憾，就不能没有赎罪、慰藉、仁慈。于是公正原则自然地需要人引入另外一条生活准则，那就是“仁慈”（即关怀）。关怀的原则不仅是对公正原则的互补，而且自有其存在的理由，因而关怀具有终极价值性。卢梭说“人生而自由，但无时不在枷锁中”，所以不管社会公正与否，人生总会有各自的损伤和遗憾，道德原则不能姑息恶人也不能“同情”（许多人认为有居高临下之嫌）弱者。道德不能成为弱者的公理，这固然是正确的，否则包括弱者在内的社会都无以前进。但是，既有弱者作为客观事实存在，一味只行“公正”原则，这是人之为人的意味吗？显然不是。孟子说“恻隐之心，人皆有之”，赵汀阳认为这是将孔子的“仁”的情感庸俗化为一种自然情感，而自然情感不是道德情感。笔者则认为刚好相反，孟子之“恻隐之心”恰是“仁”的具体之一、发端之一。而且道德情感固然不等同于自然情感，但既是经自然情感扬弃而来的结果，道德情感焉有完全不包容自然情感的道理？关怀或仁慈的原则在人类文化史与生活空间中的事实存在的证据比比皆是，无须来赘论，仅举一例以供回味，那就是联合国教科文组织郑重其事地提出的“学会关心”这个口号。

公正产生关怀的必要，生活产生关怀的必然，所以，道德哲学应以公正为公理，也应以关怀为原则。道德教育则必须改正过多的公正条款的理性说明，加强有关关怀的论证、体验及践行这一原则的技能等内容。从审美意义上讲，关怀相当于黑格尔所言的“悲悯情怀”。人也只有立足于悲天悯人的原则立场才能真正做到待人公正。因此，关怀品质与公正品质一样体现了人性之美。道德教育作为道德至境的达成之路，就不能忽视关怀道德方面的内容设计。

三、理性和非理性的统一（德育方法的重构）

幸福、公正和关怀和德育内容设计要求德育方针上实现理性和非理性的统一。

（一）伦理学和德育活动的不同任务

伦理学和德育论都要求塑造道德人格，要求人过道德生活。但要求的角度完全不同，伦理学重在“无立场”地描述或论证价值生活的目标；德育论则重在研究从教育的角度为学生架设实现价值生活的桥梁。正如包尔生（1988）[242]所说，“我的伦理学体系是有这样一个标准的，这个标准就是被称为人的生活的正常范型或观念的东西”，但教育者“不探究这种或那种训练和教学方法是否能给学生带来最大快乐，而是探究它们是否能发展学生的理智和道德能力”。

尽管直觉伦理学等学派证明伦理学也需要非理性的方法，但是笔者认为，伦理学既要证明价值真理或道德原则的必然性，就的确必须有一种“无立场”的客观态度，为了做到真正客观也许仍然需要借助非理性方法。但总的说来，伦理学体系必须具备足够的理性色彩。

但道德教育则不然。道德教育在进行理论说明时往往较多地借助于理性，现代大多数德育理论也确在理性方法上投放了较多的研究兴趣。道德认知发展学派、价值澄清理论等的理论贡献正在于此。但在对这些学派的反思过程中人们又一致性地得出了这样的一个结论，即光靠“知”，光靠“理性”并不能解决道德教育的根本问题。比如，人们凭常识就能理解“不能偷盗”等道德规范，但惯偷并不因此不再行窃。于是人们从“知”而“情”，从“理性”而“非理性”，德育理论的焦点有这样一个演变的趋势。所以，在道德教育的实际和理论领域中，非理性方法的运用、理性和非理性统一的实现乃是中外德育家和德育理论家的一致结论。

（二）非理性的强调

非理性方法对于德育的必要性首先取决于德育的目标和内容。比如，讲对幸福的理解不如讲对幸福的体验；又比如，讲恻隐之心的概念不能替代对恻隐之心的领悟。道德教育的许多内容，理解只是起点，体验和领悟才是深入内核的根本路径。所以找德育实效低的根子，从德育方法上看就是要扬弃纯粹理论证明的唯理唯智型的套路。

从德育美学观的角度看，幸福、关怀、公正等都是人格美的组成部分。欣赏人格形象的神圣、崇高与和谐，仅靠分析是不够的，或者说只凭分析倒会使学生远离人格美的审美和立美的立场。

非理性的重要性还来自认识论。张胜勇（1995）[5]博士说："在成熟形态的科学得以建立与推广之前，人类文化在总体上透露着直觉玄思的倾向，经验以及与经验相关的某些生活小智慧反而处于一个相对次要的地位；在成熟形态的科学建立之后，正如现代科学和哲学所揭示的那样，直觉的活动仍然被确认为是一个有价值的领域，因为直觉与灵感是科学假说诞生的摇篮，因而也是科学进步的机制之一。如果说离开了直觉把握就无法认识整个人类文化，这是不过分的。"从精神胚胎学的角度看问题，儿童在其道德认识能力达到抽象理性阶段之前只能像原始人一样主要靠直觉去理解生活事实及其规范；在其认识能力发展到合适的水平之后，则仍需要直觉等非理性的方法去直接感悟生活的价值性，以主体的身份过一种富于灵感和创造性的道德生活。所以，忽视道德教育的非理性方法之最大危险在于可能自始至终关闭了道德学习个体对于价值真理和道德原则的真正"理解"之路。

冯友兰在《新原人》中很好地解释了对于道德人生的"觉解"问题。其中"解"是理解，相当于通过理性分析而得出概念、理论结论。但是如止于解，则对于道德规范等的理解只达到了对于这一概念的"票面价值"的认识水平。所以，需要另外一方面，那就是"悟"。冯先生说："有些人讲道德，说仁义，而实对于道德价值，并无直接底经验。他们不过人云亦云，姑如此说。"（冯友兰，1995）[375]而当"经验与概念联合而有了意义，此名言与经验联合而不是空底。得此种印证底人，对于此经验及名言即有一种豁然贯通底了解"。（冯友兰，1995）[375]"此种豁然贯通底了解，即是所谓悟。此种了解是最亲切底了解，亦可以说是真了解。用道学家的话说，此即是'体念有得'。"（冯友兰，1995）[375-376]"体念有得"这四个字说明了"悟"的重要，实际上也证明了道德教育中非理性方法的必要性。

（三）反"禅宗神话"

强调道德情感的德育意义，强调直觉等对于道德把握的重要性，强调德育中审美体验的重要性并不等于说理性的方法不重要。

亚里士多德曾把德行分为实践的善行和理智的善行，并特别看重后者。如果循着这一框架看，道德生活实际可分为理论和实践两大方面。人要过道德生活，当然必须了解价值真理和道德原则，这时人不能只凭直觉而不凭理性，完全舍去理性的直觉只是宗教的方式。而实践的道德实际上是人了解并确认正确价值生活的实现，实践须有实践的智慧（practical wisdom）。比如孔子和亚里士多德都赞许的"中道（或中庸）"。"畏惧和自用的中道是勇气。人若刚愎自用，就会变得轻率鲁莽，若失之于畏惧，则成懦夫。快乐与痛苦的中道是节制。挥霍与吝啬的中道是慷慨。虚浮与自卑的中道是自尊。"（陈迺臣，1990）[189]"中道"如此之难，没有理性把握的率性之为焉可轻得！现代德育理论已从控制论和系统论等角度分析了从道德认知、道德决策到道德策略、道德行为诸环节个体学习与践行道德的许多"智慧"，其也基本上属于理性认知的对象。所以，舍却理性的德育不仅无法使学习者体认道德，而且使道德对象难以由直觉的混沌走向善行的具体。

对非理性的强调已有过头的趋势。在中国具体表现之一笔者命名为"禅宗神话"。禅宗以顿悟、直觉等非理性方法强调为典型特征之一。笔者认为禅宗的方法论精髓在于两点：一是它讲直觉、顿悟，讲锋机；二是它讲禅的日用特征，即"担水砍柴，无非妙用"。但是，现在不少人已经在并不知禅为何物的同时归入了"禅宗"。这一点只要看看过去有一段时间深巷、地摊上满架皆是有关禅的"著作"即可。教育学界近年也有不少肆意扩张禅法的论说存在。笔者无意否定禅学研究，但笔者直觉地认识到不少人在讲禅时已经玄之又玄，脱离了禅宗的根本；同时讲日用时又俗到一切皆禅、粪土不值的地步。冯友兰（1995）[386]在《新原人》中举例说："尝与一文字学家谈。此文字学家，批评某人写一某字为白字。我说，此乃假借字，非白字。此文字学家说：'我若如此写，即是假借字。他若如此写，即是白字'。"这也是对于那些对禅学无甚了解，轻言"禅"的教育学应用者的绝妙讽刺！禅宗神话的表现正在于无限夸大直觉等非理性方法的教育意义，同时这种夸张又恰恰缘于对禅学方法的不甚了解的崇拜心理。

强调非理性方法，又反对夸大这一方法的神话倾向，于是在德育方法上又得出一个平庸但深刻的结论，就是：在德育方法的重构上要努力实现理性和非理性的统一。不过，德育美学观在这一方向可以提供的更为具体的一个建议，就是审美和立美的统一。

人在审美立美时，主体是完整的整体，完整意味着理性和非理性的原则统一。审美立美的对象——如道德人格、道德至境、伦理体系中蕴含的“理性直观”和科学美等也要求人摒绝单纯的理性或非理性的方法。审美与立美意味着感知、想象、情感、理解和构建等心理要素的统一，所以，审美和立美范式的德育追求显然不止于改善德育的效果，使德育过程轻松起来、深层化，还在于德育方法论上的根本变革。审美立美范式的德育既是教育之“育”的至境，当然也包含了德育方法上的至高无上性！正如滕守尧（1998）[75]所言：“审美经验表现为一种愉快的审美感情，这种经验永远是一种积极的和使人乐于接受的经验。这是因为，当审美主体把全部注意指向审美对象的结构时，内在的四种要素就进行积极的调整和组合，最后形成的结构就与外在的结构达成了契合，当契合或融溶发生的时候，外界的结构似乎也就变成了一种富有生命的东西，这种有生命的东西反过来又促进刚刚组成的内在结构的巩固和保持，使内在心灵在美的节奏中和谐地运动，从而造成一种愉快的经验。”

最后还是回到禅法上来结束话题。台湾的杜松柏博士说：“禅学最大成就在其体道论，禅人之求道，不从佛法僧求，不从文字求，不从修为求”（杜松柏，1993）[43]，但是诗歌在历史上却“已成禅宗常用之表显工具，欲离诗而言禅，已有不能之势”（杜松柏，1993）[32–33]。最难言传的禅理终究采取了诗的形式，正好说明讲人生境界之教育达成的方法论应取美学的立场。

审美和立美范式的德育是一种诗意人生的生命嫁接和创造过程。

第八章　有关德育美学观的两点补遗

教育主体性与教育的审美性相关；教育和德育主体性发挥的极致状态在于审美化的教育活动的实现。德育享用性功能命题是德育审美和立美活动的另一个角度的概括，因而，审美育德、立美德育、至境德育的意义可以得到本质上的证明。教育主体性、德育享用性、德育美学观等理念都是教育实践现实和深层需求的反映，德育美学观走向实践的中介环节尚待进一步研究。

第一节　关于教育主体性的再思考

在第二章的第二节，笔者曾专门探讨过教育主体性问题，认为如何使教育主体性现实形态得以具体实现尚是一个有待于进一步探索的问题。一个可能的选择应是审美模式。由于第二章的论证性质，未及将教育主体性的落实作更多的思考，对审美模式的教育和德育何以利于教育主体性的落实也未及作教育系统内的探索。本节拟先对这个问题作一补遗。

一、教育主体性的内涵与结构

“主体性”首先是一个哲学范畴，主体与客体相对，主体性与客体性相对。所谓主体性指的是“人在实践中对客体所处的主体地位以及人作为主体的质的规定性”（杨正江，1993）[100]。亦即，人在实践中通过主客关系体现出来的主体之自由、自主、能动、超越性质等。当人为客体所支配时我们说主体是被奴役的对象，主体性难以发挥；而当人在客体面前是一种主动、积极、有创造性的实践者的形象时，则主体表现了自己的主体性。教育活动作为人类社会最重要的实践活动之一，既可以是一种积极、自由、有创造精神的主体性活动，也可以成为一种淹没人的主体地位、扼制人的主体性从而扼制人的文化动力及教育本身的主体性的奴役人、异化人的异己活动。作为现代社会进步的一大标志之一，“人的觉醒”实质上是人的主体性的觉醒。在教育学界，有人认为“主体教育理论是一种教育哲学思想”（王道俊，郭文安，1992），有人则干脆认为应当建立起“教育主体哲学”（王策三，1994）。他们都对教育主体性的发挥做出了一致的论证和呼唤。

但是问题在于，教育主体性的讨论不能停留在教育以外的一般哲学领域。教育主体性研究应该寻找“教育”主体性之具体内涵与表征。舍此不能实现真正的教育主体性。

什么是教育的主体性？有人认为“教育主体性主要表现在这样三个方面，即主动适应社会；培养主体性的人；坚持自身的规律和价值”（王策三，1994）。有人认为教育主体性的基本体现在于：（1）教育制度体系；（2）教育活动模式；（3）教育改革实验。（孙昌瑞，1994）这两个界说对教育主体性的把握都是准确和独到的。笔者则认为，如考虑概念间的逻辑运动及教育主体性概念的完整内涵，教育主体性的内在结构应是“教育的伦理性——教育的技能性——教育的审美性”这样一个三维结构。或者，教育主体性应该循上述三个维度进行界说。

二、教育活动的伦理性与技能性

教育活动的伦理性表现在教育活动中人对教育活动目标的伦理规定，以及在教育活动中表现出对教育对象的情感和精神的关怀，等等。而教育的技能性则是指活动过程中教育实践主体对教育教学规律的探索，对规范和技术的研究、运用，等等。教育活动的伦理性是人对教育目的性的发现和运用，而教育活动的技能性则是教育主体对教育活动中客观规律性的主动探索和驾驭。两者都体现了在教育活动中人作为实践主体的主动与能动、创造与自由的主体特性。

从历史和逻辑上看，教育主体性首先表现为教育的伦理性。然而，由于近现代科学思维的发达，人们对教育技能的兴趣及探索成就等因素，教育的技能性往往成为教育活动主体性结构中最耀眼的一个方面。的确，在近现代教育实践中，尽管“教育规律”这个词人们仍然不太敢用，但是关于课程设计、教学技术、学习效果等的心理学、教育学试验、探索及其成果的推广都是卓有成效的；现代科技也迅速地送来了令许多教育专家都叹为观止、头晕目眩的教学仪器、设备；教育技术学已迅速成为教育现代化的一门热门学科。在德育领域中，人们对品德结构、道德判断力的成长阶段与促进措施、榜样学习、活动设计及其他一些德育规律和技术的探讨也取得了丰硕的成果。这一点只要看一看当代名目繁多的德育学派即可。他们有教育伦理性上的区别，但更多的是德育方法上的主张。这一切都证明，人们在教育实践中拥有了越来越现代化的“装备”——而这些“装备”是人创造出来的，它们同其他领域里的科技进步一样，充分体现或确证了实践主体的主体性。

然而，教育主体性的表现最根本的不应在教育的技能性上，这就好比如果没有明确的靶位，射击手所端起的枪无论如何先进也难以发挥威力一样。从一定意义上说，离开教育伦理性方面的主体性发挥，教育技能完全可能异化为教育及其主体性的反面。北京师范大学的孙喜亭先生认为，现代教育重“人力”价值，对“人”的价值关心不够。他尖锐指出：“任何狭隘的功利主义，都有损于公民的权利的完全的实现，有损于整体的提高国民素质”，“长期以来，我们对人的权益，对人的自身完善，对人的发展，对人的主体是重视不够的……。使全体儿童、少年在德、智、体方面都得到发展，着眼点首先是一个公民权利的问题，而不仅仅是一个劳动力的素质问题。”（成有信，1993）[307]“教育问题更多的是个价值问题。”（成有信，

1993）[302]苏霍姆林斯基也批评过那种“手工匠性质”的教育，并举例说明：“许多学校里虽然往往安排学生完成分量很重的劳动，然而这些劳动却是一种无用的过程，因为在劳动过程中没有同时注意发展智力，没有注意培养劳动者的崇高的尊严感，没有灌输劳动者用自己的智慧、机敏和发明创造精神能够创造财富的思想。在这种学校里，不仅养成学生对劳动的冷漠态度，而且往往使得学生厌恶劳动。”（杜殿坤，1994）无价值取向的劳动课使学生反而厌恶劳动。这就证明，仅仅有教育活动的技能性，教育的主体性根本无发挥的可能。技能性的前提是教育的伦理性。

教育活动的伦理性首先表现为教育实践主体的完美的活动目标的设计（如对学生完美人格的塑造云云）和追求，这一点何以能体现教育活动的主体性无须作过多说明。一部教育史同时就是一部教育目的的思想史。需要提请人们注意的应是教育伦理性的另外一个维度——教育的情感和精神关怀问题。孙志文（A. Sprenger）先生在他的《现代人的焦虑和希望》中这样说：“教育是为人的，而非人为教育。在所谓科学时代的今天，几乎每一门学科都充满各式抽象的理论、宏伟的设计。敌对的思想学派针锋相对。教授沾沾自得展现他对最新学说的知识。可是，关心学生的老师到哪里去了？”（孙志文，1994）[149]“一般人都以为：引进最进步的科学教育理论，及跟得上潮流的新教法便是教育的现代化。……但教育要真的办得好，需回答……一些更为重要的问题才行……”（孙志文，1994）[147]“教师唯有忘却自己的私利，集中注意于上帝对每一个人无可比拟的眷爱，他才能享受他的工作，成为一个真正的教育家。”（孙志文，1994）[149]“从伦理责任方面看，教授和教育家应该在各自的岗位上亲近学生和教师，甚至共尝他们的痛苦（在今天的情况，在校的学生和老师就有太多的苦楚与辛酸）。高高在上的专家常来给在校老师指示，可是每日教室里为教育的价值和目标的教学工作却依旧困难重重，老师愈来愈没有信心了。今天在中学看得到普遍的混乱、挫折，还有道德方面显然的堕落，我们不禁奇怪为什么绝大部分的教授、教育家都没有显示出真正的关爱？”（孙志文，1994）[150]这里孙志文不仅提出了教师对学生，也提出了教育理论对教育实践，教育活动对自身的较为全面的情感关怀和精神关怀的课题。教育活动中如何实现对学习主体、教学主体的神圣的眷爱，如何使教育活动本身成为主体享用的对象，没有教育实践和理论工作者主体性的最充分发挥当然是不可思议的。换言之，完善教育目的的探讨，教育目标的设计和追求，教育活动对教育主体及其对象的精神观照的充分实现，都是教育主体能动性或主体性的前提性的表现。

三、教育活动的审美性

然而教师要能“享受他的工作”，仅仅靠抽象的神圣的眷爱显然是不够的。要享受自己的工作的前提条件是实践活动的自由，而自由不能只靠“爱”去完成。再完美的教育目标设计和最深切的教育关怀如果没有与科学的课程设计、教学策略、技术及必要的教学设施等结合起来，教育主体除了无奈和困惑之外不可能有任何“享受”的心境。被支使者没有自由，而没有自由则无真正的主体性。“主体性和自由是含义相当的哲学范畴，只不过角度有所不同罢了。主体性是指主体和客体的关系，自由是指人的认识和活动与必然性的关系，都是关系范畴。但这两者又是相通的，自由是主体的自由，必然是客体的必然。因此，我们可以利用自由范畴来揭示主体性范畴的深层内涵。”（杨正江，1993）[106]

实现主客体统一、目的性与规律性（必然性）的统一，谓之自由，谓之主体性的实现；换个角度看，也可以说是教育活动立美过程的完成和审美过程的开始。因为有了自由，就有了教育实践的生动性，教育实践才能成为美的具体。教育伦理性和技能性的辩证统一即形成教育主体性的最高形态——教育的审美性。由于教育活动的审美性的实现即意味着教育活动伦理性和技能性两大教育主体性表征的充分与和谐的实现，所以，我们完全可以用比第二章更肯定的语气得出结论：辩证综合的主体性不仅以审美范式的教育为其真正实现的具体形式之一，而且是这一主体性实现的最完美形态。

教育的审美性涵括了德育活动的审美性。德育美学观所倡导的德育理念的美学吸收是一种精神吸收，它的最高目标在于构造新的德育精神与德育理想。它希望构建起审美化的德育活动模式，以促成德育对象在立美和审美范式的德育活动中自由地超越自我，把关心别人关心社会乃至全人类的命运的伦理智慧组织到自身的精神结构中去，从而完成和提升自己的道德人格；它希望德育对象在上述活动中超越当下和瞬时感，超越现代人的普遍的疏离，将自己融入人类的神圣、崇高与优雅的生活之流中去，获得永生的人生意义；它希望道德教育作为一种活动的至境在给学生以人生的趣味的同时确立这一活动本身的美，从而和无趣、无魂的僵化的德育模式告别。超越也罢、趣味也罢，新的德育观的所谓美学精神的实质与核心就是德育自由的追寻。从这个意义上说，德育美学观即德育的自由观。

关于教育主体性的讨论正在进行之中，由于其切中教育实践的要害，这一讨论还将持续下去。作为一种新的德育理论的德育美学观由于其对教育、教育主体性的落实有直接和高效作用的特性，必将成为教育实践所关心的课题。德育美学观走向实践之日亦是教育主体性在德育领域真正落实之时。

第二节 德育的享用性和可享用性

自 1994 年第 6 期《教育研究》刊发鲁洁教授的《试论德育之个体享用性功能》以来，德育的“享用性功能”成为德育理论界的一个热门话题。[①] 什么是享用性？德育享用性功能对于德育过程本身来说是可能的吗？德育的享用性与确立德育美学观有何联系？这正是下文想探讨的主题。

---

① 参见《教育研究与实验》1994 年第 4 期，1995 年第 1、4 期；《教育研究》1995 年第 6 期等。

一、德育之“享用性”的含义

“德育对每一个个体来说，除具发展的功能以外，还具一种享用的功能。所谓的德育的享用功能，即是说，可使每个个体实现其某种需要、愿望（主要是精神方面的），从中体验满足、快乐、幸福，获得一种精神上的享受。”（鲁洁，1994a）应该说，这一概念界定是把握了享用性的最重要的内涵的。然而，这一概念亦有一个不明确的地方：“某种需要、愿望”是否仅指“道德需要”？由于鲁洁教授主要侧重于阐述道德教育对于个体道德之精神需要的满足功能，所以有人据此认为她“把德育功能与个体品德功能混淆起来”（李道仁，1995）。因此，德育之享用性不仅指在德育过程中德育对象自身对于道德的精神需求的满足及其体验，而且也指德育对象对于自身成长过程、对于置身于其中的德育活动的热爱或享用；德育享用性的主体也不全然指德育对象，其享用主体还应包括德育活动的另外一个重要的方面——作为德育主体的教师。

关于德育之享用性，除了以上外延上的界定有待于探讨之外，对于享用性的内涵作质的把握也是十分重要的。笔者认为对于德育之享用性的质的把握，应该注意的最重要的三个维度是这一概念的精神性、超越性和主体性。

鲁洁教授的“享用性功能”概念提出之初即十分明确地指出该功能指德育能使个体“获得一种精神上的享受”。然而奇怪的是人们对这一精神性的规定视而不见，除了刘尧在1994年第4期《教育研究与实验》上撰文将享用误解为物质享受等工具价值之外，一年之后李道仁先生又发出了同样的诘问：“如果当今德育都去教人们追求所谓经济功能、个体享用功能等等，那会把人们引向何方？本来社会上追求金钱、名利，贪图个人享受的现象已经泛滥成灾，德育理论再向这个方向引导，那不是火上加油吗？”（李道仁，1995）难怪有人说与鲁洁教授相同的语境还未形成。（吴亚林，1995）实际上鲁洁教授已经从两个维度说明了德育享用功能的精神性由来：一是随着人类的进化，人对道德的需要开始从以追求道德的生命价值、功利价值为主升华为以精神价值为主；二是随着道德学习个体的成长，个体从奖惩的约束中逐渐走向对于道德人格的精神渴求。从更广泛意义上看，主体的精神享用性在德育活动中的实现还应表现在更广阔的领域，如教学双方在道德教育活动中合规律性与合目的性的统一而达成的自由感，道德至境、教育至境带来的精神愉悦等。不管享用性的维度有多少，德育享用性功能的精神性质是不能忽视的，没有精神性，即没有德育享用性的内核。

精神的愉悦或享用来自精神超越的实现。超越性的含义之一是道德的超越。“随着人类的发展，人的精神需求逐渐独立于物质需求，具有了本体的意义”，“这种追求道德的精神需要在教育培养下……可以发展成为一种超越物质需要的、更为主体的、更为强烈的、更为执着的追求”。这样，当服从良心或内在道德律的“调遣”时，人会有“一种怡然自得，心底坦荡的美好体验，即使这是以牺牲了某些低级需要的满足为代价”。（鲁洁，1995）从美学角度看，道德超越的实现实际上是人格崇高感的实现。超越性的含义之二是活动的超越。“人的至善活动也即是主体德性的对象化外化的活动，通过这种活动，人创造构建了一个更善、更美的外部世界。”“人从不断的自我超越中感受到人生的本质力量以及意志的自由，在他们的身上达到合目的与合规律的统一，外在的规范、责任跟内在的意志、欲望的融合，从而做到道德意志与宇宙秩序的和谐。”（鲁洁，1995）活动的超越是自由对必然的超越，它既包括个人道德修养活动也包括有意促成这一超越的德育活动。唯有超越，才有自由，才有精神享用的源头；也唯有自由，人才能享用其精神的伟大。

道德学习或教育的超越性的实现，都离不开主体性的实现。德育享用性既意味着主体至善活动作为一种“对象化活动”，可以在德行中因确证自身力量而产生审美愉悦，也意味着德育对象观的重大变化，即德育主体必须以关怀道德学习主体的精神需求为己任。学生不只是一个纯粹的生物，用奖惩即可实现德育的一切目标；只有将学生同时也看作一个精神主体，注视并促进其精神世界的成长，德育的任务才能完成。同时，只有使道德教育的自我享用功能不断发挥，才能使学生“不是把道德、道德教育视为一种异己的力量，而成为自身的主动追求，是一种与自身不断完善化、理想化相一致的力量”，“道德教育才有可能真正成为一种‘愉快教育’，成为一种人们所乐于接受的教育”。（鲁洁，1994a）充分尊重学生的主体性乃是道德教育主体性的实现之路和最重要的内涵。教师的教育主体性的归宿和准的都聚焦于学生之学习主体性的发挥或实现。

从德育享用性的内涵分析不难看出，无论是享用性所蕴含着的精神性、超越性还是主体性，其意义都是深远的。这一命题不仅是一个德育功能观的拓展问题，而且是一个全新的德育哲学诞生的端倪。

二、德育之可享用性

当我们讨论“德育的享用性功能”这一概念时，有一个前提必须考虑，那就是德育是事实上具有享用性功能，还是从价值角度看德育应该发挥享用性功能？应该说这一命题既是事实的也是价值的，是两者的有机统一。人生在世，从事实的层面看确有包括道德与审美等在内的精神需求，以及使这一需求得到满足的追求；这一需求得不到满足就会产生人性的病态（马斯洛称之为“超越性病态”）。所以，从价值的层面看，珍视并满足这一精神需要显然又是必需的。道德教育作为提升人格的价值性实践活动既然在史实和事实的层面上（在一定程度上）满足过德育对象不断成长的道德精神需要，那么，道德教育也应该直面这一需求，努力满足并提升这一精神需要。故鲁洁教授云：享用性功能“植根于德育本质”。对于这一点及享用性功能发挥对于道德教育的重要价值，鲁教授已有论述，从德育本质上回答了必然性；从德育价值的角度回答了必要性。（鲁洁，1995）但光有必然、必要的论证，如无可能的证明，则德育享用性的证明还有空白。本书正想补充的一个角度是：从德育活动的事实层面看，哪些方面存有德育享用的可能性？

回顾本书第四章至第七章的内容，笔者认为至少在以下四个方面存在着德育活动的可享用性。

1. 德育内容的可享用性

这包括两个方面：一是伦理体系中人类道德生活的睿智美及德育内容内在逻辑结构等“逻辑直观”或科学美；二是道德教育介绍的榜样人物的崇高、优美等人格美。德育美学观倡导的对道德内容的操作（立美）和欣赏（审美）实际上是德育享用性前提与享用性实现的另外一种表达。

2. 德育活动形式的可享用性

这既包括师生双方共同创造的合规律性与合目的性相统一的自由和生动的活动的形式之美，也包括无论是个体还是集体德育对象在道德成长道路上所表现出来的积极向上的勃勃英姿（即前文所言及的“情态美”），同时还包括师生之间、同学之间良好的人际氛围所体现出的人性之美等。欣赏自己的实践活动形式的美正是实现所谓德育的享用性功能，这不仅利于“愉快教学”等目标的真正实现，而且具有超越德育和德育范围的人生意义。

3. 德育主体和对象的可享用性

德育对象直接面对两种客体：一是德育教师——他可以作为师表美的具体存在而被享用；二是德育对象自身。德育对象在德育活动中所要做的是提升道德人格或建构更高水平的道德人格直到道德人生的至境。道德教育应该让教育对象追求美的道德人格，不仅要让其具有人格美的鉴赏能力、追求之冲动，而且必须让德育对象面对自身已实现的人格美及更大的美的可能性。唯有如此，才能防止德育上的“眼高手低”、“天国”与“人间”的反差。故德育主体和德育对象也具有可享用性。

4. 综合效果的可享用性

这指的是至境德育的可欣赏性。当道德教育无论在目标还是手段上都达到了极致水平时，真正人的形象、自由的道德生活、人生的诗意等都会在教育实践中大放光芒，且光芒所及不是学生表面的、瞬时的快感，而是一种直指内心、持久深刻的心灵的震颤。这一德育至境的可鉴赏性因为至境达成的困难容易被人误认为只是一种理想，是一种应然而非事实的判断。其实不然。少、难，不等于没有。孔颜之乐，苏霍姆林斯基的柯里亚和米沙在“音乐疗法”之后“眼神因受到崇高思想的鼓舞而闪现出光彩”（苏霍姆林斯基，1984）[198] 等都是至境德育及其可享用性的明证。

三、德育享用性与德育美学观

“德育享用性功能”主要是从精神需要及其满足的角度去看问题的，因而其论说主要是从哲学和心理学的角度展开的。德育美学观从美学视野看问题，包含了更为丰富的内容。但从德育美学观所倡言的德育活动的立美和审美追求来说，德育的审美即德育享用性功能的实现，而德育的立美则是创造德育享用性功能实现的前提。因此，德育享用性的确可以认为是德育审美性的另外一种表达。关于这一点，可以参考鲁洁教授的《再议德育之享用性功能——兼答刘尧同志的“商榷”》（《教育研究》1995 年第 6 期）的前半部分以作证明。鲁教授论证的命题中有：（1）“主体道德对象化：助人为乐”；（2）“主体的德性：享用美好世界的‘器官’”；（3）“高尚的人生意境：审美愉悦”。这三个命题实际上分别可以理解为：助人为乐等致善活动实际上是创造道德人格及德育活动的美（立美）；主体的德性类似于马克思所言的欣赏音乐所需的“音乐的耳朵”，回答的是德育审美活动的主体前提问题；人生意境的审美愉悦则是指至境德育的可享用性。因此，德育美学观与德育享用性命题的提出是一种殊途同归，既证明了德育享用性功能命题远超德育功能观的积极理论意义，同时也从这个侧面证明了德育美学观所追求建立的新的德育理想的必然、必要和可能性。

有关德育美学观的全部探讨就此暂停了。限于篇幅，本书没有展开对于德育美学观走向德育实践的直接思考。但是，无论是教育主体性还是德育享用性命题的提出，都反映了这样一个同样的事实：德育乃至全部教育的实践需要都呼唤新的德育和教育理念的诞生。教育基本理论具有这样的特征：“它在表面上有闭门造车脱离实际之嫌，但本质上它解决对教育的基本认识、基本观点和方法论问题，它既指向代表时代潮流的实际（这些实际也许还不能构成现实的主流，但它们代表未来指向未来预示未来），也体现出对终极价值的追求精神。”（石鸥，1995）作为一部由教育基本理论专业博士论文再加工而成的学术著作，开始动笔时笔者就有一种在教育观和德育观上做文章的追求方向，但愿本书没有偏离这个方向。笔者深知，观念的现实性来自实践也必须回到实践。虽然“德育美学观”的内涵尚不完善，虽然这一德育观与德育实践之间相联系的中介机制研究的任务无比艰巨，但是笔者坚信，重要的在于一步一步地向着目标前进。所以，笔者赞同马斯洛对我们的指引——

“我们现在就能进入天国，
天国就在我们的周围。”（马斯洛，1987b）[113]

主要参考文献

艾耶尔，1981. 语言、真理与逻辑 [M]. 尹大贻，译 . 上海：上海译文出版社 .

巴班斯基，1986. 教育学 [M]. 李子卓，杜殿坤，吴文侃，等译 . 北京：人民教育出版社 .

柏拉图，1963. 文艺对话集 [M]. 朱光潜，译 . 北京：人民文学出版社 .

包尔生，1988. 伦理学体系 [M]. 何怀宏，廖申白，译 . 北京：中国社会科学出版社 .

北京大学哲学系美学教研室，1980. 西方美学家论美和美感 [M]. 北京：商务印书馆 .

贝德勒，1987. 我为什么选择教师职业 [J]. 比较教育研究（3）：58–59.

布鲁柏克，1991. 教育问题史 [M]. 吴元训，主译 . 合肥：安徽教育出版社 .

布鲁纳，1973. 教育过程 [M]. 上海师范大学外国教育研究室，译 . 上海：上海人民出版社 .

蔡元培，1983. 蔡元培美学文选 [M]. 北京：北京大学出版社 .

陈迺臣，1990. 教育哲学 [M]. 台北：心理出版社有限公司 .

陈桂生，1993. 教育原理 [M]. 上海：华东师范大学出版社 .

陈建翔，1992. 美育是教育的一种境界 [J]. 争鸣（2）：5–12.

陈建翔，1994. 学习审美论：兼论减轻学习负担的内在可能性 [J]. 教育研究（2）：62–65，76.

陈望衡，1981. 试论马克思实践观点的美学：兼与蔡仪先生商榷[C]//中国社会科学院哲学研究所美学研究室，上海文艺出版社文艺理论编辑室. 美学：第三期.上海：上海文艺出版社.

陈望衡，1994. 试论审美人格 [J]. 求索（6）：53–58.

陈欣银，1987. 道德价值结构研究的几个问题 [J]. 华东师范大学学报（教育科学版）(2)：53–62.

陈新汉，1993. 马克思主义认识论与真善美 [M]. 上海：华东师范大学出版社 .

成复旺，1992. 中国古代的人学与美学 [M]. 北京：中国人民大学出版社 .

成复旺，1995. 走向人学的美学 [J]. 社会科学家（2）：41–47.

成有信，1993. 教育学原理 [M]. 开封：河南教育出版社 .

崔录，李玢，1987. 现代教育思想精粹 [M]. 北京：光明日报出版社 .

崔相录，1989. 二十世纪西方教育哲学 [M]. 哈尔滨：黑龙江教育出版社 .

丁家桐，1981. 谈美育 [J]. 教育研究（8）：58–63.

杜殿坤，1994. 苏霍姆林斯基论教育 [J]. 外国教育资料（4）：71–73，58.

杜时忠，1994. 德育追求什么 [N]. 湖北教育报，1994–08–15（3）.

杜松柏，1993. 禅门开悟诗二百首 [M]. 北京：中国社会科学出版社 .

杜卫，1991. 美育与创造力的发展 [J]. 教育研究（8）：52–56.

多尔迈，1992. 主体性的黄昏 [M]. 万俊人，朱国钧，吴海针，译 . 上海：上海人民出版社 .

冯友兰，1985. 中国哲学简史 [M]. 涂又光，译 . 北京：北京大学出版社 .

冯友兰，1995. 极高明而道中庸：冯友兰新儒学论著辑要 [M]. 北京：中国广播电视出版社 .

高尔基，1978. 论文学 [M]. 孟昌，曹葆华，戈宝权，译 . 北京：人民文学出版社 .

高尔太，1982. 论美 [M]. 兰州：甘肃人民出版社 .

高尔泰，1986. 美是自由的象征 [M]. 北京：人民文学出版社 .

高志其，1994. 大文化时代 [J]. 未来与发展（5）：51–55.

古谢伊诺夫，伊尔利特茨，1992. 西方伦理学简史 [M]. 刘献洲，等译 . 北京：

中国人民大学出版社 .

顾城，1985. 一代人 [M]// 黄邦君 . 当代青年抒情诗三百首 . 贵阳：贵州人民出版社 .

赫根汉，1986. 人格心理学导论 [M]. 何瑾，冯增俊，译 . 海口：海南人民出版社 .

黑格尔，1979. 美学：第一卷 [M]. 2 版 . 朱光潜，译 . 北京：商务印书馆 .

华东师范大学教育系，杭州大学教育系，1980. 现代西方资产阶级教育思想流派论著选 [M]. 北京：人民教育出版社 .

蒋孔阳，1984. 谈谈审美教育 [J]. 红旗（22）.

蒋孔阳，1993. 美学新论 [M]. 北京：人民文学出版社 .

今道友信，1988. 美的相位与艺术 [M]. 周浙平，王永丽，译 . 北京：中国文联出版公司 .

金开诚，龙协涛，1994. 现代美育教程 [M]. 南京：江苏教育出版社 .

瞿葆奎，1989a. 教育学文集：第 4 卷：教育目的 [M]. 北京：人民教育出版社 .

瞿葆奎，1989b. 教育学文集：第 8 卷：美育 [M]. 北京：人民教育出版社 .

凯洛夫，1953. 教育学 [M]. 沈颖，南致善，贝璋衡，等译 . 北京：人民教育出版社 .

克留科夫斯基，1989. 人是美的 [M]. 刘献洲，等译 . 北京：国际文化出版公司 .

兰国强，1989. 教学中人际关系的美学意义 [J]. 教育研究（7）：70–73.

李伯黍，1992. 品德心理研究 [M]. 上海：华东化工学院出版社 .

李道仁，1995. 德育的功能在于育德：评鲁洁教授的德育功能观 [J]. 教育研究与实验（4）：34–36.

李田，1994. 再论美育的本质 [J]. 教育研究（11）：67–72.

李维，1990. 国际教育百科全书：1[M]. 贵阳：贵州教育出版社 .

李泽厚，1989. 美学四讲 [M]. 北京：生活 · 读书 · 新知三联书店 .

李泽厚，1994a. 1979—1989：李泽厚十年集：第一卷，美的历程 [M]. 合肥：安徽文艺出版社 .

李泽厚，1994b. 1979—1989：李泽厚十年集：第四卷，走我自己的路 [M] . 合肥：安徽文艺出版社 .

里德，1993. 通过艺术的教育 [M]. 吕廷和，译 . 长沙：湖南美术出版社 .

梁启超，1989. 饮冰室合集：2：文集 10–19[M]. 北京：中华书局 .

刘放桐，等，1990. 现代西方哲学 [M]. 修订本 . 北京：人民出版社 .

刘凤梧，1982. 马卡连柯的“集体美学”教育思想：试谈在中小学中进行美育的几种途径 [J]. 教育研究（10）：86–89.

刘叔成，夏之放，楼昔勇，等，1987. 美学基本原理 [M]. 2 版 . 修订本 . 上海：上海人民出版社 .

刘述先，1988. 文化哲学 [M]. 哈尔滨：黑龙江教育出版社 .

刘尧，1994. 德育有多少功能：与鲁洁教授商榷 [J]. 教育研究与实验（4）：35–37.

龙杰，1991. 试论道德直觉 [J]. 东岳论丛（2）：49–51.

鲁洁，1994a. 试论德育之个体享用性功能 [J]. 教育研究（6）：46–47.

鲁洁，1994b. 道德教育：一种超越 [J]. 中国教育学刊（6）：2–8.

鲁洁，1995. 再议德育之享用功能：兼答刘尧同志的“商榷”[J]. 教育研究（6）：27–31.

鲁洁，1996. 论教育之适应与超越 [J]. 教育研究（1）：3–6.

鲁迅，1956. 鲁迅全集：8[M]. 北京：人民文学出版社 .

罗素，1982. 宗教与科学 [M]. 徐奕春，林国夫，译 . 北京：商务印书馆 .

马卡连柯，1955. 论共产主义教育 [M]. 刘长松，杨慕之，译 . 北京：人民教育出版社 .

马卡连柯，1981. 论共产主义教育 [M]. 刘长松，杨慕之，译 . 北京：人民教育出版社 .

马克思，恩格斯，1956. 马克思恩格斯全集：第 1 卷 [M]. 北京：人民出版社 .

马克思，恩格斯，1960. 马克思恩格斯全集：第 3 卷 [M]. 北京：人民出版社 .

马克思，恩格斯，1979. 马克思恩格斯全集：第 42 卷 [M]. 北京：人民出版社 .

马斯洛，1987a. 动机与人格 [M]. 许金声，程朝翔，译 . 北京：华夏出版社 .

马斯洛，1987b. 人性能达的境界 [M]. 林方，译 . 昆明：云南人民出版社 .

冒从虎，冒乃健，1988. 潜意识 · 直觉 · 信仰：当代中国学者论非理性成份 [M]. 石家庄：河北人民出版社 .

梅多，卡霍，1990. 宗教心理学：个人生活中的宗教 [M]. 陈麟书，陈耀庭，李向阳，等译 . 成都：四川人民出版社 .

摩尔，1983. 伦理学原理 [M]. 长河，译 . 北京：商务印书馆 .

南京师范大学《教育学》编写组，1984. 教育学 [M]. 北京：人民教育出版社 .

聂振斌，1981. 蔡元培的美育思想 [C]// 中国社会科学院哲学研究所美学研究室，上海文艺出版社文艺理论编辑室 . 美学：第三期 . 上海：上海文艺出版社 .

庞学光，1992. 唯理性教育及其超越 [M]. 天津：天津社会科学院出版社 .

庞学光，1994. 浅论道德直觉及其培养 [J]. 教育研究与实验（4）：27–30.

皮亚杰，1984. 儿童的道德判断 [M]. 傅统先，陆有铨，译 . 济南：山东教育出版社 .

戚万学，1993. 20 世纪西方道德教育理论概述 [J]. 教育研究（10）：45–50.

启功，1981. 夫子循循然善诱人：陈垣先生诞生百年纪念 [M]// 张忱石，傅璇琮，许逸民 . 学林漫录：二集 . 北京：中华书局 .

钱谷融，鲁枢元，1987. 文学心理学教程 [M]. 上海：华东师范大学出版社 .

邱明正，1993. 审美心理学 [M]. 上海：复旦大学出版社 .

上海社会科学院哲学研究所美学研究室，1984. 美学十论 [M]. 上海：上海人民出版社 .

石鸥，1995. 在“理论脱离实践”的背后：关于教育理论与实践的关系的反思 [J]. 高等师范教育研究（3）：14–21.

斯托洛维奇，1984. 审美价值的本质 [M]. 凌继尧，译 . 北京：中国社会科学出版社 .

苏霍姆林斯基，1983. 教育的艺术 [M]. 肖勇，译 . 长沙：湖南教育出版社 .

苏霍姆林斯基，1984. 让少年一代健康成长 [M]. 黄之瑞，张佩珍，姚亦飞，等译 . 北京：教育科学出版社 .

孙昌瑞，1994. 论教育的主体性及其基本标志 [J]. 教育研究（10）：28–31.

孙志文，1994. 现代人的焦虑和希望 [M]. 陈永禹，译 . 北京：生活 · 读书 · 新知三联书店.

檀传宝，1992. 德育过程三要素的特点 [J]. 北京师范大学学报（社会科学版）(3)：52–54.

檀传宝，1994. 态度改变理论和德育的审美选择 [J]. 高等师范教育研究（6）：31–37.

檀传宝，1995a. 对两种德育功能的理解：谈谈《德育有多少功能》一文的问题 [J]. 教育研究与实验（1）：20–24.

檀传宝，1995b. 教育学和美学交叉研究的三种水平：兼论“美学教育观”概念的建立 [J]. 中国教育学刊（3）：18–21.

汤因比，池田大作，1985. 展望二十一世纪：汤因比与池田大作对话录 [M]. 荀春生，朱继征，陈国梁，译. 北京：国际文化出版公司.

唐凯麟，龙兴海，1993. 个体道德论 [M]. 北京：中国青年出版社.

滕守尧，1983. 论审美能力的构成和培育 [J]. 教育研究（6）：44–49，76.

滕守尧，1995. 美育教育现代化的关键 [J]. 西南民族学院学报（哲学社会科学版）(增刊)：123–130.

滕守尧，1998. 审美心理描述 [M]. 成都：四川人民出版社.

托尔斯泰，1958. 艺术论 [M]. 丰陈宝，译. 北京：人民文学出版社.

万俊人，1990. 现代西方伦理学史：上卷 [M]. 北京：北京大学出版社.

王策三，1994. 教育主体哲学刍议 [J]. 北京师范大学学报（社会科学版）(4)：80–87.

王道俊，郭文安，1992. 关于主体教育思想的思考 [J]. 教育研究（11）：31–36，51.

王世德，1986. 美学辞典 [M]. 北京：知识出版社.

吴亚林，1995. 漫议与鲁洁教授对话 [J]. 教育研究与实验（4）：37–39.

锡德尼，1964. 为诗辩护 [M]. 钱学熙，译. 北京：人民文学出版社.

席勒，1984. 美育书简 [M]. 徐恒醇，译. 北京：中国文联出版公司.

萧焜焘，1990. 自然哲学 [M]. 南京：江苏人民出版社.

肖雪慧，韩东屏，等.1988. 主体的沉沦与觉醒：伦理学的一个新构想 [M]. 贵阳：贵州人民出版社 .

亚理斯多德，1958. 诗学 [J]. 文艺理论译丛（2）：1–32.

严元章，1993. 中国教育思想源流 [M]. 北京：生活 · 读书 · 新知三联书店 .

阎增武，1987. 浅析教学过程中的审美感：兼论教学活动的创造性 [J]. 教育研究（2）：12–16 .

杨斌，1987. 教师美散论 [J]. 教育研究（9）：36–39.

杨恩寰，1987. 审美教育学 [M]. 沈阳：辽宁大学出版社 .

杨明森，1989. 教师美学 [M]. 北京：职工教育出版社 .

杨正江，1993. 哲学体系重要问题研究 [M]. 上海：上海远东出版社 .

叶学良，1989. 教育美学 [M]. 成都：四川人民出版社 .

尹宗利，1987. 教学艺术的功能与特征 [J]. 教育研究（10）：45–49.

张涵，1990. 中国当代美学 [M]. 郑州：河南人民出版社 .

张胜勇，1995. 反思与建构：20 世纪的教育科学研究方法论 [M]. 济南：山东教育出版社 .

赵洪恩，1993. 试论美育的心理机制 [J]. 教育研究（8）：39–43.

赵洪恩，1994. 论美育在道德培养中的作用 [J]. 教育研究（11）：63–66.

赵伶俐，1991. 人生价值的弘扬：当代美育新论 [M]. 成都：四川教育出版社 .

赵宋光，1981. 论美育的功能 [C]// 中国社会科学院哲学研究所美学研究室，上海文艺出版社文艺理论编辑室 . 美学：第三期 . 上海：上海文艺出版社 .

赵汀阳，1994. 论可能生活 [M]. 北京：生活 · 读书 · 新知三联书店 .

赵祥麟，王承绪，1981. 杜威教育论著选 [M]. 上海：华东师范大学出版社 .

赵修义，戚文藻，邓遇芳，1986. 现代西方哲学纲要 [M]. 上海：华东师范大学出版社 .

钟以俊，1990. 对现代教学艺术的一些思考 [J]. 教育研究（12）：54–59.

钟以俊，焦凤君，1991. 教学美学导论 [M]. 南宁：广西教育出版社 .

周浩波，迟艳杰，1993. 教学哲学 [M]. 沈阳：辽宁教育出版社 .

周南照，1985. 教学的美学 [J]. 教育研究（3）：47–48，78.

周扬，1981. 关于美学研究工作的谈话 [C]// 中国社会科学院哲学研究所美学研究室，上海文艺出版社文艺理论编辑室 . 美学：第三期 . 上海：上海文艺出版社 .

朱小蔓，1993. 情感教育论纲 [M]. 南京：南京出版社 .

POWER C，KOHLBERG L，1987. Using a hidden curriculum for moral education[J]. Education Digest，52（9）：10.

HALL R T，DAVIS J U，1975.Moral education in theory and practice[M].New York：Prometheus Books.

ISEN A M， 1970. Success，failure，attention，and reaction to others：the warm glow of success[J]. Journal of Personality and Social Psychology，15（4）：294–301.

KOHLBERG L，1958. The development of modes of moral thinking and choice in the years ten to sixteen[D]. Chicago：University of Chicago.

MURPHY L B，1937.Social behavior and child personality：an exploratory study of some roots of sympathy[M]. New York：Columbia University Press.

SAGI A，HOFFMAN M L，1976. Empathic distress in the newborn[J]. Developmental Psychology，12（2）：175–176.

SIMNER M L，1971. Newborn's response to the cry of another infant[J]. Developmental Psychology，5（1）：136–150.

STAUB E，1978. Positive social behavior and morality，Volume 1: social and personal influences[M]. Pittsburgh：Academic Press.

附录一

作者已发表德育美学观相关论文与著作

一、文章类

檀传宝，1992. 德育过程三要素的特点 [J]. 北京师范大学学报（社会科学版）（3）.

檀传宝，1993. 南京市宁海中学“通俗音乐与青少年”调查 [J]. 青年研究（12）.

檀传宝，1994. 论文化与教育的三种境界 [J]. 南京师大学报（社会科学版）（2）.

檀传宝，1994. 态度改变理论和德育的审美选择 [J]. 高等师范教育研究（6）.

檀传宝，1995. 教育学和美学交叉研究的三种水平：兼论“美学教育观”概念的建立 [J]. 中国教育学刊（3）.

檀传宝，1995. 试论教育主体性形态及其实现 [J]. 南京师大学报（社会科学版）（2）.

檀传宝，1995. 对两种德育功能的理解：谈谈《德育有多少功能》一文的问题 [J]. 教育研究与实验（1）.

檀传宝，1995. 关于席勒的两个命题的阐释——兼论审美活动的善性 [J]. 华东师范大学学报（教育科学版）（4）.

檀传宝，1995.“倾向”还是“精神”[J]. 教育研究与实验（4）.

檀传宝，1996. 生存、发展、享用：德育的个体性功能 [J]. 浙江教育（4）.

檀传宝，1996. 德育美学观理论建构的设想 [J]. 现代教育论丛（2）.

檀传宝，1996. 1979—1994：功利主义德育观美学超越的历程 [J]. 高等师范教育研究（4）.

檀传宝，1996. 功利主义：中国德育的症候群之一 [J]. 教育理论与实践（3）.

檀传宝，1997. 教育活动评价的第三标准 [N]. 中国教育报，1997–02–27.

檀传宝，1997. 对德育对象的塑造：论德育“作品美”[J]. 教育研究与实验（1）.

檀传宝，1997. 道德情感、审美情感与道德教育 [J]. 中国教育学刊（1）.

檀传宝，1997. 论教育活动审美评价尺度的确认 [J]. 教育评论（1）.

檀传宝，1997. 对德育过程的改造：论德育形式美 [J]. 现代教育论丛（3）.

檀传宝，1997. 美育三议题 [J]. 江西教育科研（5）.

檀传宝，1997. 论直觉与道德直觉能力的审美培育 [J]. 教育科学（4）.

檀传宝，1997. 德育美学观：对时代呼唤的理论应答 [N]. 江苏教育报，1997–11–28.

檀传宝，1997. 审美育德何以可能 [N]. 江苏教育报，1997–12–23.

檀传宝，1998. 至境德育论 [J]. 云梦学刊（1）.

檀传宝，1998. 论美育育德功能的阈限 [J]. 中国音乐教育（2）.

檀传宝，1998. 对德育主体自身的改造：论“师表美”[J]. 教育研究（2）.

檀传宝，1998. 师表之美的追求 [N]. 江苏教育报，1998–01–20.

檀传宝，1997. 道德人生与道德教育的境界 [N]. 江苏教育报，1997–03–03.

檀传宝，1999. 幸福教育论 [J]. 华东师范大学学报（教育科学版）（1）.

檀传宝，1999. 德国和美国的美育理论与实践 [J]. 湖南教育（8）.

檀传宝，1999. 美育和德育关系的理论界定（上）[J]. 中小学管理（10）.

檀传宝，1999. 美育和德育关系的理论界定（下）[J]. 中小学管理（11）.

檀传宝，1999. 主体性德育：欣赏型德育模式论要 [J]. 深圳教育学院学报（综合版）（1）.

檀传宝，2000. 论教育美育 [J]. 教育研究（12）.

檀传宝，2001. 教育对象的三重主体性及其重要意义 [J]. 中国教育学刊（3）.

檀传宝，2001. 德性只能由内而外地生成：试论“新性善论”及其依据，兼答孙喜亭教授 [J]. 清华大学教育研究（3）.

檀传宝，2002. 中国美育还需要点什么？[J]. 人民教育（2）.

檀传宝，2002. 论教师的幸福 [J]. 教育科学（1）.

檀传宝，2002. 让道德学习在欣赏中完成：试论欣赏型德育模式的具体建构 [J]. 北京师范大学学报（人文社会科学版）（2）.

檀传宝，2002. 学校道德教育二题 [J]. 中国教育学刊（2）.

檀传宝，2002. 对德育主体及其作用的几点认识 [J]. 湖南师范大学教育科学学报（2）.

檀传宝，2002. 论儒家德育思想的三大特色与优势 [J]. 教育研究（8）.

檀传宝，2005. 德育对美育的辅助作用及其阈限 [J]. 教育学报（1）.

檀传宝，2005. 论德性在创美和审美活动中的作用：上 [J]. 中国艺术教育（1）.

檀传宝，2005. 论德性在创美和审美活动中的作用：下 [J]. 中国艺术教育（2）.

檀传宝，2006. 欣赏型德育模式的核心理念 [J]. 中国德育（5）.

檀传宝，蔡辰梅，2006. 美丽的德育在成长：“欣赏型德育模式建构研究”的案例述评 [J]. 中国德育（5）.

檀传宝，2008. 提升生命质量的一项探索：“欣赏型德育模式”的理论与实践 [J]. 中国德育（6）.

檀传宝，2011.An exploration on the promotion of the quality of life：

the theory and practice of the model of moral education through aesthetic appreciation（MEAA）[J]. 鸣门教育大学学校研究纪要，25.

檀传宝，徐承，2011. 论“德－美育”的建构：檀传宝教授访谈录 [J]. 美育学刊（2）.

檀传宝，2012. 做有美感有质量的德育 [N]. 教育时报，2012–03–28.

檀传宝，2014. 美学是未来的教育学 [J]. 中国德育（2）.

檀传宝，2014. 德育教材编写应当恪守的基本原则 [J]. 课程・教材・教法（6）.

檀传宝，2015. 美学是未来的教育学：兼论现代教育的审美救赎 [J]. 中国教育科学（1）.

檀传宝，2015. 美学是未来的教育学 [J]. 人民教育（15）.

檀传宝，2016. 高品质的教育必须重视美育 [J]. 教师月刊（2）.

檀传宝，2018. 为什么席勒是正确的？[J]. 中国德育（24）.

二、著作类

檀传宝，2003. 美善相谐的教育 [M]. 哈尔滨：黑龙江教育出版社.

檀传宝，2006. 让德育成为美丽的风景：欣赏型德育模式的理念与操作 [M]. 合肥：安徽教育出版社.

檀传宝，2012. 浪漫：自由与责任：檀传宝德育十讲 [M]. 上海：华东师范大学出版社.

檀传宝，2015. 美学是未来的教育学：德育世界的探寻 [M]. 上海：华东师范大学出版社.

檀传宝，2016. 我的家在中国 [M]. 广州：广东教育出版社.

檀传宝，2019. 劳动创造美好生活 [M]. 北京：中国劳动社会保障出版社.

附录二

心 的 旅 程

——《德育美学观》创生记

一、实践播下的种子

一本书的写作时间也许很短，但是它的酝酿之期却可能旷日持久。根据我的博士论文修改而成的《德育美学观》写于 1995—1996 年，大约 1 年多的时间，可是它的缘起至少可以追溯到 1983 年。

1983 年夏天，大学毕业的我，背着最简单的行囊，回到了 4 年前我的起点——皖西南一所普通完全中学（安徽省怀宁县皖河中学）。当年，学校的条件是很艰苦的。我的宿舍兼办公室的天花板就是芦席吊顶而成的，而地面则干脆是凹凸不平的泥土。当我走进课堂开始我的第一节课时，我仿佛觉得 4 年大学生涯似乎只是使我挪了一小步——从讲台之下走到了讲台之上。

最初的沮丧很快如过眼烟云。面对讲台下那一排排天真无邪、如饥似渴的眼睛，平民出身的我很快就感到了自己的责任与使命，我很快就进入了角色。在中学工作的 8 年中，我从初一教到高三，当过政治教师、班主任、校教务副主任，是一个地地道道的“德育实践工作者”。不过，与别人不同的是，我一直延续了自己的业余嗜好——文学创作。8 年间，我先后在《诗歌报》《清明》《安徽文学》《青春》《青海湖》等文学报刊上发表了诗作 60 余首，小说、散文作品 20 余篇，成了本地有名的“诗人”、市作协的成员。文学和美学的学习与实践使我的气质、语言等都具有某种特色。这不仅使我区别于我的同事，更令我自豪的是，我赢得了我的学生们的爱戴——不是因为我能以较高的效率使他们获得最高的考分，而是由于我能使枯燥乏味的课程变得稍微生动一些。有一个高三学生曾私下对我说：“老师，我真希望您能做我们的语文老师！”我曾为此激动过许久。

形象生动的语言、多种艺术手段的应用，使我获得了教学上的初步成功。而这一小小的成功又促使我思考更大的问题。我很快就有了“彻底改善”中学德育实效的强烈愿望。正是怀着这样一种强烈的愿望，1991 年我考入北京师范大学，重新开始了学习生涯。可以这样说，《德育美学观》完成于 1996 年，但这棵植物的种子却是在我长达 8 年的中学教学生涯中由德育实践给种下的。

二、瑞雪金陵

空屋窗寒倦五经，
驰心形上天姥吟。
楼外小姑惊鹊起，
瑞雪金陵万里晴。

这是 1995 年底，《德育美学观》写作接近尾声时我写下的一首“拟七绝”。头两句记录了当时的疲惫与艰辛，后两句则表达了有所心得后的无比喜悦。扪心自问，我自己认为《德育美学观》作为我 5 年间从硕士到博士学术之旅的最终成果，是对得起这些年自己的热切的希望、不顾一切的心血投入的——尽管她仍有许多缺憾。我想，至少她在两个方面是有所突破的。其一，实现了德育论与美学的交叉。尽管以前有人零星讨论过德育艺术等德育美学的相关问题，但教育学与美学的交叉还主要停滞于一般的教育美学及教学美学、教师美学这样一些领域。“德育论—美学”的交叉在国内这还是第一次。其二，《德育美学观》所实现的德育论与美学交叉达到了一定的深度。“德育美学观”与“德育美学”虽然只有一字之差，但却反映了我这样一个理论追求：我的交叉研究着眼的是两个学科之间的精神沟通，是以寻求新的德育理念（德育观）为探讨目标的。这使我的研究区别于流行的交叉方式，那些交叉的缺点往往是仅仅满足于美学范畴的教育学套用、满足于新的教育技巧的发掘。

上述进展的取得，一个十分关键的因素是我的导师鲁洁教授。

1993 年，当我顺利实现提前攻博的目标坐到敬仰已久的导师面前时，我原本只是打算按照流行的方式写一本“德育美学”的，其主要内容将是教师的语言艺术、板书艺术、课堂结构、教学节奏等技术性课题的探究。鲁老师听完我的想法，肯定地对我说：“你是搞教育基本理论的，因此你要奉献给大家的首先是思想，而不是技艺。技艺是重要的，但首先必须有驾驭它的灵魂。”老师的话振聋发聩，如一轮红日驱散了朝雾，照亮了我的学术之路。在南京的三年博士研究生学习生涯中，我无时无刻不是朝着寻找新时期德育之魂这样一个方向奋力前行的。谁言寸草心，报得三春晖。如果我的《德育美学观》有所奉献、使人有所心得的话，我想这主要应归功于恩师当年睿智的指点。

三、幸运与使命

就像 1983 年画了一个大圆圈回到了中学时代的母校一样，1996 年夏天，我则在盘旋了一个更大的圆圈后回到了我的母校——北京师范大学。这一次，我是参与了较为激烈的竞争，争取到该年度全国唯一的一个教育学博士后名额而得以回京的。而博士论文《德育美学观探讨》则是我顺利进站的重要通行证。

我常常跟友人说：我的一生充满了幸运。上大学、考研、考博，这些关隘对别人来说往往有重重险阻，而于我幸运之门却似乎一直是敞开的。不过这一次与其说是幸运感还不如说是使命感占据了我的身心。进站伊始，过去在硕士研究生阶段曾经在学术上哺育过我的老师们几乎是异口同声地对我说：我们挑选你，除了你的业务水平之外，一个重要原因是你是搞德育的，而北京师范大学、整个中国未来都需要更有学术分量的德育理论工作者！

我不知道我能否不辱使命。但是我将不惜代价进入更新一轮的“苦其心志，劳其筋骨，饿其体肤”的航程。使我充满信心的是，就像夏日的校园里有的是翠绿与浓荫一样，北京师范大学，这块历史悠久、名家荟萃之地有的是关心爱护、全力奖掖年轻学人（包括我在内）的学术前辈。他们无疑是最有力的风，而《德育美学观》则肯定将是一叶启动这一航程的帆！

1997 年 7 月 30 日晨于

北京师范大学教育系博士后站

附录三

让德育成为最美丽的风景

——与檀传宝教授谈“欣赏型德育模式”的建构

《公民道德建设实施纲要》颁布以来，无论教育界还是整个社会，大家对学校道德教育的关心程度大大提高。但是如何真正提高学校德育的吸引力和实际效果的问题一直难以解决。已被确定为全国教育科学“十五”规划国家重点课题的“欣赏型德育模式的建构研究”是檀传宝教授在对我国德育问题进行深入研究基础上，以德育美学观为理论基础的实验研究，有可能对提高我国德育的成效起到一定的作用。基于此，记者就“欣赏型德育模式”的有关问题与檀教授进行了深入的交谈——

记者： 檀教授，“欣赏型德育模式”这一提法令人耳目一新。我想，您是希望通过“欣赏”而不是“灌输”去实施德育。您最初是如何考虑这样一个命题的？为什么要建构一种“欣赏型德育模式”？

檀传宝： 首先，为了提升教育质量。目前我国教育实践中诸多教育异化现象虽然不能完全归结为“趣味”的丢失、没有按照美的规律进行教育，但是我们至少会认同的是，教育中严重的功利主义取向、教育中人和人的意义的遗失等，肯定与超越性的缺乏、必要的趣味和境界等审美要素的缺乏有关。因此，教育“质量化”的应有之义之一应当是教育的审美化。“欣赏型德育模式”不过是这一审美化抉择在德育实践上的具体构想。如果说过去的德育相对简单，对规范、约束强调较多，那么逐步走向小康水平的社会在教育上是否到了一种不仅强调道德规范的简单授受，而且也开始追求道德教育的自由与个性境界的时候了呢？“欣赏型德育模式”的建构实际上是对学校德育更高境界的一种设计。

其次，解决实际德育问题与困惑。在一些人看来，道德规范就是人生的绝对真理，道德教育就是要将这些“放之四海而皆准”的绝对真理教给年青一代。这种关于道德和道德教育的理念使得道德教育成为一个纯粹“规训”他人的道德灌输过程。而在另一些人看来，从来就没有道德上的金科玉律，道德法则是为我所用的工具，道德教育的过程不过是特定个体在教师的关照之下自由选择价值标准的过程。这样两种截然不同的理念造就了两类基本的德育模式，我们可以大体上分别称之为德育的“传统模式”与“现代模式”。德育的传统模式与现代模式孰优孰劣？很难下绝对的结论。比较起来，似乎是现代德育模式更好，而且现代德育也的确“战胜”了传统德育。从文化的角度言，东方社会与东方德育迄今为止实际上仍然主要偏于“传统”模式，道德教育上的强制与“灌输”的痕迹十分明显。事实上在世界范围内，大家都在寻找一条“中间路线”——既传统又现代，既绝对又相对，既强调基本价值的引导又不妨害道德学习主体“主体性”的充分发挥的综合德育模式，“欣赏型德育模式”其实就是希望解决这样一个两难问题。我们的基本假设是：道德教育的内容与形式如果可以处理成一幅美丽的画、一曲动听的歌，那么与这幅画、这首歌相遇的人就会在“欣赏”中自由地接纳这幅画、这首歌及其内涵。道德教育的价值引导与道德主体的自主建构两个方面就可以在“欣赏”过程中得以统一。

记者：您的解释让我们感到“欣赏型德育模式”的理论和实际意义都非常重大，那么您能解释一下您的这一教育模式的深层次的教育思考或者假设吗？

檀传宝：就我个人而言，“欣赏型德育模式”是经过深思熟虑的。除了我的专著《德育美学观》以外，近年来有许多关于德育的思考都促使我提出“欣赏型德育模式”的设想。“欣赏型德育模式”建构的主要理论依据是：德育过程是对学习主体道德自主建构的帮助过程。德育过程从实质上说到底是一个什么样的过程？迄今为止，德育界实际上主要信奉的是一种品德“转化”理论，即认为德育过程就是一种学生价值观念的转化过程——教师由外而内向学生灌输价值观念，培养成人社会所需要的品德的过程。“转化理论”作为一种强调“灌输”的理论从根本上否定了德育对象的主体性。长期以来，我国德育在思想上的某种强制特征之所以“挥之不去”，其教育思想上的根源即在于此。教育工作者必须承认儿童具有先天的道德禀赋，德育过程实质上不是由外而内的转化过程，而是由内而外掌握或生成的过程。换言之，道德教育有外表上的“转化”问题，但本质上却是内发和生成或建构的过程。

提倡道德上的“生成”或“建构”理论并不是说转化理论的内涵中没有任何合理性存在，道德学习主体的自主建构过程决不可以理解为完全放任的自生自长的过程。“自主建构”和“价值引导”必须同时提出，以形成德育是“价值引导与自主建构的统一”这样一个完整的命题。我个人认为：价值引导只是真实有效的学校德育的条件，而非德育过程发生变革的本质。德育过程的本质是道德学习主体在教育工作者创设的特定价值情境中不断主动和自主地改造自己的品德心理图式，不断实现道德人格的提升。

记者：您的上述想法的确很有理论深度，也很有意思，涉及德育过程的一些基本问题。能否阐述一下您的理论对一些基本德育问题的认识？

檀传宝：“欣赏型德育模式”建立在我的德育美学观上，从这一基本观点出发构建的德育模式需要对德育过程的一些基本问题进行重新解释。主要涉及师生关系、德育课程和德育过程几个方面。

1. 师生关系：教师是参谋或伙伴。在道德教育的“转化”模式中，教师与学生的关系的基本特点有两个。一是“教师—学生”的单向关系；二是师生关系的居高临下特性。道德教育就是拥有价值真理的成年人在单方面向学生作道德的说教。“欣赏型德育模式”所希望建立的师生关系是一种“参谋或伙伴”的关系。在这一关系中，教师的智慧表现在设置情境并隐蔽起来（或退居幕后），学生则成为价值判断和建构的主体。这一关系的特质是：第一，“参谋或伙伴”是双向或多向的关系；第二，“参谋或伙伴”的关系是平等的关系。这就意味着就像风景区游客之间的关系一样，在道德教育中，教师与学生、学生与学生、学生与教师之间，是一种共同面对道德智慧风景欣赏和交流欣赏心得的关系。当然，与纯粹的游客不同的是，教师还必须是道德风景的设置者和导游人。

如同自主建构和价值引导之间存在矛盾一样，这里教师与学生的关系也存在一种作为普通“游客”和作为“道德风景的设计者和导游人”之间的矛盾。这一矛盾的解决之道就是：当教师完成了风景的设计和导游的任务之后，教师就应当退居幕后，即使再在教育情境中存在，也只能以一种道德人格的风景或普通的游客同伴的身份出现。教师的作用就主要是以自己对道德智慧的欣赏来刺激、启发和带动学生的德育“欣赏”活动。

2. 课程：德育情境的审美化。欣赏型德育所希望建构的德育课程模式的特点是情境性与审美化。所谓“情境性”，不是要完全否定道德判断、推理与理论思维等在道德教育中存在的必要。“情境性”所要求的是道德教育的内容首先应当实现“生活化”。因为只有在生活化了的德育内容中我们才可能发现道德智慧的生动性，才能真正地激发学生进行自主、自由的道德判断和推理，等等，建立真正的道德理性。此外，情境性的课程也为道德教育显性课程与隐性课程的沟通提供了可能，学生很容易将显性课程的学习推进到所有的生活领域，这就在实际上为学生在更广大的时空中进行道德学习创造了有利条件。所谓“审美化”，主要的要求也是两点。第一，道德教育应当发掘教育内容上的审美因素，即应当精选道德智慧的成果，充分展示人类道德文明的智慧之光。第二，在道德教育内容的呈现形式上应当努力做到形象、生动、审美化。比如，在教材形式上，可以尝试小学教材故事（寓言）化、中学教材杂志化的形式；可以适当引进艺术手段作为道德教育的活动形式；等等。当然这主要是指日常德育内容审美视野的确立。

3. 过程：在“欣赏”中完成价值选择能力和创造力的培养。“转化理论”的一个特点是认为道德教育主要是由外而内的过程，因此，教师居高临下的“教导”无论如何也是最根本的东西。而在欣赏型德育理念之中，教师的智慧表现主要在设置情境并隐蔽起来（或退居幕后），学生则成为“欣赏”的主体。所以欣赏型德育的过程观的第一要求和最根本的要求就是：道德教育应当在“欣赏”中完成价值选择能力和创造力的培养。为此，教师的工作主要是：设置审美化的道德教育情境；鼓励和引导学生对于道德智慧的欣赏；最后，应当努力让学生形成自己对自己的欣赏——形成欣赏性的评价体系。总之，欣赏型德育的全过程都应当是一个学生自主“欣赏”的过程，一个尊重并发挥教育对象主体性的过程。

记者：在教育界，许多理论都很好，但是这些理论太抽象，无法操作。您的上述想法的确很有理论深度，也很有意思。为了便于大家学习，您能否提供“欣赏型德育模式”的具体操作步骤？

檀传宝：“欣赏型德育模式”的建构还是一个待研究的课题，所以我无法谈很多具体的操作法则。但是我比较有信心的是我们可以找到办法，同时我们也有一些初步的建议。举例来说，“让道德学习在欣赏中完成”的目标从时间的角度就可以分解为以下几个阶段。

第一阶段：建立与发现欣赏的视角。一块石头从一个侧面看非常一般，但换一个侧面则可能是一种审美的存在。同样，道德规则可以以纯粹理性或命令的形式呈现给我们的学生，也可以选择一种特别的角度让学生认识到这些规则正是一种人类生活的智慧，一种“合规律性与合目的性的统一”的形式。建立道德规范正是给予其“合目的性”的自由活动所必需的翅膀。这样，道德教育内容的“顽强的疏远性”就会在“欣赏”过程中得到消解。

所以"欣赏"的关键是教师必须与学生一起建立与发现欣赏道德智慧风景的视角。在道德教育的准备阶段，教师的教育智慧主要体现在这一视角的寻找与建立上。

第二阶段：展现道德智慧与积极人生的美丽。在德育实施过程之中，教师的任务是：一方面，在道德教育内容的呈现形式上应当发挥创造性，做到形象、生动、审美化。在教育教学中德育工作者应当努力发掘教育内容上的审美因素，将人类道德文明的智慧之光充分展示出来，让学生在道德价值、道德规范的学习中看到人类自身和伟大与尊严，体会到人类在驾驭人际关系上的"本质力量"。另一方面，应当探索多种形式，延续、强化和巩固审美体验，促使道德审美的结果影响品德结构、改进行为模式。因此，如何创设"展现道德智慧与积极人生的美丽"的教育形式或可欣赏性道德情境是欣赏型德育实施的关键。

第三阶段：践行审美化的人生法则。审美的任务是"立美"，道德教育的最终目标只能是道德的行动。所以"欣赏型德育模式"所追求的最终目标也就只能是鼓励学生践行审美化的人生法则。在践行道德方面可以采取的方式主要有两种。一种是审美化的"角色扮演"，一种是审美化的真实的道德实践训练。这里所谓的"审美化"，主要是建立在两个基本条件之上的：第一，要使学习主体在审美化的心境中扮演或实践；第二，要让学生在行动过程中不断增加对自身活动的反思与审美观照，使道德精神与人格之美的欣赏或"审美"成为道德"立美"的动力。

原载《中国教育报》2002 年 8 月 3 日教育科学版

附录四

“美学是未来的教育学”[①]

——兼论现代教育的审美救赎

感谢北京师范大学第二附属中学对我的邀请，我非常高兴和大家再次分享与欣赏型德育模式有关的心得。

我想把今天的演讲分成两个大部分。

第一个部分，讲点德育美学观与欣赏型德育。这对于在座的某些老师来讲是“复习”，因为二附中已经从事欣赏型德育实验多年，许多老师已经比较熟悉我的观点；而对于外校来旁听的一些老师来讲可能是一个“预习”，因为来听讲的，显然多是对欣赏型德育有兴趣但又未必特别了解的。我首先把我所一直倡导的德育美学观、欣赏型德育模式稍微给大家回顾一下，算是温故而知新。

然后第二个部分，才是这次演讲的标题所揭示的命题——“美学是未来的教育学”，副标题叫作“兼论现代教育的审美救赎”。

大家看，“美学是未来的教育学”这个标题是加了引号的。之所以加引号，有两个原因：一个原因是，这句话是一个隐喻。你要当真，以为未来

① 本文系作者于 2013 年 3 月 2 日在北京师范大学第二附属中学（欣赏型德育模式实验学校之一）的演讲记录。李思齐整理，经演讲者本人审阅修订。其中三分之一内容已经节选发表于《中国德育》杂志 2014 年第 2 期。全文见《中国教育科学》2015 年第 1 期，中国人民大学的《复印报刊资料 · 教育学》2015 年第 6 期转载。本次收录前作者又做了进一步修改。

只需要美学而不要教育学，那肯定是不对的。另外一个原因是，这句话用典了，它实际上修改自高尔基在小说《母亲》里的一句格言："美学是未来的伦理学。"①我坚信：人类生活实践最终、最高的境界，都与美、审美有内在关联。故就最高境界来讲，美学可以是任何领域未来的"××学"！所以，这里我就用了"美学是未来的教育学"这样加引号的一个命题。其实我认为，美学是未来的教育学，也应当是当下的教育学。总之我想集中讨论：美对于教育，在本质上到底意味着什么！

当然我也认真想过，我们到底怎么看德育美学观、欣赏型德育模式？你可以从不同的角度去看，你当然可以把它看成一个很有意思的班会、很有意思的课堂、很有意思的教育模式等。但如果你深究的话，德育美学观、教育美学，或者美学给教育带来的最重要的灵魂性质的东西，肯定不仅仅是这些。那么，最重要的东西是什么？我们拭目以待。

一、德育美学观与欣赏型德育

我先来解释一下我为什么那么长时间一直在宣传德育美学观和欣赏型德育模式……

我之所以非常非常愿意来这里演讲，一个非常重要的理由是，在座的各位差不多都是我的同道。二附中这么长时间一直坚持做欣赏型德育模式的探索，其他兄弟学校的老师也一定是对这个课题感兴趣才主动来参与的。这是真正意义上的志同道合的"同志"。当然，大家之所以愿意来，可能还有一个原因就是，德育美学观、欣赏型德育模式的建构仍然是一个未竟的事业——如何对德育中的师生关系、教学、活动做审美化改造，在德育过程中如何处理好艺术手段的应用等问题，仍然需要大家不断探索。我相信，越往后大家就越可以明确地体会到：德育美学观、欣赏型德育模式所追求的方向是合乎时代潮流的。所以有一批沿这个线索去推进德育乃至教育境

① 中国美学家也有类似倡导，如陈望衡《美学是未来的伦理学》，见《江海学刊》1997年第4期。

界提升的学校，非常重要。我确信：整个中国，这个时代，都需要有一批教育工作者率先开展“美学是未来的教育学，也是当下的教育学”这样一个思路的探索。

我之所以研究德育美学观、后来提出欣赏型德育模式，最根本原因是我对中国德育的弊病的一个判断。我认为：世俗意义上的功利主义（严格意义上讲我也不知道用什么词去表达这一乱象。我在学校讲课的时候，会有学生问我，你这里的功利主义和穆尔、边沁等伦理学家的功利主义是不是一回事？但好像不完全一样。我后来想过用实利主义、实用主义，但都不是非常合适，所以姑且还用功利主义一词）是中国德育以至整个教育的最突出的毛病之一。我所谓的功利主义，其实就是中国社会当下普遍存在的最庸俗的实利主义，一种赤裸裸的、物质的、充满欲望的功利主义，一种只求“来现的”的功利主义。这种东西，我不知道用什么去表达，也许实利主义更为贴切？

我们的德育实效一直不高，原因就在此处。比如说，德育这么重要的一个东西始终仅仅是被当作工具看的，在很多人眼里，她只是达成某种社会政治目的的工具。而只要是作工具的，那肯定是可要可不要的，要怎么摆弄就怎么摆弄，这样就肯定没有什么规律性，没有绝对价值可言。如果没有一个最最根本的原则被尊重、什么东西都可以权宜的话，那事情肯定做不好。德育、教育，都有这个问题。

另外一种功利主义的表现，就在日常生活中。我们以解放自我为名义，慢慢地把自己导向和动物越来越近的方向，就是赤裸裸的生物欲望所代表的那个方向。这种方向也是对德育的一种深深的伤害。因为当这些东西被看作最重要的时，所有的高级需要的满足都被边缘化了，德育就不可能有真正的效果了。人类道德，比如说父慈子孝、兄友弟恭、尊师爱生，都让我们超越动物界，而不是任由丛林法则起作用。所以我最初研究欣赏型德育美学观，是因为我认为中国的德育之所以不好，罪魁祸首是功利主义或者说是实利主义的毛病。

为什么要想到用美学来解决功利主义这个问题、建构我的德育美学观呢？一个很重要的原因在于审美本身具有的超越性特质。或者说，审美本身具有非功利性。比如当你欣赏一个人体模特时，欣赏的视角一定是指向人体的形式方面，比如说皮肤的光洁、形体的匀称或者男性肌肉所表达的力量感等。这些都是事物形式的方面。如果你走向了实用或性欲望满足的方面，你也可以兴奋，但那已经不是审美，只能是欲望、占有的那个方面。如你希望娶她做老婆或者追求他做老公，虽然也是人的一种正常的情感，但它指向的是实用的方面。所以当我们说一个水杯漂亮的时候，我们指的是这个水杯的颜色、质地、造型设计等，它绝对不是指这个水杯能装多少水、能如何解渴。所以我最早关注美育和德育、美学和教育学的交叉，是因为我觉得功利主义的救赎必须从非功利开始。

按照这个思路，后来我建构了我命名为“德育美学观”的三个基本理论：“审美育德论（即证明美育可以增进品德发展）”“立美德育论（讨论如何实现德育的审美化）”“至境德育论（讨论德育应当追求的境界）”。我的德育美学观核心内容，其实就是这三“论”。

这三个部分都有对教育、德育之审美精神的追求。比如说在“审美育德论”中，我论证，而且相信：只要符合审美属性的东西，都对人格的修复、人性的养成有积极的增进作用。当然我也相信，美学并不能完全取代德育。就像间接的德育课程很重要，可是再怎么言传身教，数学课老师还是不能取代思想政治课老师的。因为数学课老师既没有时间也没有专业能力去系统地讲授一个国家的宪法之类的课题。这里也是一样，美育特别重要，只要在做美育，在某种意义上讲，就在做德育。但美育又不等于德育，不能也不应该取代德育。美育更不能异化为赤裸裸的德育。实际上，德育、美育都不能相互取代。

在“立美德育论”里，我们主要讨论三个问题，即如何应用美学原理看学生、看“德”、看“育”的变革。如果我们能够把看待学生、教师的角度调成审美的角度，如果我们以审美的角度看待德育的内容与形式，就会有两个方面的作用。

第一个维度，就是她会极大地强化我们教育生命的意义，使每一个从事德育和教育的人有生命的充实感和幸福感。因为你会觉得这些东西是非常非常生动、美好的，是非常肯定我们主体价值的东西。首先，老师最大的幸福，莫过于关照到自己学生的成长，而且这种成长是与自己有联系的成长。不管那个老师有没有用“幸福”这个词，但只要他班上的学生有所成就，那么学生成就本身于他就是幸福的源泉。还有呢，一个教师在为自己的教育形式、教育风格自豪的时候，他能让自己的学生在自己的课堂上不亦乐乎的时候，他本人也一定是幸福的。他能够有高度的自信，展示自己的优雅的时候，他一定是幸福的。而幸福感和美感有时候是一个事物的两个侧面而已。你会发现，“立美育德”不光是对学生发展而言的，对我们自己的教育人生来说也是非常有意义的。

还有一方面，如果参透其中的美学奥秘，迁移到我们的日常工作上，成为自己的教育观、方法论，我们就能发现：原来我们可以这样改造我们的教育，我们可以以审美或欣赏的眼光去看待学生，我们可以用审美的原则去改造我们自己的形象、教育活动内容与形式，使之发挥最大的教育功能、德育功能！我们可以用审美的原则去改造我们的教学内容和形式，使之成为有境界的、有乐趣的、能够让学生“乐在其中”的乐学对象。你会发现，虽然“立美德育论”从某种意义上讲还是教育学的理论，还是讲对德育实效的提升，不过这一实效又远高于科学意义上的绩效，它远超过那个东西。所以立美德育论对于德育来讲首先是非常重要的一个教育观、方法论。“立美德育”跟“美育育德”的不同之处在于，美育育德是在德育过程之外（讲美育如何促进德育的），而如果要由外到内，则首先是德育过程本身的审美化改造——首先是学生、老师，还有师生德育互动的内容、形式的改造，等等。

最后是“至境德育论”，就是一个教育境界追求问题了。道德教育中，我们所用的方法是存在不同境界的。首先，我们可能会“贿赂”（或用利诱方式）学生去追寻道德。有时候，在某些年龄段，“贿赂”也是可以有德育效果的。在某些年龄段，依据品德发展心理学，本来就有一个道德判断的惩罚定向、互利互惠的阶段。也就是说在一定阶段为了让孩子知道对错，你贴一朵小红花，或者说是用更物质的方式，如给点压岁钱、买个小玩具之类的，确实也能起到一定的德育作用。但是要知道，那种境界肯定不是德育最高的境界。因为那种境界在品德发展里面属于“前”道德阶段，个体根本还没有领悟到道德规范本身的意义，即教育的逻辑是用道德以外的东西去诱导人的，所以我称之为“贿赂”。第二种境界呢，我们是用片面的社会规范去“规范”学生。这已经涉及道德本身了，因为是用道德规范本身去约束我们的学生。但是这种道德教育所宣扬的所谓的社会规范，往往只是赤裸裸的强制，一味赤裸裸地单方面强调家庭、社会、国家的重要性。我们当然不能说家庭、社会、国家的利益不重要，但如果这些遵守道德与否的利害与每一个个体、肉身没有关系，它就会违反人性，道德规范也会显得非常没趣、失去生动。所以最好的德育境界，肯定不是这种境界。我坚定地认为：只有当一种教育，能够让我们的学生充分欣赏到道德人格之美、道德智慧之美、道德生活之美，对道德生活心向往之，没有任何牵强、非常乐意去接受社会规范对他的约束（或指导、帮助），非常高兴、自豪、精神上非常愉悦地接受道德教育内容的时候，那种德育才是最好的德育。而这当然这就是我所谓的欣赏型德育。

大家应该都知道大美学家、美育家席勒。席勒在他的著作《美育书简》里曾经用三种“国度”来描述三种教育或人生境界——就是“力量的国度”“伦理的国度”“审美的国度”。“力量的国度”只有自然法则、丛林法则，是没有道德的动物式生存，那肯定不好。第二个是“伦理的国度”，有道德规范，但是太过强制，显然也不是理想的人生。所以他认为，人性如果要完整，人就应当像儿童沉浸在游戏中一样，陶醉在自己的工作中、学习、社会规范的实践之中。那个时候人性才是最充盈、最完整的。这就是所谓的“审美的国度”。审美的国度在他那里也被称之为自由的国度。德育美学观、欣赏型德育所追求的最高境界，就是这个审美或自由的教育境界。

二、让德育成为最美丽的风景

欣赏型德育模式最主要的理论基础，也就是上述德育美学观中的“审美育德论”“立美德育论”“至境德育论”。我在讲欣赏型德育模式的时候，一直有一个感性的口号，就是要“让学校德育成为一道最美丽的风景”。这就类似于开头所讲的“美学是未来的教育学”的意思了。

我们提出欣赏型德育模式，除了反对刚才讲的实用主义的逻辑，另外还有一个非常实践性的考虑。这是后来我自己琢磨出来的。我是觉得除了功利主义以外，全世界的德育，包括中国的德育，都一直在两个极端之间徘徊：要不就是绝对主义，要不就是相对主义。

什么叫绝对主义呢，就是“我是真理，你听我的”。当然，这个“我”可以是国家，可以是学校，也可以是某一个班主任、任何一个老师。当教育的一方认为自己握有真理，别人只有听他的份的时候，那就是所谓的绝对主义。这种在教育形式上最典型的表现就是所谓的强制灌输模式。在我们国家，一直到现在，强制灌输式的德育还为很多家长、社会人士、非专业的教育工作者所欣赏。他们认为这样教育还是挺“管用”的。但事实上，这种德育，这种近乎“力量的国度”的东西，即使在某一个阶段暂时有效，总体上讲，它是无实效的。譬如一个小孩儿不礼貌，一只手捧茶给爷爷。作为家长，你可以一巴掌打下去，马上就可以改变他的动作、教会儿童用双手捧茶给爷爷的规范。但是当这个小孩儿抹着眼泪双手把这个水杯再次递给爷爷的时候，就其对爷爷的“孝敬”来讲，肯定是更少而非更多的。两只手捧茶水给他人，它所要表达的其实是尊敬之类的价值。而如果说他情绪上抵制，那要让他接受这个价值就不太可能了。当然，有时候外行的人觉得这还是挺有效——你打了他，他马上就改过来了，怎么没效？这当然有效，只不过这种“效”在某种意义上来讲是饮鸩止渴而已。在某些特殊发展阶段（如惩罚定向阶段）或教育情境里，偶尔用这种方法未尝不可，但是这终究不是最好的教育形式，没有真正意义上的教育效果。在一个多元的互联网时代，这种德育方式将越来越行不通。强制灌输的德育是没有未来的。中国德育吃苦头最多的，是从中央到地方，许多人都认为强制灌输是对的。很多时候，政府的许多文件所奉行的其实都是实用主义哲学——比如我对某件事情关心，那好，某件事情就必须不讲条件马上“入脑”“入心”“进课堂”！这是典型的强制灌输模式。到目前为止这种思维惯性还很大。结果，有时候中国德育的一个荒谬的结局是“领导越重视，德育效果越不好”。因为有些时候领导越“重视”，形式主义、强迫命令反而越多。当然，我批评强制灌输的时候，并不是说中国德育都是强制灌输的。我相信在座的许多人也许都不在批评之内——因为大家是反强制灌输的，我们学校的许多德育活动也非常生动、主动。我说的是中国德育一方面弊端是这样一个问题。

相对主义德育主要存在于欧美一些国家、地区、学校。这一局面的形成基本上也有两个原因：一个是在教育内部崇尚对儿童的尊重，另外一个是教育之外的对思想自由的追求。出发点都是希望把更多的价值的选择权利给儿童。这本来也是对的，因为任何价值观念的学习，如果离开学习主体的自由选择就是强制灌输。可是有一个问题，如果我们把所有的自由，无条件地、一股脑地给孩子的时候，这种德育还能称为德育吗？如果孩子做什么都行的话，德育当然也就没有了！很多西方的德育理论（如价值澄清理论等）与实践（不是所有的）很容易让人误入歧途。西方社会价值观念的混乱与其过于放任的教育思维密切相关。其实，中国社会也有类似问题，什么都可以的相对主义会让人失去道德本身。比如相对主义一个较严重的后果是：现在很多在网络、媒体那里自由传播的好像“最先进”的、“最解放”的思想，其实往往是最落后的。比如马诺讲的那句话“宁愿在宝马车里哭，也不愿在自行车后面笑”。当时举国愕然！这种时候你认真想想，为什么她就会那么敢那样讲？因为她认为自己的价值观比他人都“先进”：你们太老旧了、太老套了、太落后了，我才是“最先进”的！不然在众目睽睽的电视节目里，她怎么能够那么自豪地说这个实际上是错误的东西呢？总而言之，中国社会环境里相对主义的可能性也越来越大了，而相对主义教育的结果往往是没有底线的，什么都行——尽管事实上任何社会都不允许什么都行，就是自然法则也不允许什么都行。人类总是要过一个区别于动物的生活、越来越高贵的生活。为此我们肯定要对自己的生活有所要求。所以，这个相对主义的教育形式，跟绝对主义的教育形式一样，都会导致德育的灾难。

那么，怎么才能使德育取得它应有的效果呢？我是觉得德育既不能绝对主义，也不能相对主义，我们应该找一个中间道路：你既教人，但又不强迫人；你所施教的，又是使人不亦乐乎的。这样，你便既照顾了学习者的兴趣、主动性、创造性，你又教会了别人某些有价值的东西。因为你教了，所以区别于相对主义；因为你的学生在接受你所教的时候还表现得不亦乐乎，所以又区别于强制灌输。

欣赏型德育模式有一个假设，在座的许多人都已经耳熟能详——

如果德育的内容与形式能够经过审美化改造（刚才讲的立美德育论就是这一改造的基本思路），德育能够成为一幅美丽的画、一曲动听的歌的话，那么与这幅画、这首歌相遇的人，就会在欣赏中间自由地接纳这幅画、这首歌的内涵。

如此，刚才讲的这个绝对主义和相对主义的毛病，都会在对德育美的自由欣赏中消失的。因为在自由的、审美的道德欣赏中，一方面自由会使学生免于接受强制灌输的教育，另外一方面这种审美活动又有特定的内容，所以学生一定会接受特定的某种德育。最关键的问题只在于，德育的形式和内容有没有成为那幅画或那首诗？换言之呢，我们的教育内容有没有可能具有“可欣赏性”？因为审美的前提是美的存在。

有些人问我，檀老师你讲的欣赏型德育模式是不是就是“赏识德育”？其实我们跟赏识德育有很多区别。最基本的区别就是：只要做正确的事情，你都可以“赏识”；而我们审美意义上“欣赏”的前提是，欣赏对象必须有审美的“可欣赏性”。换言之，欣赏具有审美意味，欣赏的要求显然要比简单的“赏识”要高。比如你看见一个愁眉苦脸、但合乎规范的学生，你会欣赏他吗？你或许可以表扬或者“赏识”他，但是你绝对不会“欣赏”他。你所欣赏的学生，一定是那种流露出近乎天性的道德，这孩子真善良、这孩子有真教养等。因为这个时候你在这个学生身上不仅发现了道德，而且观照到了道德的自由、优雅（道德美）。就是说，如果一个学生只是遵守纪律，你可以肯定、可以赏识，但你可能不会欣赏他。

简言之，如果我们能够对德育内容、形式、结果进行审美化改造而使其具有“可欣赏性”，那欣赏型德育模式差不多就完成了。

我们可以用一些例子讲有没有可欣赏性。比如说，我们教的那些道德规范，若你纯粹从规范去看它，也是一个教育的路数。但如果你换作一个人生智慧的角度去看呢？那学生的内在兴趣马上就会被激发起来。许多道德规范，实际上都是你为自己人生着想的应然选择。试想，我们立一个社会规范来纯粹约束、毁灭自己，怎么可能？人类不可能愚蠢到这种程度。所有为我们自身制定的这些道德规范，它都有合目的性。问题在于，如何让我们在这些道德规范中看到合乎我们人性、合乎我们自身幸福生活目的性的东西。

孔夫子在《论语》的《宪问篇》里说学习有两种：“古之学者为己，今之学者为人。”在不同的课堂，气象完全不同，一个是非常异化的空间，另外则是一个自由的空间。你自己的事情，你自己愿意做的事情，这就是“为己之学”的道理。当道德，尤其是为己之德的时候，道德就不再是我们的敌人。所有的道德规范，只有把它的“为己”性给学生揭示出来，让学生认识到这是人生的智慧的时候，学生才会豁然开朗去想：老师，原来是这样啊，原来应该这样看待人与事！

我们可以举很多例子，比如说我很欣赏老子的两句话：“生而不有，为而不恃”。《道德经》本来就没多长，但这两句话在不同的地方一共重复了三次。其中一次，老子是做了详细解释的。他说：你去看啊，大地会生长出万事万物，但是大地并不试图占有它。你看大地有多大的功德，但是它从来不吹牛、骄傲！创造而不占有，有作为而不自大，这才是最伟大的道德，即“玄德”。这个时候，你会不会觉得道德具有美感？你会否心向往之？相反，如果你只是简单地让一个学生遵守某个道德规范，不去做这种合目的性角度的解读的话，任何让人限制自己的利益的道德要求的达成都是最困难的任务。你让他超越私利，你让他公而无私，都是比较难的。可是，从老子这个角度来讲利害的超越，在这一刻，他会有感动、感悟，原来可以这样思维，很多事情全想开了！相反呢，我忘记是哪个哲学家讲的，一个人对财富就像是一只手攥着一把沙子，你攥得越紧，沙子流失得越快。总之，当道德的规范、价值的观念，成为一种文化智慧被学生欣赏的时候，其实它就具有可欣赏性了。这个教育内容就已经有可能被学生欣赏了，这就已经是一种可欣赏型德育模式的内容处理了。

同理，道德人格、境界等也一样可以做审美化处理。在我们的德育活动中，如果我们能够把道德智慧、道德人格、道德境界等那种人性的光芒给充分展现出来，实在是美好的实践。德育就可能犹如那个西施本身的美、那幅画本身的美、那首歌本身的美，它会用自身的魅力自动地吸引我们的学生，根本不需要我们有任何的强制。当然，再好的德育也不可能一挥而就，需要一个长期涵养的过程。但是如果我们能坚持这样做的话，实质的功效肯定会比在短期内那种饮鸩止渴的方法好很多。最为关键的是，这种德育采取的是一种合乎人性的教育方式。这一德育实效的真实提升，就不光是当下绩效的改进，而且在教育的最终目的实现这个角度上也是最有效的!

以上是德育内容的审美化处理。我们再来看德育形式的审美化改造。形式是我们大家一般特别要注意又要特别警惕的东西。因为，“德育”只有“德”“育”两个字。德的问题是德育的内容，如前所述我们是可以做审美化处理的——如果我们想办法，对教育内容做审美化处理的话，那道德智慧、人格也就比较美好，道德境界也就比较令人心向往之。这些都可以理解为“德”的改造。那么，“育”的改造呢?“育”的改造当然就是教育形式的改造。关于德育形式的审美化改造，很早教育家们就考虑过，中国古代就有“诗教”跟“乐教”之说——古人就认为我们可以用诗歌、音乐去教化我们的民众跟学生。古代教育当然没有现在的德育、智育、体育这些逻辑化的区分，教育就是整体人的教化。而人的教养的形成可以通过诗歌去完成，通过音乐去完成。你看孔子的“兴于诗，立于礼，成于乐”就是一个最典型的例子。孔夫子告诉我们，只要稍微运用一些审美手段，我们就可以使我们的教育或德育变得很有趣、很生动、很美妙。所以你看，教育的外观也可以是非常美的——《论语》中还有一个非常美的案例，就是："(曾点)曰：'莫春者，春服既成，冠者五六人，童子六七人，浴乎沂，风乎舞雩，咏而归。'夫子喟然叹曰：'吾与点也！'"(论语·先进)

现在我们的教育形式已经变了，但古代是比较个别化的教育，那个时候"冠者五六人，童子六七人"，那是"游学"，那是非常高也非常美的境界。我们今天是班级社会制占主导的一种教育体制，只有在很少的情况下我们才能带着我们的三五个学生到某个风景优美的地方游历，有这种美妙的瞬间。大多数情况下，我们都是常规的班级制，但是这不等于说，我们一定没有机会达到孔夫子非常赞同的"浴乎沂，风乎舞雩，咏而归"的教育境界。可能形式变了，但是那种教育的美好依然是可能存在的。所以，以教育形式来讲，最重要就两个东西：一个是用一些技法让我们的教育变得生动；另外一个就是，最终生成的教育的过程、结果、境界是美好或是美的，或是具有"可欣赏性"的。

我们在欣赏型德育模式的学习与实践当中也积累了一些例子，可以确证以上结论。

比如说对于爱国主义教育的处理，苏霍姆林斯基的带孩子们做环球"旅行"，就是带着小朋友利用地球仪想象着在祖国各地旅行。这是典型的把牵强的爱国主义教育变成让祖国自身的美好来自然增强孩子对于祖国的归属感、亲近感的宝贵探索。我们曾经用这个案例的原理去推动了很多地方（如珠海、杭州等地）类似德育活动的审美化改进。在地图上的"旅行"，看起来好像只是一个具体的做法，可是背后啊，在我看来就根本不是一个偶然的教育案例。其机理完全符合德育美学观、欣赏型德育的基本原理，类似探索非常有前途。

另外一个案例就是"美丽整洁的校园，也有你的一份功劳"标语。香港一所小学的这句标语，可能是无意识写的，但它却把多重德育欣赏关系都巧妙地展示出来了。这里所谓欣赏关系，至少有三种以上：第一是"美丽整洁的校园”这几个字的意味。在某种意义上讲，“美丽整洁的校园”就是孩子们的作品。因此，这里有孩子们对他们的道德、劳动作品的欣赏在里面。通过对作品（结果）的欣赏，去促进孩子的正向价值观念，是非常重要的一个德育方式。第二是有道德智慧的欣赏。什么叫智慧呢？这句标语实际上是在告诉孩子们，你看我们学校这么干净，其实只要我们每一个人稍微注意一下言行就行了。有只要我们稍稍注意，我们的生活就更美好的道德智慧的宣传在里面！第三是“美丽整洁的校园，也有你的一份功劳”鼓励孩子对自我道德成长的欣赏。因为这句标语明确强调美丽整洁的校园有“你”一份功劳，是指向孩子们自己对自己的一种欣赏的。这一标语背后的机理也是德育美学观、欣赏型德育，尽管香港那所学校未必是自觉的。我们应用这个案例开展了许多德育活动审美化改造。

从孔夫子时代一直到今天我们欣赏型德育模式理论的建议，实际上有充足的理论的、现实的基础。我们许多学校已经有实质性收获，即使可能某种意义上讲探索还不很成熟。到目前为止，至少我知道很多学校是尝到甜头了的。比如二附中。二附中也许还有很多缺点，但是二附中有非常了不起的地方，比如他们对欣赏型德育的追求是非常自觉、持续的。有一次曹校长跟我讲过一句话：檀老师，作为一所高中，学校不重视高考成绩是不可能的；只是我们二附中认为，高考成绩的提高，应该是孩子全面、自由、健康发展的当然产物！我觉得这就行了。在目前我们中国这个国土上，这种认识就是最现实又最具智慧、最有境界的一种选择。倒过来讲，很多学校改革的时候，最怕的一点是什么，就是高考升学率掉了怎么办？我看关键问题是你开展的是什么样的改革。在我看来，如果符合教育规律，如果改革的所有条件都比较充分，而不是看一个必要条件，改革就一定能提升学校办学质量。有很多时候，很多学校强调一个对的东西，可是那个对的东西只是必要条件之一，不是充分条件。如果你把一个必要条件无限夸大，这个东西虽然重要，但是你忽略了别的东西，真的可能导致高考升学率降低，这一点儿都不奇怪。但倒过来也有一点，如果是因为你忽略了其他条件，即使改革失败了，也不是说最初那个条件（方向）是错的，不是说你坚信的那个价值观是错的，不是说你做的那个选择是错的，是因为你不具备别的条件。教育学研究者和二附中老师，咱们就是一条马路之隔。我认为如果处置得当，教育学所鼓吹的所有东西，尤其是那些经过历史与现实检验真的是正确的东西，不可能在二附中实验、改革的时候，把你们的升学率搞下去！最关键的问题是怎样让这种变革的可能性经过我们自己的努力变成现实性。就欣赏型德育模式的探索而言，到目前为止，我们还有稚嫩的地方，但很多方面已经有踏踏实实的进步。由于欣赏型德育模式的探索，在班级文化的改造上面、在学校文化的改造方面，二附中都已经有非常大的进步。当然，二附中一直有重视人文精神培育的传统，这也跟我们欣赏型德育所追求的方向是完全契合的。在这个意义上讲，我不仅是大家在某些具体事务上的同事，而且我是这一类型学校建构的事业上的“同志”。

现在所谓的好学校，这个“好”字有太多的含义。有时候那个好是教育学生全面发展的好。有时候那个好，仅仅意味着升学率的好。比如某一个省升学率最“好”的学校、就是上课时“零抬头”的好。像这样的学校，高考升学率再高，也一定是教育的“恶”，是全世界教育学家们一致认可的“恶”，而不是真正的“好”。我觉得需要反复强调：教育学生全面发展的好、合乎教育规律的好，才是我们发展的方向，才是真正意义上的好。美好，美好，总是要因美而好才行！

以上所讲的都是欣赏型德育，下面，我们再回到另一大命题“美学是未来的教育学”。

三、应当建立教育活动的第三标准

刚才讲过，我为什么要起这样一个题目，准备以这样的一种随意的形式演讲呢？主要的原因是我不愿意引经据典、烦琐论证，我愿意以沉淀以后更澄明、简单的方式跟大家说话。

前面已经说过，高尔基有一个非常好的命题：“美学是未来的伦理学”。

他的意思，其实也就是欣赏型德育模式所追求的那个意思——就是说，伦理要真正发挥现实的作用，一定要让伦理之美发挥效用，然后人们才能自由接纳道德规范与价值，也才可能有真正有效的伦理实践。所以，的确，“美学是未来的伦理学”！这里，我把它改成“美学是未来的教育学”，意思是类似的：教育学只有获得美学的灵性，才是真正、完整的教育学，才能真正提升教育的品格。

十多年前，我曾经在《中国教育报》(1997 年 2 月 27 日）上发表过一篇不太长但是很重要的文章——《教育活动评价的第三标准》。之所以重要，是因为到目前为止，对教育活动的评价，一般来讲我们都只承认两个标准。第一个就是合目的性，即“善”的标准，认为教育要合乎社会发展的需要、要合乎孩子们成长的需要、要办人民满意的教育等。另外一个呢，就是合规律性的标准，即“真”的标准，如尊重儿童发展的规律，尊重课程理论、教学理论、教育管理等一系列的教育规律。但是教育学一直有个常识性的疏忽。那就是，我们强调“善”、我们强调“真”，但我们却基本上很少强调“美”！实际上教育不仅需要一个合规律性的标准、合目的性的标准，而且必须有一个“合规律性与合目的性相统一”的标准，那就是“美”的标准！其实人类社会实践应当有“真、善、美”这三个标准乃是一个常识。可是奇怪的是，我们教育活动往往只谈“真”与“善”。所以，从那个时候起，我就一直呼吁要建立教育活动的第三标准。

我在《中国教育报》上强调那个命题、发那些感慨的时候，想没想德育、德育美学观呢？当然想到了，但是我是不是只是讲德育呢？当然不仅仅是！因为所谓“教育活动的第三标准”应当是覆盖所有教育活动的，覆盖德、智、体、美等全部教育领域。所有的教育实践都应该遵循审美的规律、美的原则。现在的问题是教育学教科书缺乏审美常识，现实的教育实践中美育也是最不受重视的。所以我一直认为，我们迄今为止的教育学理论和实践都处在粗放型的、格调较低的历史阶段。

四、幸福和审美的共同秘密

我想大家已经注意到，今天的讲题还有一个副标题，叫“现代教育的审美救赎”。下面我们就从这个副标题讲起。

实际上，我们教育者应当经常问自己：教育是什么？我们的教育有问题吗？有什么问题？

答案当然是中国的教育、全世界的教育都有问题。中国教育的问题，我们可以从正面去讲，也可以从反面去讲。反面，一个最典型的例子就是应试教育这个顽疾。从某种意义上讲，很多时候我们在座的许多人也许都是应试教育的帮凶。的确，应试教育与其说是教育问题，不如说是社会问题。应试教育的形成、挥之不去，教育只负很小的责任。为什么？因为全社会都是这样一个逻辑：“不要输在起跑线上”。“好的小学”为什么要花重金进去？主要是因为要冲“好的中学”。为什么又要不惜代价去竞争“好的中学”？是为了“好的大学”。“好的大学”仍然是工具性的，好大学是为找到“好的工作”。最后“好的工作”也是工具性的，好的工作就是那些赚钱比较多、又比较轻松的工作。很多年以前，我有一个学生，我过问他的就业情况。他说“工作好找，好工作难找”。我说什么叫“好工作”？他最后表达的也是这个意思。简单一点就是“拿钱很多，干活很少”。然后我就冷不丁对他说，你的意思，简而言之就是“少劳、多得”，或者好逸恶劳、投机取巧？！这样一讲，就点醒了他。

按照康德的说法，一个伦理，如果不能普世化，它肯定不是健康、理性的规则。如果每个人都奉行“少劳、多得”这个原则，那多得的那个部分从哪里得来的呢？你多得的部分一定是从别人那里拿来的。这一定是一个剥削的、不公正的逻辑，怎么会成为你选择一个职业的标准？还有一个最关键问题是，好的小学、好的中学、好的大学、好的工作、好的生活，不是一个没有破绽的逻辑。因为到最后，在“好的工作”跟“好的生活”之间有可能断裂！（参见《以专业的德育提升生活的品质——当前中国德育改革应该直面的十大课题》，《人民教育》2010 年第 15 期。）“好的生活”

肯定应当是幸福的生活，可是高收入未必等于生活幸福。很多收入很高的人并不幸福，怎么办？若最后这个链条一断裂，你会发现前面的逻辑关系就会失去基础。

所以，从一开始我们就要问，教育到底应该、能够给孩子什么？所有的教育活动，对于孩子来讲，都是为了他生活质量的提高，换言之，实际上最重要的标准就是生活幸福。而“幸福”既是一个伦理的范畴，又是一个美学的范畴。孩子们失去当下及未来的幸福，教育就没有意义。

为什么应试教育挥之不去，重要原因之一就是我们这个社会充满了实利主义（功利主义）！大家全是一个应试教育或者实利主义的逻辑。某些场合有些人可能会不承认：我受过高等教育，我是高级别的领导，我也会这么想吗？可是，你不这样想，那么你干吗跟芸芸众生一样去帮自己的孩子择校？所以不管这个人他的外包装怎样，基本上中国大多数家长奉行“实利主义”的逻辑是不变的。这种逻辑如果不改变，这种社会哲学不改变，整个社会风气都不改变，全社会都在为上课“零抬头”的学校鼓掌的时候，很多学校就都经不起这种诱惑或压力，都被裹挟走应试教育那条路。大家一起为虎作伥当然是不对的。但问题最最重大的根源是推动为虎作伥的这个机制——本质上我是觉得是社会心理的问题，是社会哲学，即实利主义的社会哲学问题。如果社会文化、社会哲学不改变，应试教育也就很难在我们国家得到根本的改变。当然，我们教育系统也可以做适当努力，尽量使我们几个学校的教育水平相对高一点、教育异化相对少一些，这也是可能的。但是如果整个社会、这个土壤不变的话，我们会遇到很大的麻烦。所以我觉得应试教育之所以摧残学生，而且明明知道摧残学生，而且全社会都是表面上大声疾呼，但实际上改革却落不到实处，根本不是那些技术性的教育问题，根本的问题在于社会观念、社会哲学（是实利主义的哲学）的问题。我们可能需要进一步发问：实利主义的社会观念如何改变？有没有相反的逻辑——非功利的逻辑可能性？

上面是一种反面的教育批判。我们从正面看，中国现在经济实力一直往上升，但是我们也有很多忧虑。所以钱学森先生去世前对共和国总理的发问问倒了许多中国人：为什么我们的学校培养不出杰出人才？

那个杰出人才啊，那个创造性人格啊，为什么我们如此之少？根本原因到底在哪里？我们会很少去反思。其实“独立人格”跟“创造性人格”这两个问题，对我来讲，差不多就是一回事。独立人格更具价值性，创造性人格更具工具性。但实际上是一回事情。如果一个学生，没有独立人格，老师讲什么就听什么，他是不会有创造性的。如果大学教授，什么东西都要依据上级指示的话，也就没有创造性的学术可言。换言之，失去独立人格，就不可能有真正意义上的创造性。

到目前为止在体制上讲我们面临两个问题。一个是我们自己的问题，另一个是全球性的问题，都是非常、非常难超越的。我们自己的问题是官僚主义、专制文化的余毒严重，如果这个东西不改变，想大规模地培育创造性人格是很困难的。有时候你会发现某些教育也可能是很糟糕的，例如自由、散漫。但也正是这些自由、散漫，可能有助于造就创造性人格。

独立人格、创造性人格培育在全球范围内遭遇到的最大的问题是什么？就是工业化、现代性。工业化、现代性的逻辑，是把所有的人都磨平，变成标准间、变成“单向度的人”。有些是我们无奈的，有些则是我们无意识地强化这种无奈。

什么是无奈的教育问题？比如我们想把班级授课制、集体教学体制取消掉，短期内看不到希望，就是发达如美国也做不到。因为你有那么多人，社会负担不起个别化教学的成本。其实班级授课制就相当于工厂的流水线作业，你会发现泯灭人的个性的教育异化与机器大工业时代的来临有密切的关系。美学明确反对这一异化的逻辑，从席勒开始直到今天，两百年、三百年矢志不渝。当然现在还有后现代的批判。许多后现代思想家明确反对确定性，反对过死的规律性，反对机械特征，反对流水线思维。一方面流水线作为生产线，是一个伟大的进步，因为它能批量生产现代教育的产品。但是另外一个方面呢，人之所以不同于动物，是因为人具有非常独立、非常自由的东西。人格的本质特征是自由，而现代性所扼杀的恰恰就是人的本质、人的自由。所以，从工具逻辑来讲，没有自由，就没有创造性人格；从本体意义上讲，没有自由，就没有人的存在。

马克思在《1844年经济学哲学手稿》里面，有一段非常精彩的关于人本质的描述：人的类特性恰恰就是自由的自觉的活动。我觉得这是马克思关于人的本质的最好概括。虽然马克思也讲，人的本质就其现实性而言是一切社会关系的总和。我认为人的本质与人的本质形成的条件是两回事。我觉得最概括性地讲，最精辟的本质应当是与其他动物比的“类本质”。动物是按照动物的法则在生存，而人可以超越自然法则，当然是“自由、自觉的活动”。所以，我是觉得如果从这个意义上来讲，现代教育，尤其是我们中国教育，问题多多，重要原因在于我刚才讲的官僚主义、专制文化对我们的约束，以及我们和全世界都共享的现代社会的现代性对我们的压迫。某种意义上讲，我们也可以把官僚制度与现代性归并在一起。独立性人格、创造性人格为什么不能产生，根源也是社会的异化，然后再导致教育的异化。

异化这个词，我相信绝大多数老师都知道。异化的一个重要表现是指“劳动异化”。按照马克思的讲法，异化就是人的劳动所创造的东西反而变成奴役自己的力量这种现象。比如说，货币是不是我们创造的？结果货币可以成为我们生活的主宰。房子是不是我们创造的？我们可以成为房奴！劳动本该是主动、创造因而愉悦的事情，结果却变成了一个被剥削、被奴役的状态。这种倒过来的东西、违背自然的东西就叫异化。我们再进一步想想，我们教育有没有异化？我觉得我们不是有没有异化的问题，而是现在教育异化的成分太大、太多、不胜枚举的问题！教育到底要干什么？我觉得教育至少是要帮助人的。可是结果呢？我们可以扪心自问，我们是帮助人还是约束人？教育应该是让我们的孩子更有创造力，让他们张开想象的翅膀的，可是我们一天一天枯燥的机械训练，是让他们的翅膀长得更开吗？我们天天做的那些工作是在害孩子还是在帮孩子？天晓得！

我曾经对一个中学校长说，学校要变革，首先要烧掉所有的练习册。因为我记得我20世纪80年代的教学经验，我在一个农村中学工作，我的学生高考成绩非常好的原因，可能是我们那时候没电脑、没PPT，印考试卷子我们要刻钢板。就算搞应试教育，至少那时我们得把天南海北的复习资料汇在一起，挑一挑所谓好的题目刻钢板印给学生们做。在那种落后的情况下，教育机制却是对症下药、因材施教的。因为我刻钢板的同时，对那些练习题是有筛选的。我是把我认为的好的题目、合适的题目筛选出来给我的学生练的。而现在印刷厂印的复习手册，有哪一个是为我们二附中某一个班级准备的？那是不可能的。但我们现在很多学校，最简单的做法就是买一大堆的复习资料，所以高三学生那个案头资料啊，山一样！我每次看到他们的案头资料堆得那么高，心里都充满了痛苦。我是觉得几十年过去了，我们的教育为什么还不如以前？我们的社会更先进，我们的技术手段更先进，可是我们孩子得到的教育（即使是在应试教育的标准之下）怎么会比以前更差呢？所以，我是觉得当前中国教育异化是非常严重的。在这种情况下，你再去想应试教育的问题、独立人格的问题，创造性人格的问题、为什么那么严重、那么挥之不去，你就很容易想通。

回到我的题目，我们必须要问一个问题，可是这个严肃的人生问题已经在不久前被媒体人问过了，并且娱乐化了。现在如果有人问“你幸福吗”，你都当作一个笑话了。但其实这个问题是个非常重要的、永恒的人生追问。人生最重要的追问，莫过于此。同时，现代教育的救赎之路在哪儿呢？我是觉得也是与这个幸福概念有关系的。

幸福到底是什么？我一直认为，幸福既是一个伦理的范畴，又是一个美学的范畴。

幸福概念是应该加以澄清的，不然就极容易被误解。比如，幸福是什么？有钱就是幸福吗？我房子比你大，那我可不就比你更幸福吗？又比如，幸福是什么？我很多的欲望没有得到满足，我还能幸福吗？所以幸福的追问往往问的是缺失性需要。所以在这种情况下，你问人家幸福吗？人家农民工，收入很低，他幸福什么？实际上，你倒过来问两个问题倒是有一些道理的：一些农民工为什么不幸福？是所有农民工都不幸福吗？

在伦理学上，幸福应该如何定义？我认为，幸福是主体意义自由实现的人生状态，或者说是人的本质自由实现的主体生存状态。什么是幸福？

就是一个老师在课堂上非常自由地展现教学才华的时候——他下课的时候很累，但是他却觉得“棒极了”，那就是幸福。所以当一个主体的自由本质得到实现的时候，这个主体生存状态就是幸福。这是伦理学意义上的幸福。因此，伦理上的幸福与人的自由及其实现有非常内在的关系。

美学上的幸福，就是人生的自由、惬意、美好，具有审美色彩。虽然苏格拉底公开讲，给美下定义是特别难的。不过很多美学家都赞成，美与自由也有关系。

黑格尔说什么是美呢？他举了一个例子。他说当一个小孩在池塘边将石头往池子里扔，当他惊奇地看到那个石头激起的涟漪一圈一圈的时候，那个时候就可能有美和审美！后来他又解释说，为什么那个时候会产生美感、产生美呢？是因为那个孩子在那一圈一圈的涟漪里看到了自己。看到了什么样的自己？马克思有两个非常精彩的表达。第一个就是美是人的本质力量的对象化，就是我们在对象中间看到了人的本质力量，所以我们可能就有美感，对方就是美的。所有美好的事物，包括自然物，包括纯粹的形式，都是我们在对象当中看到了自己，我们才能在客观对象当中读懂它、欣赏它，对方才是美的。那本质力量的对象化又是什么东西呢？本质力量又是什么？马克思的另外一句话我自己也十分推崇——人的类特性恰恰就是自由的自觉的活动。我认为人最重要的本质就是自由。换言之，不管什么东西，一个活动也好，一个现象也好，如果我们能从对象中间观察到人的自由本质，那么美就有可能发生，对象就能被我们读懂，因而她就是美的！当然，自由在不同的人那里表述是不一样的。比如审美自由与政治上的自由概念就是略有区分的。政治自由是指摆脱奴役，按照自主的意识去行动，当然也要为这个行动负责任。它更多的是表达自主意志。但审美自由不完全是这个意思，审美自由是什么呢？当你说一个活动是自由的，就意味着它不可能只是机械地“合乎规律”的。比如说一个老师上课的美，或者真正意义上的审美自由，就是我们觉得他“棒极了”的那种教育者主体的自由。这个庖丁解牛一样工作着的老师，他的教育美之所以成立，是因为他有教育活动的主体自由。自由在形式上的特征也就是合规律性与合目的性统一。马克思说，动物只是按照它所属的那个种的尺度和需要来建造。而人却懂得按照任何一个种的尺度来进行生产并且懂得怎样处处把内在的尺度运用到对象上。我们不是鸟，我们本不能飞啊，但后来我们却比所有的鸟儿都飞翔得更高；我们没有鱼鳍，但我们能比任何鱼类游得更好！人类跟别的物种最大的区别就在于他的自由特性。当然这种美学意义上的自由，就不是你想干什么就干什么——庖丁解牛，你游刃有余的关键，是由于你完全熟知牛的骨骼。因此，合规律性、合目的性的完全统一才是美学意义上的自由。

所以，主体自由本质的实现，如果在伦理上讲，就可能导致幸福；如果从审美意义上来讲，可能导致美的产生。换言之，美的生活或者幸福生活，你可以用不同的形式去表达，但意思是一个。

我在 20 世纪 90 年代做德育美学观研究的时候，学习过许多种美的定义。中国美学家多数是按照马克思的“本质力量对象化”或人的“自由的对象化”这个理路去阐释美的。而“自由的对象化”在我们国家有很多种表达，有人说“自由的象征”，有人说“自由的形象”。高尔泰先生表达的是“自由的象征”——这个事物我们之所以欣赏他，是因为我们主观上看到我们人的优越与自由。蒋孔阳先生说，这个事物之所以美是因为它一方面展现了人类自由，另一方面又有另一个形象给你看。我在德育美学观的论述中采用的美的定义是李泽厚先生的“美是自由的形式”。这是什么意思呢？它跟象征、形象有什么区别呢？我认为“象征”的主观性太强，对美的客观属性关照不够；而“形象”我又觉得太窄了，比如科学美就不一定能以形象表达，它会表现为某种抽象的逻辑美。比如说一个数学公式、一个物理题的解法等有简洁、明快等科学的美感，但那种美感不可能是一种形象，它是一种明快的逻辑、一种理念性质的东西！这种理念性质的东西的出现作为智慧形式仍然会被学生所欣赏，也有智慧美，可是它却不能归结为形象。所以，我觉得“自由的形式”是比较合适的。

如果我们把美定义成“自由的形式”，而所谓“自由的形式”就是合规律性与合目的性的统一的话，我们就会发现这个结论是非常有用的。美学家赵宋光先生有一个很好的观点。他说，美存在以及审美活动发生的时候，事物本身一定要有美的形式，叫“中介结构”。事物那个美的中介结构，与我们发生关系的时候我们才能看到美，因为美本身是个非常抽象的东西。所谓“中介结构”其实就是“合规律性与合目的性相统一”的形式。

依据这一理论，我认为“中介结构”在德育美的解释中有两种情况。第一种情况是中介结构的外化方面，以真为形式，以善为内容，这个真跟善与我们的日常用语是两回事——“真”就是“合规律性”，“善”就是“合目的性”。美的规律不同于纯粹“真”的规律之处，在于它的合规律性中间包含了合目的性。它在向我们“许诺自由”。它所表达的美有一种许诺的自由，什么叫许诺的自由呢？它不一定是现实的自由，但你按照这个原则去办事的话，你就能获得自由。德育内容里道德的智慧美就是最典型的例子。比如“信近于义，言可复也”——就是你对别人的承诺，如果程度恰当那就比较容易兑现，如果你老兑现，人家就当然信赖你，“言可复”也。“恭近于礼，远耻辱也”也是一样，你的恭敬保持在一定的分寸以后，你就远离耻辱——因为你过于傲慢，会导致耻辱；你阿谀奉承同样会自陷于耻辱，所以你对人的恭敬在礼法之内的话，你就远离耻辱。你会发现，礼是规律，义是规律，可是当我们把合规律性后面的合目的性展示出来的时候，你马上就会发现原来那是伟大的伦理智慧！如果这样做，你会获得自由，所以叫“许诺自由”。以此类推，所有的，比如说某一个数学题的解法，如果它美的话，也必然具有这一特征。当你把这个招数可能带来的自由揭示出来后，学生就不仅是接受这个招数，他是爱这个招数，是“欣赏”——智慧美的欣赏。

其实任何教育活动，如果我们能兼顾到审美的角度的话，促成乐学的几率都会大大提高。在日常教育生活中，我们往往浪费很多教育的机会。比如，劳动课结束的时候，很多老师会习惯地说“赶紧把东西收拾好，归齐了，走人”。其实劳动结束以后，是最好的审美的时机。你想，原来乱糟糟的教室，现在窗明几净，让大家看看“我们的教室多么漂亮！”你哪怕只有一句提示的话，而不是“赶紧走人”。很多时候，“异化”跟恢复正常生活逻辑其实就是一念之差。所以事物的外化方面，处理好的话是会有智慧美的东西的。

另外一种美，指的是“中介结构”的能动方面。打个比方，如果前面是解释“德”、解释教育内容的话，后面这个中介结构解释的是能动的形式——即“育”之美。外化或客观方面（德育内容的审美处理），你首先看到的就是合规律性，然后才是合目的性。能动方面则相反，它以善为形式，以真为内容。庖丁解牛，让人首先感觉到的是好像他要怎样就怎样（目的性）。但美的实践不同于纯粹的善的活动的地方，就在于合目的性后面主体活动的合规律性。因此，活动的美，是在形式上实践自由，在现实活动中“施展自由”。一个老师出神入化的课，就是在“施展自由”。当然人们从主体活动到达到目的之间，看到运用规律的理性，才会觉得这老师真棒。

因此，合规律性与合目的性的统一可以解释很多东西，比如说人格美。一个学生的道德成长被你欣赏，不只是说他合乎规范，而是你发现他对道德规范的遵守近乎展示他天性良善的境界，那也是庖丁解牛！所以你会发现“孔颜之乐”的妙处在哪里，就是合规律性合目的性的统一。“孔颜之乐”是伦理的境界，更是美学的境界。伦理的境界，到底美在哪里呢？你看“饭疏食饮水，曲肱而枕之，乐亦在其中矣。不义而富且贵，于我如浮云”，这个“乐”就可以理解为幸福。他为什么能做到前面那句话所表述的（饭疏食饮水，曲肱而枕之，乐亦在其中），关键就在后面的那句话（不义而富且贵，于我如浮云）！不管怎样，没有道德的自由，就没有这种人格的美。

在日常德育中，最重要的审美要素实际上就这么几个。首先是人格美，如果我们老师的师表形象能够做到那种程度的话，那学生就是如沐春风；学生也是，如果学生身上那些道德的美好被我们发现，并且被我们不断强化的话，这就是最美好的德育、教学相长的美好人生。其次是“德”美或是教育内容之美。那么枯燥的规范学习，居然能还原成一个有趣的东西，还原成智慧上既有挑战又有精神享用性的东西，那么德育美就会出现。这就是德育内容美。再次是德育活动的外观形式美，就是刚才说的“施展自由”之美。我们要想办法，在我们的教学上、在班主任工作中、在学生教育工作中，创造“施展自由”的美好。最后就是教育境界之美。境界就是超越具象的东西，但也是合规律性合目的性的统一。

无论是教育活动、教育内容，还是道德人格，其最高境界都是审美自由。而失去自由即失去一切美的可能。在很多教学观摩中间，会出现这样一种情况。比如说，一个老师看另一个老师今天讲课特别精彩，就那么几步，非常简单，淋漓尽致。他回去就照搬这个模子去教学，却没有预期的美好。那位老师就会失望，就没有那种教育的幸福感。个中原因很多，究其要者可能就是因为，你在简单套用——而当你完全东施效颦的时候呢，对其他老师来说是“施展自由”的模式，于你却是受约束、被奴役的模式。主体自由的存不存在，是德育美、教学美存不存在的关键。

换言之，“你幸福吗？”不如换成“在审美意义上，你自由吗？”自由意味着什么？自由首先意味着你的生活必须有某种目的性——你必须想干点什么，你想干点什么你才是自由的。另外呢，你的目的还要能实现，这才是自由。对于我们教育者来说，幸福的条件之一就是我们要把教育工作当重要的事情做，即当事业做，我们希望成就一番教育事业。比如我是一个小学数学老师，我就要想将小学数学教得最精彩。你必须要有这样的想法，不然你就没有教育幸福的可能性。因为如果我把我的数学教好一点，在努力探索后，我真的教得比以前好，那教育之“乐”就出来了。所以，很多时候，伦理上讲的幸福，跟审美上讲的美，其实是一回事，是同一个事物从不同角度的定义。从审美意义上讲是美，从伦理意义上讲是幸福。今天演讲的目的就是希望将我所理解的幸福和审美的秘密展示给大家。

经常有人问我，我们搞点外在的艺术形式放进去，是不是德育的审美化？德育美学观也好，欣赏型德育模式也好，最最要害的部分在哪里？现在大家都能正确回答这些提问了：自由的形式的实现，才是审美创造最要害的东西。其他的东西是辅助性的。就像某些外在的艺术形式的使用，如果失去主体自由，也一样会变成教学的丑。比如，不该有音乐的时候，音乐出来了，那不是添乱吗？那是不可能有“教学美”的！音乐本身是美的，但如果它妨碍了你的教学自由，那肯定是“教学丑”。

许多人听说我倡导德育美学观、欣赏型德育模式，所能想象到的，要不就是简单的“赏识教育”，要不就是在德育过程中加上点戏剧、搞点音乐、搞点美术什么的。虽然我也并不排斥这种佐料性质的东西，但我所要强调的主要理念当然不是这些浅表的理解，我的教育思辨是从哲学反思开始的。我并不排斥蒋孔阳先生的理论（美是自由的形象），很多时候我们教育的确要有些个有魅力的外观，最好是形象的东西，尤其对中小学学生来讲，德育内容与形式生动、具体、形象十分重要。但是切记切记：德育美学观、欣赏型德育的核心追求是道德、教育与审美的自由。这，才是最为重要的命题!

五、现代教育的异化与审美救赎

以上是从正面或美的构建的角度讨论的，这个角度当然是非常重要的。另外一个维度是反过来的观照，就是“现代教育的审美救赎”。

为什么说我们的现代教育、现代德育需要有美的救赎？在我看来，简而言之，是因为对教育异化（如片面发展、强制灌输、剿灭生机等）的根治需要通过审美改造去完成。

前面我列举了席勒所论述的“力量的国度”“伦理的国度”和“审美的国度”。其实席勒所讲的也正是这个以审美救赎现代社会的意思。席勒等人当时关注的是一种现代人的异化。工业生产、商品经济把我们人朝两个方向引领。一个朝机械的、奴役的方向去，让人变成片面的人、被工业文明压制的人。实际上还有一种异化，就是把人导向动物，人越来越低级，远离人的高贵。席勒当然希望有一个更美好的社会——“审美的国度”。在审美的国度里，人的高贵，是通过合规律性和合目的性相统一的形式养成的。在这种状态中，人的高贵得以养成的同时，人的自由也得以保全。或者说，高贵的人格是通过自由的教育所培育的。这种现代人的修复，实际上是完整人性的修复，也就是现代教育的审美救赎。

审美救赎很重要。那么，美作为自由的形式，审美作为对自由的关照，在实践当中我们怎么去应用呢？我认为在实际教育生活中，审美的教育可能有以下三种存在方式。

第一种方式当然是“美育”。这里的“美育”是广义概念，远大于艺术教育。任何教育如果具有审美意义，都属于美育。在这个意义上讲，我愿意介绍另外一个概念。我们课题组在珠海有一个非常好的实验学校，他们在研读了《德育美学观》以后，2000 年前后，他们开始自己琢磨着探索，他们创造了一个概念叫“德 - 美育”。不是德育，也不是美育，而是“德 - 美育”！当然，一般来讲，我们现实的美育形式还主要是艺术类课程，而且艺术教育课程也严重不足——这是目前中国教育格调低下的表现之一。

第二种方式就是审美技艺的教育应用。在教育过程中用点音乐、用点美术，讲点课堂设计、节奏的美感等。我们可以在很多艺术形态里找到可供教育活动应用的艺术、审美的工具。比如说，有的老师戏剧修养很强，他可以在戏剧里找到可以运用于教育的元素；音乐修养强的，可以为教学找一些背景音乐什么的；舞蹈元素、动画元素，所有审美元素都是可以发掘出来为我所用的。如果我们能建立这个艺术或审美技艺库，需要对教育活动做审美化改造的时候，一定会比较方便。

第三种方式是全部教育活动对审美精神、审美境界的追求。对于教育的改造来说，审美最重要的不是那些工具性质的东西。尽管工具也很重要，甚至有时候探索一些小工具也并不容易，但是最重要的是工具背后要有审美的灵魂。如果工具的东西组合起来反而失去了美的灵魂、美的本质的话，就会出现这样一种状况：工具本身是美的，但整个的教学却是丑的。这样讲吧，美学是未来的教育学，首先是精神上的，首先从本体论意义上来讲的：它能修复人性，解放学生，让师生双方自由、幸福。修复人性就是要能活得像人，就要强调“趣味”“游戏”“自由”“解放”等。

比如说“趣味”，一个异化的教育是没有趣味的，而健康教育应该是让人不亦乐乎、有趣味的。通过艺术技艺的使用，通过审美精神的落实，合乎审美法则的教育应该是怎样的呢？当然应该是有“趣味”的教育。那趣味是什么。美学家朱光潜先生认为有两个意思。第一个是有趣。比如诗歌小说等，能给人带来愉悦、有趣。第二个特征叫纯正。用我表达的话，这两个特征一个是“有趣”，一个是“有格”，这就是有境界。我认为我这样的表达合乎朱先生当时的意思。他说人们愿意看小说而不愿意看诗歌的原因，是因为在鸳鸯蝴蝶派的小说里能找到生活粗痞的形式。而朱先生所主张的审美趣味是排斥这个的。他认为审美趣味应当有两个（一个是有趣，一个是纯正），而非仅仅“有趣”。我认为这才是美学、审美学在教育活动中所要做到的“趣味”。教育要让儿童不亦乐乎，而这个不亦乐乎又不是低级趣味。过去有人提倡“快乐教育”。让儿童快乐当然好，但这个快乐教育不认真定义的话，是极其危险的，因为某些低级趣味的活动也可能带来“快乐”，而那个“趣味”更不是我们美学所倡导的“趣味”。真正审美上的“趣味”一定是有趣的，一定是生动活泼的，一定是孩子乐在其中、主体性得到弘扬的，但它绝不是朝低俗的方向去。

某种意义上来讲，美学对教育实践的指导意义，就在于审美原则的运用能带来教育的“趣味”，能够使学习变成一种高尚的游戏。学习与游戏到底什么关系？一方面，学习跟游戏就像光谱的两极，学习就是学习，游戏就是游戏。但换一种思维，最好的学习又等同于游戏，而最好的游戏也等同于学习。真正的游戏状态，其实是人性丰满、人的主体性弘扬非常重要的表征。因为人在游戏的时候，其主体性、自由本质表现最为充分。

曾经就有美学家这样界定美，认为美就是一种游戏。虽然我觉得游戏太具象，跟人的自由本质的对象化比，我更倾向后者。但是在审美的帮助下，一旦教育的游戏特征在某种意义上得以恢复的话，教育的生动性就得以恢复，完整的人性也就得以恢复。当孩子们以游戏的心态，不亦乐乎地从事学习这个智力游戏的时候，智力游戏不光使他们的完整人性得到肯定，不光使他们学习更有趣味，大家最关心的学习成绩、教学效率也会提高。

其实一个最好老师的标志，是他有本事“忽悠”自己的学生乐此不疲、兴味盎然地从事学习！在那种状态下，师生双方的主体性都得到了最优越的体现。当然趣味也好、游戏也好，本质上就是要让学习者在教育过程中获得自由、解放——审美意义上的自由、解放，即是合乎规律性和合乎目的性的统一。当然，这一审美上的自由跟政治上的自由也有某种内在的联系。因为真正好的政治自由也是要对自己的行为负责任的。

总之，我认为健康的教育应该让学生当下自由和幸福，并且通过当下自由和幸福的学习去获得建构未来自由和幸福生活的主观能力。这才是我们的教育应该努力的方向。实际上教育的全部意义，终极的意义都在于此。

但非常不幸的是，实际生活中的教育常常是压制学生、约束学生，甚至是残害学生的勾当——这些就是前面所说的教育的异化！面对教育异化，我们常常推诿责任，常常说诸多教育异化都是由于社会的原因、体制的原因、历史的局限性等。但是如果很多客观的东西不能马上改变的话，那么操之在我的东西呢，我们是不是应当马上做，而不是将来做？所以，最后我想用《论语·述而》里面的一段话做一个呼吁，也勉励我自己——“我欲仁，斯仁至矣！”孔夫子教导我们说：践行仁德其实并不是很远的事情。如果你愿意，马上就可以！今天提议将这句话改成：“我欲美，斯美至矣！”

前面提到的《中国教育报》上关于教育活动审美标准的那篇文章发表后，我的一位老师（已故东北师范大学王逢贤教授）在电话里对我说：传宝，你在鼓吹一种教育理想啊。我们的教育，哪里还有审美，老师们能按基本规范办事就不错了！我回答说：老师您讲得对，我说教育活动审美标准的建立，一方面的确是一种理想。但另外一方面，教育活动的审美化又不完全是未来的事情，而应该是当下就能做的事情。因为孔夫子等伟大的教育家早在二千年前就有过诗教、乐教的理想与实践。而在现实中，我相信几乎任何一个老师都体验过教育生活的幸福。而依照刚才的原理（教育幸福就等同于教育美），如果教育生活中你曾经“幸福”过，你就一定已经创造过“教育美”，只不过你没有意识到那时美的创造到来的惬意，你也并不是用狭义的美去获得这一美感体验而已。当一个老师非常轻松地完成一堂课的教学，当他乐滋滋地走出教室的时候，他当然已经无意识地创造了教育教学的美！所以具有审美性质的教育活动一方面是解放孩子，另外一方面也是解放我们自己。即让我们自己从日常的、琐碎的、庸俗不堪、为生计所迫的奴役性劳动状态上升到一个为自己的事业、为自己生命意义的提升去拼搏的这样一个生活样态。因此，教育生活的审美化，对教师自己也一直是最人道的选择。全世界的教师在经济上可能都不是最富有的，但我们有一点是任何其他行业都不能相比的——教师是幸福人生的批量“再生产”者。从某种意义上讲，几乎所有的幸福人生都可能是从我们的课堂里开始生根、发芽、开花、结果的。也正是因为这一点，我们就有可能获得人生最大的意义的幸福感。世界上如果有一个最高的美的话，我认为那应该是教育之美!

最后一句话：为了我们自己，为了我们的孩子，为了国家与中国社会的健康发展，我们需要在教育探索上有一个“我欲美，斯美至矣”的勇气和实践。

附录五

让德育成为一道最美丽的风景

——谈“德－美育”的建构①

编者按：美育在学校教育中的一个重要功能，是促进其他教育实效的提高。在提升德育有效性的方面，美育的优势更为明显。然而困难在于，如何在具体的教育过程中处理好美育和德育的关系，使二者既保持相对的独立性，同时又能互相激发、互相推动，从而实现“美善相谐”的教育理想。另外，如何使美育和德育研究落到课堂教学的实处，为教学实践提供具有较强可操作性的指导意见，也是学界亟须解决的问题。在这方面，北京师范大学的檀传宝教授做过比较深入的研究。檀教授在 1996 年出版了他的博士论文《德育美学观》，随后承担了全国教育科学“九五”规划青年专项课题“美育与德育关系研究”；又在 2002 年承担国家社会科学基金“十五”规划（教育学科）国家重点课题“欣赏型德育模式的建构研究”，主编“‘欣赏型德育模式建构研究’系列丛书”，作为结题成果，并独立撰写了《让德育成为美丽的风景——欣赏型德育模式的理念与操作》一书。应该说，檀教授从理论到实践，比较全面地开创了“德－美育”研究的局面。他的实验研究已经深入到一线的中小学教育，并在实验学校的日常教

① 本文为 2010 年 12 月中国教育学会美育专业委员会年会后徐承博士到作者寓所的专访录音整理，曾经以《论“德－美育”的建构——檀传宝教授访谈录》为题发表于《美育学刊》2011 年第 2 期，收入本书时略有修改。

学中产生了实效。为推介此一前沿的“德－美育”研究成果，引起更好的学术交流和探讨，本刊编辑日前在檀教授的京师园寓所与他做了一次学术访谈，现将内容整理如下，以飨读者。

徐承：檀教授您好！作为我国教育学界的知名学者，您在德育学研究领域取得了丰硕的成果。尤其是您提出的“德育美学观”和“欣赏型德育模式”，把德育和美育结合在一起，在国内引起了广泛的影响。所以今天我们想对您作一访谈，请您为我们的读者介绍一下您的“德－美育”思想。

据我所知，檀教授跟美育结缘始于您的博士论文《德育美学观》。在此我们想请问檀教授，您当初在做博士论文的时候，怎么会想到从美学、美育的角度切入去研究德育，从而展开了您长远的学术生涯？

檀传宝：关于我为什么从美育的角度切入来研究德育，提出“德育美学观”和“欣赏型德育模式”，这个问题我过去也反复想过，大概可以归结为两个方面、三点原因。

第一个就是我个人经历的原因。我做过很长时间的文学青年，从大学时期开始发表了很多文学作品，也做过地方作协的会员，所以文学情结很深。原来我没有想要做学者，过去一直想当作家，所以阅读了很多文学作品，还有文艺理论、美学方面的著作。这样的阅读经历为我后来的治学道路作了一些不自觉的积累。我在做中学老师的时候，是教政治课的。但我的政治课有一个很大的特色，跟一般老师的政治课不一样，就是我的政治课非常受学生欢迎。而学生喜欢我的政治课的一个很重要的原因，就是我的课相对来讲比较有文学青年的特性，比如说激情、感性，某种程度上也可以说是有美感的。文学为我的课，也为学生的人格养成带来许多正面影响。这个应该讲是非常有益的一个经验。我所在的那个学校，学生成立文学社的时候，孩子们请的顾问是我，而不是他们的语文老师。这个荣誉不是官方授予的，而是我个人的民间威信的体现，同时也说明我的课本身有吸引力，学生确实喜欢。除了受学生欢迎的程度以外，还有一个比较俗的检验标准，那就是高考。我带的班没有哪一届在高考的政治考试中失败过。我的课并不是用题海战术取胜的，之所以成功最主要的原因是学生喜欢我的课。我在高中教政治是从 1983 年到 1991 年，在那个年代，很少有学生不排斥政治课。所以这个经历给我的印象是非常深的。在我去读硕士和博士之前，我已经先有了这样不算很自觉的讲求审美的中学教学经历。至于后来我所思考的，比如说，教育活动的内容和形式应该具有某种可欣赏性，那是一种理论的反思的表达，但它起因于我最初的教学实践。

另一方面的原因是理论上的。理论上的原因可以分为两点，先讲第一点。我虽然从 1993 年开始读博，但其实在 1991、1992 年，我还在北京师范大学读硕士的时候，就已经准备写类似（“德育美学观”或“欣赏型德育模式”）的论文，但是因为提前攻博而暂时放下了。然后我到南京师范大学读博，鲁洁老师问我未来三年希望做什么样的研究，我毫不犹豫地说，我要写一本“德育美学”。当时做这个研究的原因，一方面就是我刚才讲的，在实践中我尝到过甜头，因为这个东西搞一搞以后，德育有可能吸引人，实效性会提高；还有一个很重要的原因，与我当时对德育的批判有关系。中国德育的最大毛病之一，当时在我看来，在于功利主义盛行。功利主义又分两种，一种是基本不承认德育有其独立运行的规律，随意更改德育的标准，德育课程基本上被当作一个工具，其存在仅仅是为教育以外的事情服务。这是长期以来德育实效不能提高的一个很重要的原因。因为德育成为工具以后，其规律性就得不到尊重，那么形式主义的、强制灌输的东西都来了。另外一种我把它称为个人功利主义。这主要是指，社会主义商品经济发展到一定程度以后，很多人用功利的东西来说明道德。他们认为之所以要遵守道德，主要是因为对自己有好处。实际上我们也承认，从总体上讲，遵守道德的人获得幸福的概率会相对高。但是完全用功利去解释道德，这个道德就变成相对主义的，与偶然性联系在一起，因为它有一个前提是如果没有这个好处就可以不遵守。实际上，用功利去解释道德，或者用功利的刺激去促进德育的时候，会越来越远离德育和道德人生的本质。因为道德是有超越性的，它要用超越利害的方式去解决人与人之间的矛盾，这跟用经济的手段去处理利害关系是相反的。比如说，A、B 两个经理在谈判的时候，A 要从 B 那儿获得最好的条件，B 则希望从 A 那儿获得更好的条件，他们每个人都把利益往自己这儿拽，拽得越多说明这个经理越厉害，这是经济的法则。可道德法则不同，我举过一个例子就是“父慈子孝”：父子两人都口渴的时候，父亲和儿子互相推那个杯子，都把水往对方那儿推，那才是道德。所以如果没有这种超越性的解释的话，道德就可能被庸俗化，最终被功利的逻辑消解掉了，不再有真正的道德，不再有真正的道德生活。那样的道德教育注定是没有效果的，因为道德最后被还原成了赤裸裸的交易。所以那个时候我就想，德育工作搞不好，很重要的原因就是功利主义盛行。而要解决这个问题，我之前的经历告诉我，一个非常重要的方法就是用非功利的东西来治理它。非功利的东西在我看来，至少审美是很重要的一项。审美活动本身具有非功利性，它不是对物质的占有，它欣赏的是事物的形式方面——这在我以前长期性的阅读过程中留有深刻的印象。所以我要对付这个过于“功利性”的德育，就要去找“非功利”的药方，要从美学那儿、从审美活动那儿去寻找灵感。

还有一个重要原因，是我后来想到的，但事实上也可以作为我之所以要做“德育美学观”和“欣赏型德育模式”的理由。从德育本身来讲，如果在全世界范围内把它做一个分类的话，它的主要的问题是，要不就是左的，要不就是右的，或者说，要不就过分强制，要不就过分放任。要克服这两个弊端，唯一的办法就是在做价值引导的时候，不仅不招致道德学习主体——学生的反感，而且能够受到他的欢迎。我把这个办法称为“中间的路”，其要点是让教育活动的内容与形式在经过审美化处理以后，具有美感。因为当学生欣赏美好事物的时候，那个美好事物对他的影响是没有强制的。一个真正的审美活动发生的时候，它不仅不会强制，而且会引起强烈的主体性、主动性、积极性。

所以实际上，我的考虑基本上可以归结为两个方面或者三点内容。一是出于我过去的教育实践经验的考虑，我觉得用美育作为手段，可以增进德育的实效。二是我觉得功利主义的东西要用非功利主义的方法去处理。

三是要扬弃德育自身那两个弊端的话，就必须选择一条中间的路。这条中间的路在我看来，应该是通过德育活动的审美化改造，使德育活动具有美感，或者具有可欣赏性。一旦学生接受德育的过程变成一个欣赏德育美的过程，那么师生双方的紧张关系就被消解了。现在想来，刚才讲的那三点并不是在一个时期内同步完成的，第三点是到我做“欣赏型德育模式”的时候才认识到的。早先就认识到两点：一个就是感性上讲，我觉得这个东西是有用的；另外一个就是，从理性分析的角度讲，我当时认为要克服功利主义，就要用非功利的药方。

徐承：檀教授，据我所知，从20世纪90年代以来，在美育学界有这样一股潮流，部分学者致力于分离美育和德育，认为美育要成为一门独立的学科，就应该与德育区分开来，甚至提出，美育的主要任务是完成对个体的情感和感性能力的陶养，而不是德性的提升。请问檀教授是怎样看待这一部分学者的观点的？或者说您是怎样处理有关美育独立性的问题的？

檀传宝：首先，我十分尊重这种观点。因为，我不但能够理解他们那些理由，而且在我从事德育与美育的交叉研究、倡导用美育来促进德育的功能的实现的过程中间，我也注意到，当我们给美育加入过多的德育的企图以后，实际上破坏了美育，结果美育的育德功能也成为一种“皮之不存，毛将焉附”的东西，美育活动没有了，美育附带的所有其他功能也就没有了。我在做博士论文的时候，我所谓的“德育美学观”主要是分三个部分，层层深入地展开论述的，一是“审美育德论”，二是“立美德育论”，三是“至境德育论”，这三论是我的德育美学观的核心。在“审美育德论”那部分，在完成审美活动为什么能够有助于品德或者人格发展的论述之后，我大概用了三分之一的篇幅，专门讲“审美育德活动的阈限”。

美育和德育这两个东西确实是有边界的，德育就是德育，美育就是美育。事实上，不仅有人反对把美育变成德育，也有另外一种极端的倾向——我认为也是错的——很多搞美育的人讴歌美育，讴歌到什么程度呢？似乎只要有了美育，根本就不用做德育了。这也是不对的。

一个事物，一方面有它的边界，因为有边界，所以能区别于别的事物；但只要它是一个事物，只要它有边界，就意味着它跟别的事物有联系，一个事物不可能跟别的事物没有联系。浪漫地认为美育做好了，德育就不会有问题，甚至觉得音乐学好了、美术学好了，根本就不可能有人犯罪，都是不对的。很多艺术家、非常好的艺术家，道德上可能是不怎么样的。关于这一点我们可以举出很多例子，所以不能完全那么讲。但是美育是不是和德育一点关系也没有呢？也不能那么讲。为什么很多艺术家在艺术上非常精湛，但是道德人格却不那么好？我觉得很重要的一个原因是，很多人学的只是技术，审美的技术学得非常非常到位，但是技术背后的审美精神却没有学到。比如说文学，中文系的很多人我是瞧不起的，为什么呢？因为我做文学青年时曾经非常疯狂，从大学二年级开始，先看文学史，后看文学作品，把当时我能看到的文学史上所有大家的作品，先做一个目录登记，然后从《奥德赛》史诗开始，一直到当时能看到的川端康成和泰戈尔，几乎所有经典作品都看了，不管喜欢不喜欢。因为我当时志向很大，要做最大的文学家。我在中学工作的末期，还自学过一个大专起点的中文本科。我本来不需要，因为我已经是正经八百政教系本科毕业，可是后来我创作搞不下去的时候，曾经为了维持自己的文学兴趣，系统地自学了中文本科课程，所以中文系的知识我也是了解的。但为什么我瞧不起某些中文系的人？因为他们学的只是文学的皮相、技术、技巧，他能够把那个词素啊、句子的结构啊，类似这种技术性的东西分析得很好，可是他们往往会忘记语言后面是思想、是文化，往往会忘记文学真正的东西不在于那些技巧，文学最要害的是文学精神。真正有文学气质的人，应该是不为五斗米折腰的，类似于这种东西你要学到。可是有些中文系的人，比商人还俗，这算什么学中文的？我觉得艺术的学习，很多人走偏了的原因，恰恰就在于他们学的是那些技术，没有后面的精神，或者那些精神被他们误读了。有时候误读导致偏执，所以产生了偏执的人格。当然艺术的事情比较复杂，有些走得特别偏的人、艺术家，恰恰在某一个艺术领域特别有创造性，也有那种情况。但是我认为，你要仔细去分析的话，有可能有这个因素（很多人没有学到艺术的精神）在里边。

我最近结合我国目前的审美生活和日常艺术消费，突然产生一个想法：我们经常讲“以美立德”“以美育德”，那有没有一个“以德立美”的问题？我当然不是指过去那个过分的“文以载道”，把概念性的道德强加到美育或者审美创造上面去。可是，一个好的艺术作品，我们刚才讲有审美精神在里面，那么审美精神与道德与人生的理想没有关系吗？如果它与人生的理想、与社会的理想、与这种顶天立地的人格形象联系在一起，它本身就是道德。我现在观察到，由于市场经济的负面影响——市场经济当然有正面影响，我说的是负面影响的方面——一方面道德教育面临着很大的挑战，另外一方面也极大地冲击了美育，冲击了日常的审美生活的样态。因为很显然，以“草根”、以“多元”价值为理由，现在出现的形形色色的以审美活动、艺术活动为标签的东西，从某种意义上讲，格调越来越低，气象越来越差，这是目前我们日常社会生活的一个很明显的表现。这里涉及审美趣味的问题，你可以讲是多元化，但多元化里面有些“元”的格调是比较低的。当然这些东西特别难讲，它涉及艺术哲学。但无论如何我是觉得，反“三俗”，虽然有时候有特别难界定的一面，但不能说现实生活中没有那样的东西。所以我们倒过来推，一方面有一个“以美立德”“以美育德”的命题，但其实还有一个“以德立美”“以德育美”的反命题。就是说，艺术家必须有高尚的人格和超越性的气度，才可能创作出最伟大的作品。如果他比世俗的商人还商人的话，我觉得不可能有伟大的作品出现。因为他凭什么去批判现实呢？他必须要有理想的东西，或者关于社会的，或者关于个人、人生的，而这些东西显然是与价值、道德联系在一起的。“以德立美”的问题实际上是很有现实意义的一个命题。

再回到刚才的话题。一方面我们要承认不能够把美育搞成德育，美育就是美育，美育确实应该对人的感性、对人的非理性的那个层面多关注一点，它跟德育、跟其他的教育都应该有分工，尤其是经历了“文化大革命”那种时代以后——“文化大革命”时期的艺术被政治和道德（其实主要是政治、不是道德）过分肢解，艺术本身被消灭了——人们那种反思是有道理的。所以我也认为，美育和德育是有区别的，要有分际。但是好的审美活动，必然会对人格有重要的促进作用。我在《德育美学观》的“审美育德论”部分所作的这方面的论述，是我非常引以为自豪的一个工作。我把审美活动对道德的增进概括为审美活动的三种“善性”。一个叫“储善性”，就是说，审美对象里面是有善性储存的。有一些是特别明显的，比如说反映社会现实的一些文艺作品、影视作品等。有一些形式美和自然美里面，也有曲折地反映道德的部分，它一般来讲总是肯定人性、肯定美好生活的那一面，没有这些的话，它没有办法引起你的美感。它跟前者相比表现得更稀薄一点、曲折一点，但我觉得这些审美对象里面仍然是有善性储存的。另外审美主体也是有善性储存的。一方面，如果没有道德的种子的话，人是没有道德的可教性的，德育就不可能进行了。不是说人出生以后，所有的东西就有了，但是道德心理形式如同情心之类的东西肯定是与生俱来的，如果没有这种东西，道德发展就没有可能了。我说的审美活动的“储善性”是什么呢？就是好的审美活动在开展的时候，它能够让我们意识到人性中间有善良的东西存在，肯定那些东西，让我们意识到我们心灵深处还是向往良善生活的。这是名词意义上的储存。还有一层意义是动词意义上的“储”。主体每进行一次审美活动，就想到人生还有理想性的一面，那实际上是在强化理想性的一面，这是一个动作，是作动词用吧？在这种情况下，我是觉得，主体是有“储善性”的问题，对象也有“储善性”的问题，这叫“储善性”。

还有一个我叫作“导善性”，就是说审美活动会把人朝合乎道德的方向引导。这里面包含两点内容。第一点，审美活动有非功利性。你欣赏一个人体的时候，你如果想入非非，你就不是在审美。你审美的时候关注的是人体的匀称、皮肤的光洁、肌肉的发达等，这些都是人体的形式的方面。当你在进行这种审美活动的时候，你是没有功利目的的，并不持占有的心理。这种是非功利的观照。我们经常讲，审美活动搞久了之后能够脱俗，就是让你有非功利性，心里比较干净，不要有那么多功名利禄的想法。而这一点恰恰与我刚才讲的德育的想法是不谋而合的。德育就是要用非功利或者限制自己利益的方式去处理人、我之间的利益冲突。如果你只是就道德讲道德，有时候就特别难，可是你经常把审美活动搞一搞呢，就能够帮助人脱俗，少一点功利，就趋近于道德。我说的是“向善”，不是说它等于直接培养道德。它不讲道德，但是它会往那个方向引导。第二点，审美活动有一个属性叫“群性”。什么叫群性呢？就是你在进行审美活动的时候，看起来只是你一个人，可事实上，那个你既是具体的你，又是抽象的人类的一员。比如说你通过一个摄影作品或者一个绘画作品看大海的怒涛，你觉得非常壮美。可是你放心好了，你绝对不只是你自己。比如如果你自己不会游泳，你身处大海的漩涡里面，你还有壮美的感觉吗？根本不可能。按理说你看这个作品的时候，你也应该有这种害怕的感觉，可是你没有，为什么呢？因为这种时候，不但对象不是一个现实的大海，而且你是作为抽象的人类的一员而存在，当人类的一员借你这个具体的感觉、感官去实现跟这个作品的对话，那是没有问题的。所以这是一个类的问题，是类的代表在观照一个具体的作品。所以审美活动在进行的时候，人是能够用超越个人的角度去看事物的。这是所谓的群性，它能够用人类的眼光去看一些事物。这个东西很重要。因为我们有时候很难在道德上进行超越。人们经常讲，那个是“黄金律”——“己所不欲，勿施于人”“以天下为己任”。你知道以天下苍生为己任，这个有时候很难做到，但是在进行审美活动的时候，你很容易做到，因为它是开辟了一个角度。我讲的这两点，群性也好，非功利性也好，都是用来解释一个东西，就是说，审美活动还是审美活动，你不要讲道德，可是这个审美活动，搞久了以后，它仍然会让作为审美主体的你朝着合道德的方向去，而不是说它直接进行德育。

第三个我称之为“立善性”。审美活动有“立善性”。“立善性”的解释也是两个。一个就是说，一个道德要在你心中真正“立”起来的话，是要有前提的。什么前提呢？就是你在完全自由的心态之下，接受了某种观点，你觉得这个观点很有道理，你接受它，那么它的价值和规范才可能真正成为你的德性的一部分。强制可能改变行为，但绝不可能改变你的价值观。德育怎样才能有实效？要让学生在完全自由的心态下接受教育。可是要持有完全自由的心态也是很难的，而审美活动能够带来完全、彻底的自由，尽管这自由是心理上的。一个人在进行特别好的审美活动的时候，这个人是特别解放的，他要做王子就做王子，要做贫儿就做贫儿。审美活动所创造的自由的心态，能够为有效的德育建立一个自由的条件。这个自由的条件是道德之所以能够在人心中间矗立起来的一个先决条件，是最关键的条件。另一个“立善性”的解释是，一些审美活动能够帮助人类在道德思考上走到最前沿去。我举个例子。一百年前，北京城有人看《红楼梦》，也为贾宝玉和林黛玉的爱情所打动，与今天是一样的，天下人心同此理。可是一百年前，道德上是比较保守的。那些士大夫在看了《红楼梦》以后，他会感动，但是只要有人敲门，他肯定会把《红楼梦》往角落里面一塞，生怕别人看见，因为《红楼梦》在当时被认为是淫书。在谈论类似于宝黛之恋这种事情的时候，他仍然认为是不对的。可是从审美的取向上讲，他完全同意林黛玉跟贾宝玉的追求吧？或者至少是同情他们。这类（审美阅读）活动搞久了以后，一开始他会表现为喜欢林黛玉，可现实中他却批判林黛玉。他心里面认为她的爱情是美好的，但他在现实生活中又从道德层面批判她。看起来是审美判断和道德判断之间有矛盾，但其实我认为，这不是审美判断和道德判断的矛盾，在这种情况下，实际上是两种道德判断之间的矛盾，借助于审美活动，审美主体实际上已经走在人类道德的最前沿，已经误冲误撞到了我们现在这个时代。他会觉得两个人谈恋爱本来就是两个人自己的事情，为什么要贾母、贾政做主呢？这实际上是现代的价值观，他之所以同情他们，实际上是用了一个新的道德标准。不过那个个体当时是没有这种伦理上的自觉的，他只是在阅读这部作品的时候，凭着作品的文学性所激发的情感或者审美的冲动，达到了这一步。一旦这个审美活动结束了，他又回到现实中，做出最现实的道德判断。但是当这种现象屡次发生的时候，你就会发现，审美活动有时候能够帮助我们看到现有道德规范的保守性，可能帮助人类个体走向新的道德范型，或者进入道德的最前沿。在这种情形下，个体可能会修正自己的行为，甚至出现自觉的伦理批判。比如说，假定这个士大夫的女儿，跟一个青年好上了，他也觉得那个青年不错，那他就不会像以前那样暴跳如雷了，他可能就会修正一下自己的行为方式，比如是不是托个媒人，成全他们的好事。这样形式上还是媒妁之言，但实际上他成全了他女儿的自由恋爱。他可能比以前开明一点，这对个体来讲是一个道德革命。因为没有看《红楼梦》之前，他是绝对保守的士大夫；但是看了《红楼梦》以后，他就觉得是不是应该成全年轻人的美好追求。这里实际上发生了一个道德革命，但他自己可能不知道。这种情形如果发生在一个学者身上，比如说黑格尔身上，或者蔡元培那儿，那他可能就会思考现在这个伦理规范合理不合理，那就可能出现理论上自觉的伦理批判。

所以我认为，审美活动肯定对品德发展、对德育有促进作用。不过，无论是“储善”“导善”，还是“立善”，都建立在一个前提条件上，就是必须保证它是好的审美活动。如果你把好的审美活动破坏掉了，这些东西统统都没有了。这就是你刚才提出的，可能有人担心（美育被德育所破坏）。一方面，我充分肯定审美活动是有人格陶冶作用的；但另外一方面，我又十分警惕，当我们强调这个陶冶作用的时候，所有的美育工作者千万不能好心办坏事。这也就是我说为什么语文老师不能够随便让学生写读后感的原因。当然语文老师在一种情况下可以这么做，就是如果你只是做一个作文训练，训练怎么写读后感的技巧，那你可以让学生读一本小说，然后写个读后感。一般情况下，如果你不是训练写读后感，而是想对孩子进行“德育”的话，那么事实上，只要那部作品确实有教育意义，你根本不需要让他写读后感，你就只需要推荐他读一本好的小说，看一部好的电影、好的电视连续剧，这就够了。他在那儿陶醉其中、不亦乐乎，就够了，你根本不需要再去说你要学什么，思考学什么会破坏他的审美欣赏，这根本就不值得。

徐承：除了“德育美学观”，檀教授在新世纪又提出了“欣赏型德育模式”的理念，并主持了这方面的国家社科基金重点课题，主编了一套以此为题的系列丛书。“欣赏型德育模式”代表了檀教授在“德－美育”研究领域的最新思考成果。我想请问檀教授，您的这个“欣赏型德育模式”，其理念跟您早年的“德育美学观”的理念，我想在基本出发点上应该是一致的，那么有没有新的发展？更为重要的是，“欣赏型德育模式”在具体的操作层面中应该如何展开？

檀传宝：《德育美学观》是我的博士论文，相对而言写得比较晦涩、比较抽象。但是教育学的研究，如果是好的研究的话，它应该是有实践性的。这个实践性主要有两个意思，一是对实际教育问题有解释力，二是对教育实践有指导意义。

我完成博士论文是在1996年，到2001年的时候，接到珠海的一位中学校长（当时的湾仔中学校长梁允胜先生）的电话，他说：“我按照您的‘德育美学观’，做了一个‘德－美育’的试验，我们觉得很有效，您什么时候来看看？”于是我就开始思考，是不是不要把《德育美学观》放在图书馆的书架上就算了？所以2001年的时候，我又组织申报了国家社科基金重点课题，当时课题的名字是“欣赏型德育模式建构研究”。

我之所以没有用“德育美学观的应用研究”之类的题目，主要原因是我想找出一个实践工作者比较容易理解的表达。但实际上我的想法还是做“德育美学观”的应用研究，能够和一线的校长和老师们一起去做，看看能不能把我以前的研究成果应用到实践中去，从而对德育进行改造，为德育实效的提高提供一些帮助。就这一点来说，在我进行过实验的学校中，尤其是认真做这一实验的学校，其效果都是不错的，无论对德育还是对整个学校的全面教育工作都有非常大的推动作用，有一些已经成为他们学校文化的一部分。“欣赏型德育模式”有这么一个理论假设：如果道德教育的内容和形式经过审美化改造以后，可以变成一幅美丽的画、一曲动听的歌，亦即内容和形式具有美感和可欣赏性的话，道德教育就可以让学生通过对德育内容和形式（美）的欣赏得以自然完成。那就可以避免长期以来存在的强制灌输和自由放任这两个极端。这样我们也就能够有效地解决对学生的教育（即价值引导），与激发学生道德学习的积极性和主动性、实现道德主体的自主建构这两个方面之间可能产生的紧张或矛盾。

结合以前“德育美学观”的研究，后来我在开展“欣赏型德育模式”实验的时候，基本上是按照三个维度去展开的。

第一个维度是考虑审美手段在德育中的应用。这里讲的审美手段已经不是指美育对德育的作用，因为美育有美育的整体要求，美学课就是美学课。我们讲的审美手段是什么呢？就是在德育过程中，我们可能会用一些美术的元素、音乐的元素、舞蹈的元素、绘画的元素、电影的片段等。但它和电影欣赏课、美术欣赏课等不是一回事。做这种应用的时候应该注意些什么？杭州大关小学在这个方面做了一些非常好的工作。比如，在一个德育活动中，什么时候用音乐？哪些活动应该采用哪些音乐比较妥当？哪个年龄段使用哪些音乐是比较合适的？大关小学在这些方面都做了探索。虽然探索是初步的，但应该讲路子是对的。因为现在使用艺术手段所进行的德育活动，很多还是经验性的，往往是自己想当然地去做，完全有可能把美的东西用错了地方，尽管其初衷是好的。其结果是，美的手段达到的结果却是教育活动的丑。这是非常遗憾的一个事情。很多人特别强调艺术手段，过分强调了以后呢，审美活动也不是审美活动，德育活动也不是德育活动，在实践中产生了非常大的遗憾。事实上，艺术手段的应用涉及太多的艺术门类，应用的时候又涉及太多的对象的不同。比如说，在不同的学段中，学生对音乐的欣赏，其趣味和心理是不一样的。而作为审美主体的每一个个体，其趣味也各有不同，有人喜欢壮美的风格，有人喜欢优美的风格。有时候，某一个活动的性质，决定了这个活动必须用某一个风格的音乐。像这些内容还要继续深入研究，现在已经有些初步的心得，但是还很不够。

这是第一个维度，即艺术手段在德育中的应用。但是，这并不是“欣赏型德育模式”最核心的东西。很多人直观地看待“欣赏型德育模式”，以为就是弄点音乐、弄点绘画、弄点舞蹈到德育活动中去。我的想法不是这样。事实上，我想使德育成为一幅美丽的画、一曲动听的歌，让德育活动审美化。这个审美可以包括艺术美，但主要不是指艺术美，主要是指日常德育生活的改造。什么意思呢？就是让德育的课堂教学和课外活动——我把它统称为德育活动——的内容和形式变成有美感的，具有可欣赏性的。这其实包括德育活动的教学模式和活动模式的研究。但是我认为，课堂教学和课外活动可以放在一起进行研究，它们都是广义的教育活动。无论是德育的课堂教学，还是德育的课外活动，“欣赏型德育模式”所追求的，就是对它们的内容做处理，对它们的形式做处理，使之具有美感或者具有可欣赏性。

那怎么处理呢？对于德育来讲，很重要的一点，就是要让德育对象在观照德育的价值和规范的时候，有审美活动的机制参与其间。我是用由康德到李泽厚的这个理论线索去解释德育美或者教育美的。我觉得从形式上讲，教育美必须合乎合规律性和合目的性的统一这个规律。什么是合规律性和合目的性的统一呢？这在内容和形式的表现上面是有差异的。在德育的内容部分，我觉得最要害的是让学生在规范当中看到目的。李泽厚讲：“美是自由的形式。”所谓“自由的形式”，就是合规律性和合目的性的统一。可是比如道德规范，怎么让学生以审美的眼光去看待它们？我觉得要改变呈现规范的形式。教师在呈现道德规范的时候，可以用一系列道德律令，比如说：你应该在日常生活中做到几点，一、二、三、四、五……。这样讲，有时候也不是绝对没有效果，日常的德育常常就是这么做的。比如说，你要有礼貌，对人要不卑不亢、恰到好处——你都可以这样去讲，可这不是审美的角度。从审美的角度出发，你就要把它（道德律令）作为一个道德智慧呈现，使之具有智慧美。怎样才会有智慧美呢？比如说礼貌，我曾举过一个孔子的例子：“恭近于礼，远耻辱也。”就是你对上级的恭敬，如果保持在适当的分寸之内，你就能远离耻辱。因为阿谀、奉承、拍马本身就是耻辱，但是你过于傲慢的话，也容易导致别人对你的还击，你也会招致耻辱。你会发现，只有你把握分寸之后，你的生活才可能是最自由的，让你在人际关系中比较自在，这就是所谓的合目的性。你必须让学生看到对他的规范要求后面的合目的性，这样他才能欣赏这个规范，觉得这个规范是个好东西，是帮助我们生活幸福，而不是纯粹与我们为敌的东西。是不是这样？但是现在我们的德育，往往不能把道德规范中智慧的一面呈现给我们的教育对象，从而使他们感受到了约束。所以我觉得，所谓德育内容的可欣赏性，就是必须要让学生在规范中看到自由。道德规则是一种自由的形式，合规律性中有合目的性才可能产生美感，这是一个总的原则。

刚才讲的是道德规范，即怎么把德育内容教给学生。还有一个就是德育活动怎么开展。这不是内容，而是形式，是教育活动的形式。比如说上课的节奏、课程的流程、活动的安排等，这些也是需要美感的。这个美感，也可以用审美的元素来实现。前面说的艺术手段是可以实现的。但是我不用艺术手段，没有一丁点儿的音乐，没有一丁点儿的舞蹈，没有一丁点儿的绘画，没有一丁点儿的多媒体，你说能不能产生教学美？仍然可以。最常规的教学仍然可以创造教育美。对吧？仍然是所谓合规律性和合目的性的统一。不过，和前面对德育内容的处理相比，它是倒过来的。它首先让你看到的是自由，是合目的性。你仔细端详的话，会发现，一个挥洒自如的教学活动，它的设计必定是合乎教育规律的，与你所感觉到的这种合规律性和合目的性的统一的外观是有差异的。但是不管怎样，只有当我们日常的教育活动能够像庖丁解牛一样，那教学美、教育活动的美才可能出现。所以我坚定地认为，日常的教育活动成为可欣赏的对象，具有审美活动的特性，才是“德育美学观”和“欣赏型德育模式”最主要的追求。为什么呢？因为如果过于强调艺术美的话，那很多老师会说，我不会音乐，我不会舞蹈，我不会做 Flash，我不会用多媒体，那怎么办？所以我坚定地认为，哪怕你一样都不会，只要你是一个好的老师、娴熟地驾驭了某种教学形式，你就可以创造教育美，当然其中也包括德育美。一个特别娴熟地驾驭了德育规律的老师，不需要任何的特殊的东西，用一个简单的谈话就可以让学生掉泪、欢笑，打动学生。他没有用任何的艺术的招数。同样，一个老师用最古板和最传统的讲授法上课，45 分钟全都用讲授法，但他仍然可以“一泻千里”，教室里针掉下去都可以听见，那他就是创造了教育美。所以我坚定地认为，所有的教育美，包括德育美在内，其实是一种独立的审美形态。它跟表演艺术接近，但又不等同于表演艺术。舞蹈是一种表演艺术，教师上课有与之相类似的地方。可是作为教师，在教学过程中表演的成分不能占太大的比重，它不是纯粹的表演。这方面的内容如何具体展开，还有很多研究可以做，值得我们的教育家去做更进一步的挖掘。

所以我希望，“欣赏型德育模式”下的德育，除了给学生的道德教育的内容是可欣赏性的对象以外，其教育形式、日常的德育形式也应该具有可欣赏性。最核心的一个东西，概括地讲就是，你能不能实现合规律性和合目的性的统一。当然具体的操作，比如说教学用哪些办法，可以使之在形式上具有美感，那是需要根据具体的目的和具体的教育活动的要求去设计的。这也是我特别踌躇是否用“模式”这个词的原因，因为你如果讲“模式”，那就成为一个固定的程序，那就不美了。美就是这种东西，如果大家都可以复制的话，那就没有艺术性了。所以后面的事情，需要教育家在教育活动中依据审美活动的规则去具体地进行创造。很多人跟我说：“檀老师，你这个‘欣赏型德育模式’，能不能告诉我一个固定的操作方法让我去做？”这些人的想法我理解，我可以给出一些原则性的建议，但确实没办法给出一套特别固定的类似工业化的操作规程。那是不能有的，有的话就跟美的本质要求背离了。这是第二个维度。

第三个维度就是师生关系。传统的师生关系也能产生教育性，可是师生关系如果不进行改造的话，很多时候师生之间会形成比较紧张的关系。紧张的人际关系是没有教育性的，或者教育性是会打折扣的。这是德育的特性的要求。因为对德育而言，认知也很重要，行为也很重要，可是如果情感的阻隔没有打通的话，认知、行为都白搭。你完成了认知的学习、行为的学习，如果情感的障碍没有打破的话，是不可能转化成真正的德性的。要把情感的阻隔打通，就要求我们对师生关系进行改造。紧张的师生关系是不可能产生有效的德育的。师生关系怎么改造？从“德育美学观”和“欣赏型德育模式”的角度来讲，我觉得，就是要使师生互相把对方看成审美对象。从教师的角度来讲，他要做两件事情，一是要建设自己的“师表美”，二是要用审美的眼光去看待自己的作品——我把学生的道德成长的面貌或者情态概括为“作品美”。在教育活动中间，教师要学会创造和欣赏“师表美”和“作品美”。如果你没有这两个东西，教育活动的审美化改造就会有所不足。

我是觉得“师表美”的创造方面是可以有很多作为的，这个我在《德育美学观》里做过分析。“师表美”，你把“师表”两个字拆开，就可以分成“道美”和“表美”。“道美”就是教师的精神之美，“表美”就是师表的外在形式，比如说着装、板书、发式等。教师这个职业如果要对学生产生有效的影响，就既要注意这个“表”，也要注意里面的精神，这里面是有一些规律性的东西的。“表美”比较容易讲。那么就说一下“道美”吧。苏联有个美学家叫克留科夫斯基，写过一本《人是美的》。他在书中把人格分成几种：在大的利益和小的利益发生冲突的时候，如果一个人能够把大、小利益都兼顾得很好，比如说把国家利益和个人利益兼顾得很好，那这个人在精神上就有一种优美的人格。如果不能兼顾，偏向大的利益一点，就是崇高的人格。所以《再见吧，妈妈》就是一首崇高的歌，因为歌里的主人公不能照顾自己的母亲，而是奔向战场、保卫祖国，这就是崇高的人格。再往前就是悲剧，就是无条件的牺牲，没有必要的牺牲。虽然你是为国家、为社会，但做出没有必要的牺牲的话，那就造成悲剧。如果大、小利益不能兼顾的时候，偏小的利益那边多一点，在一定范围内是可以的，这种人我们把他叫作喜剧人格或者幽默人格。比如，有时候电视小品里面表现的那种小人物，老想占一点小便宜，基本上就属于这种人格。喜剧再往前走就不行，就是你只顾小的利益，完全不在乎民族、国家、集体和别人的利益，只有你自己的利益，表现为赤裸裸的利己主义，这种道德人格就是卑劣。他这样的人格分析，放到正常人身上，当然是做优美的人最好，优美的人做不好的话可以做崇高的人，也可以做喜剧的人，都没有太大问题。但对于教师而言，他就只能做两种人——优美的人或者崇高的人。老师在道德上是不可以陷入喜剧人格的，因为如果教师成为喜剧的人，学生像看小品角色一样看老师，就不可能对老师产生尊重——这是从人格上讲，跟教学风格上的幽默是两回事。如果一个学生背地里说，某某老师很有意思，是在道德上居高临下讲老师的话，老师怎么可能在道德上对学生产生好的影响？不可能。所以教师只能做优美或者崇高的人。

如果把“道美”和“表美”放在一起，合起来考虑它们的整体结构，这就产生了第三种美的形态——“师表美”。“道美”“表美”“师表美”构成广义“师表美”的三种形态。也就是说，在教师的精神人格和外表之间，也有一个像比例、配方那样的关系。有的人精神人格非常崇高，可是他敏于行而讷于言，表达不是很好，这样他的教育风格或者教育形式就会比较拙，我们可以称之为崇高的教学风格。如果再往前发展，他一肚子道德文章，精神上非常崇高，学生一点都感受不到，这个在教学风格上就是悲剧。如果他有多少人格内涵，都能够恰如其分地、百分之百地表达出来，这是教学效率最高的，在教学风格上可以称为优美。而往另一边去，教师没有太多的精神含量，但是他虽不能至，心向往之，热情鼓动他的学生追求这个东西（高尚的道德理想），虽然非常夸张，但在教学风格上是可以的，因为这不是指道德人格。他自己做不到，但他鼓动大家去做，热情奔放地讴歌它（高尚的道德品质），有时候甚至讴歌得有点夸张、过分，这都没有关系，这个叫喜剧风格。当然再往前，他一点都不相信自己讲的东西，那就是虚伪，就成为教学丑了。悲剧和虚伪，都不是我们所追求的教学风格。德育工作者要追求“师表美”——狭义的“师表美”，就应该追求优美、喜剧和崇高。这个时候喜剧也是可以的，因为这不是指道德人格。而在“道美”中，喜剧是不行的。

我主张，不但教师要建设自己的“师表美”，要从这几个方面去考虑，考虑自己应该怎样跟学生交往、怎样呈现在学生面前，而且学校应该创造机会，主动地让学生去欣赏老师，主动地让老师展现自己的美丽。学校是可以开展这样的活动的。比如说，以前学校评“校园之星”，都是评学生，但有些学校搞文艺活动，开展“教师风采大奖赛”，无意中是符合审美规律的。如果自觉地安排老师给学生讲讲自己的故事，老师展示一下自己的外在美、精神美，凡类似于这种形式，能够把“师表美”有效地“推销”给学生，都是对师生关系很好的审美改造。

另外一方面，教师要学会创造和欣赏自己的“作品美”，亦即学生的道德成长。静态地讲，道德成长是一种状态、水平；动态地讲，道德成长是一种情态——这两种都可以作为作品去观照。比如说，有些学生有非常好的表现，你可以静观他；有些学生现在表现得很好，展现出一种上升的势态，就跟麦苗一样，不仅现在长得好，绝对高度很高，而且往上生长的势头很好，让你很高兴。学生的道德成长基本上也是这样，静态美和动态美都有，都可以进行欣赏。还有一点，学生作为道德作品可以是集体美，也可以是个体美。什么是集体美呢？比如你进入一个学校，感觉这个学校整体校风很好；你进入一个班级，觉得这个班级跟其他班级完全不同，这个班级的孩子心地特别善良，特别愿意关照别人——这些首先是一种集体的氛围，就是所谓的集体美。

这里非常重要的一点是，教师不但要努力欣赏、创造学生的“作品美”，还应该努力地创造机会，让学生有机会欣赏自己的“作品美”。因为这个作品其实是所有参与建构者的作品，是老师的作品，也是家长的作品，也是学生自己的作品。我在香港曾经看到一个例子，后来我也介绍给我实验学校的同事，也做了相似的工作。一个学校在过道上面贴了一个卡通的大拇指图片，上面写着：“美丽整洁的校园，也有你的一份功劳。”我就觉得这个例子很精彩。这个学校的老师肯定不是自觉这么做的，因为他也没有“德育美学观”，但他的做法却暗合这个规律。人类社会中有些规律常常在没有发现之前就有可能被不自觉地应用了，后人做的只是更自觉一点而已。这个标语好在哪？它是让学生观照自己的成长。你看，“美丽整洁的校园，也有你的一份功劳”嘛，它是在有意地引导学生观照自己的道德成长：我们的小朋友多好，由于他们的存在，我们的校园维护得这么好。这个标语里面有三重欣赏关系，第一重是学生欣赏他自己；第二重是学生欣赏他自己的作品，这个作品就是美丽整洁的校园，其实也就是让学生欣赏他们自己的劳动果实；第三重是欣赏道德智慧，就是我们只要稍微注意一点，不要乱扔东西，吐痰吐在痰盂里，等等，我们的校园就会特别漂亮，这实际上是在欣赏道德智慧。道德生活是人最高贵、最划得来、最智慧的一种选择。人是万物之灵，绝对不可能制造出一个与自己为敌的东西。这样一来三重欣赏关系就成立了。所以在“师表美”和“作品美”的建设里面，“欣赏型德育模式”所希望教育工作者要特别完成的是，尽可能发现、发掘、建立多重欣赏关系。每建立一重欣赏关系，就等于多了一份教育资源，多了一份教育的生动性，德育实效就可以多一份提高。

总体上讲，“德育美学观”以及后来的“欣赏型德育模式”，在做实验的过程中间，主要就是强调这三个维度：一是艺术手段的应用，二是日常德育活动的内容和形式的改造，三是师生关系的审美化重构。从要素上分析教育活动，主要也就是这几个方面：教育者、教育对象、教育手段、教育活动的内容和形式。

从建构的角度来讲，我们基本上循着这个思路，每一个方面都做了一些工作。但是每一个维度，应该讲留下的问题比我们的研究成果要多得多。这也是我们一直坚持了十多年，一直到现在还在继续做的原因。我们第一期的“欣赏型德育模式”实验，开始在 4 个学校进行，后来扩展到 6 个学校①。6 个学校是因为，刚才讲的那个打电话给我的校长，他们学校接了这个课题之后他又调到另外一个学校，他希望把这个课题带走，而我说你们两个学校都做就行了。后来还有我老家安徽合肥的一个老校长，当时 57 岁了，他看到我们的课题启动的消息以后，特别感兴趣，打电话说要加入，这样他们学校加入以后第一期就变成了 6 个学校。后来我们又进行了第二期，从 2006 年开始到现在，已经快结束了，叫作“欣赏型德育模式的拓展与深化研究”，参加实验的学校更多。但实验学校多了以后，好处是影响力更大了，坏处是——毕竟实验不是应用——面铺得越广，深入得反而差。比如说每次开会发言，有 15 个学校发言，这跟 4 个学校、6 个学校发言相比，每个学校平均分配到的交流时间显然会少很多。所以下一步，我又准备收缩。我希望把它叫作“欣赏型德育模式的校本研究”。我原来想叫它扎根研究，后来又觉得“扎根”用得比较滥。当然校本研究也比较滥，但有

① 这 6 个学校是杭州大关小学、天津师范大学第二附属小学、珠海湾仔中学、珠海前山中学、深圳龙岗区实验学校、合肥实验学校。

一个好处，它强调结合学校的情况去做。我已经不再求非要在理论上全面建构，而是希望在某一个学校——一个学校总有其局限性——把有限的事情能够做地道一点，做深入一点，所以我把它看作校本研究。叫校本研究的另一个企图是，除了做深入一点以外，我还希望在这几个学校中，“欣赏型德育模式”能够成为他们学校文化的一部分，能够长久地坚持下去。未来如果能够做得比较好的话，影响也会更持久一些。如果它成为学校文化的一部分，那就不会因为领导层的变革而遭到放弃。现在我们在做实验的过程中遇到最大的问题就是，做着做着校长换了，新任的校长来改朝换代，就要把这个东西一起改造。这带给我们很大的困扰，因为像这种实验研究，它需要理解，需要跟着你做很长时间，突然一下断了以后，他们学校有损失，我们做实验的也有损失。杭州大关小学等几所学校已经做得非常有体会，再坚持一段时间，学校很多老师都会接受它的长远影响。更换校长时，即使跟现在的校长思路不一样，他也不太容易拒绝这种选择。又比如说北京师范大学的第二附属中学、上海的枫泾中学等，他们觉得“欣赏型德育模式”跟他们学校追求的人文教育精神或者艺术教育特色是一致的，所以想要深入做这个课题。这样就比较好，一拍即合。我们下一步准备选择几个代表性的，确实打心底里认同同一个理念的，愿意一直做下去的同志，这样才可能更好地开展合作。

徐承：檀教授的讲话消除了我的一层顾虑。我最初看到“欣赏型德育模式”这个提法的时候，我一直在想，这样做会不会导致德育被简单的艺术教育所替代。檀教授这样介绍以后，我才发现，事实上“欣赏型德育模式”的内涵非常丰富，它不仅包括德育课堂对艺术手段的应用，还包括日常德育内容的审美化，甚至还包括利用艺术手段来改善师生关系。这就使得“欣赏型德育模式”与艺术欣赏课或一般的美育课完全区别开来，而实质性地对德育教学带来全方位的深刻的变革。

最后我还想请教檀教授一个问题。您刚才也谈到，您曾经是一个文学青年，有过很多文学创作，我还看到您曾经出过一个诗文自选集，叫《作为一棵风中的树——檀传宝诗文自选集》，在2003年和2009年出过两个版本。我想请问檀教授，现在这么多年过去了，您站在一个学者的角度，重新回看自己当年的文学创作经历，您会不会产生一种新的反思，或者偶尔在脑中闪过一个想法，把自己曾经的诗文创作也看作某种程度上的一种“德－美育”的实践？

檀传宝：我看到《美育学刊》创刊号上有一个世界美学大会综述，里面提到“日常生活审美化”的问题。我觉得“日常生活审美化”与“生活美学”不但是美学研究的发展趋势，而且对于教育和每一个人的生活都具有非常重要的意义。我自己的生命历程就是这样。

我原来本想做职业文学家，为此疯狂地阅读、写作，曾写过十多本诗稿，虽然公开出版的以及我认为写得不错的是少数。后来因缘际会，文学家的梦没有持续做下去，但却迎来一个非常好的、我非常满意的转换，就是从职业文学家的梦想转变为一个具有文学精神或者审美精神的教育人生。所以到现在我还一直保留着文学写作的习惯，而且我写作的时候，一般来讲是我状态最好的时候。我平时特别忙，有时候也练书法。我练书法的时候，也肯定是一天中我特别愉快的时候。这跟体育锻炼差不多，你要是特别累，根本就不会去锻炼，而你去锻炼的时候，至少身体状态是很正常的。我觉得这是可以反证的：如果你希望你的生活像个人，有人的丰富性、有人的高贵，那显然审美生活的维度是不可或缺的。所以我现在一直有意识地保留自己的创作习惯（而且后来不想做文学家的时候所写出来的作品反而更趋近于文学精神，更有意思）。这对于生命的质量来讲非常重要。另外一方面，我是真诚地认为，其实“德育美学观”“欣赏型德育模式”这些事情如果做得好的话，对学校的改变将是全方位的。曾经有一位老师问我：“檀老师，你做的那个东西是美育呢，还是德育？”这话好像不应该问的吧？但是我理解他的意思。我后来回答说，我做的是“德－美育”。你可以讲它是一种“美育”，因为德育的内容和形式都经过审美化改造以后，已经成为一种美的形态。不过主要我不是在用艺术美，也不是用自然美，而是在用教育美中的德育美，去感染学生。用一种美去感染学生当然是美育！当然我更可以讲它是一种“德育”——一种具有审美气质的德育而已，我们对德育进行审美化改造的目的还是德育形态的改造、德育水平的提升。所以我后来曾经想过，那位基于自己的经验而提出“德－美育”这个概念的校长，他不经意地、其实很好地表达了我现在探索的这种教育样态。一个好的德育必定带有审美特性，就像好的生活必定具有审美的维度一样。如果人的生活里面没有审美的要素，那真是没什么意思的。我在作品集里讲到，“一个没有文学精神的一生是不值得过的”。其实应该推而广之地讲，一个人如果没有受到审美精神的浸染，如果没有和审美精神结合在一起的话，那样的人生是悲剧的。

你提醒得非常对，其实教育工作者在开展德育和美育的时候，是可以倒过来反哺自己的。因为他可以反思自己的生活，让自己的生活更具人性、更自由、更丰满、更厚重。你说这个是道德还是审美？两个都是。今天我没时间去讲，其实我的“至境德育论”也非常有意思。事实上我认为，从最高的境界来讲，真、善、美是统一甚或是“同一”的，无论对于客观事物还是人生。对于人类来讲，最高的境界是很难区分真、善、美的，它们有机地结合在一起，无法分割。所以“美意延年”和“仁者寿”这两个提法，真的是有异曲同工之处。

徐承：感谢檀教授接受我们的访谈，我们真诚期待檀教授能够尽快有新的“德－美育”方面的研究成果出来，使我们能够有机会再次在《美育学刊》上予以展示、交流。

索　　引

F

G

出版人　李　东
责任编辑　何　蕴
版式设计　孙欢欢
责任校对　张晓雯
责任印制　叶小峰

图书在版编目（CIP）数据

德育美学观/檀传宝著. —北京：教育科学出版社，2021.1（2023.9重印）
（中国教育思想文库）
ISBN 978-7-5191-2427-4

Ⅰ. ①德… Ⅱ. ①檀… Ⅲ. ①德育—教育美学—研究 Ⅳ. ①G410

中国版本图书馆CIP数据核字（2020）第272356号

中国教育思想文库
德育美学观
DEYU MEIXUE GUAN

出版发行	教育科学出版社		
社　　址	北京·朝阳区安慧北里安园甲9号	**邮　　编**	100101
总编室电话	010-64981290	**编辑部电话**	010-64989421
出版部电话	010-64989487	**市场部电话**	010-64989009
传　　真	010-64891796	**网　　址**	http://www.esph.com.cn

经　　销	各地新华书店		
制　　作	北京京久科创文化有限公司		
印　　刷	唐山玺诚印务有限公司		
开　　本	720毫米×1020毫米　1/16	**版　　次**	2021年1月第1版
印　　张	18.5	**印　　次**	2023年9月第3次印刷
字　　数	255千	**定　　价**	48.00元

图书出现印装质量问题，本社负责调换。